U0105369

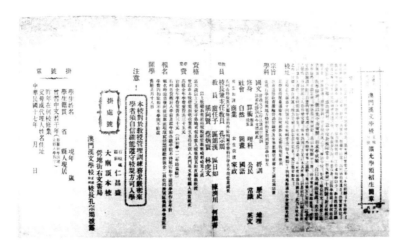

一九二八年招生簡章

一九三一年規範私立小學學校、校董會的文件和一
九四〇年中國政府制定的香港、澳門學校立案暫行
標準

一九四六年童子軍照

一九四七年孔教會在孔教中學內舉行大成節，澳門總督
參加敬禮儀式

一九五二年蔡高中學教職員

一九六〇年校刊例子

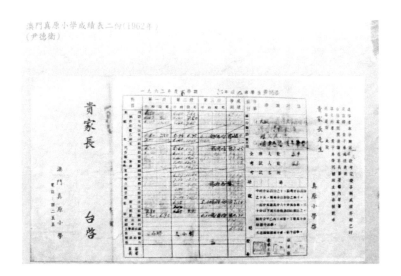

一九六二年真原小學成績表

二〇一九年澳門出版的歷史教科書

官立葡文小學的體操課

官立葡文小學女校三年級學生

培正學生參觀亞洲氣水廠

澳門第一支學校銀樂隊（慈幼）

勵群學生參加元旦制憲成功大遊行

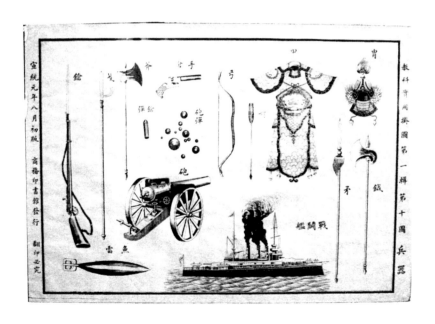

教學掛圖

蒙學讀本

初中本國史

歷史課本

新亞文商學術叢刊

澳門教育史與歷史教育

鄭潤培　著

總序

　　上世紀中葉，中國學術發展處於極其複雜的環境，新舊思想產生抗拒，卻又漸漸融和。學術研究方式惶惑於東西方模式，傳統與新式的路口中。一九四九年始，一群國內著名學者移遷香港，推展教育及學術，成就了北學南來的局面。錢穆先生的「新亞群組」就是其中一員，網羅頂尖兒的學者共同奮進，延續學術命脈。在錢穆先生等學者帶動及包容下，香港成為繼承中華文化及發展新儒學重要地方。

　　新亞書院及新亞研究所在港先後成立（1949年及1953年），研究所現址在土瓜灣農圃道是由國際著名的耶魯大學，及福特基金募捐所得。六十年代，新亞書院加入中文大學，成為了香港中文大學奠基的一員。一九七三年，成立新亞中學，同屬於新亞文化教育會之下的教育機構，目的是通過重組，以保持均衡而有聯繫性的中學至研究所教育的組織。

　　加入中大後，錢穆先生發覺中文大學的辦學理念與新亞書院創校的目的分歧甚大。遂於一九六三年，辭任中大新亞書院院長之職。一九八三年成立本院「新亞文商書院」，繼續以書院模式營運大學教育。在院教授老師，傳授知識道德，除耳提面命外，對同學的道德行為、心理發展、事業發展，承繼傳統文化等各方面均有所關顧。

　　本院出版《新亞文商學術叢刊》就是要保存不偏不倚的純學術研究刊物，舉凡有關中國文化、思想、經濟、歷史、文學、哲學、社會狀態發展與研究等，持平而具突破創新，有一定的學術水平者，本院因應院方財政狀況，資助及協助其著作出版。

　　二十一世紀，面對新的局面，資訊發達，對傳統學術研究帶來挑戰。

本院期望，能協助致力於學術研究，為中華文化出力，繼承新亞先賢的學術傳統，開拓未來發展道路的學者，建立園地，集中發表其學術成就，並方便學者透過此平臺，互相交流。所有出版書籍，均需要有學者專家推薦，院方才列入叢刊系列出版，以確保叢刊書籍的學術水平。

新亞文商書院院長

楊永漢

二〇二〇年冬

鄭序

　　予與潤培兄供職澳門大學，教海揚帆，欣附驥尾，彈指間廿載星霜矣！潤培兄專攻中國現代化進程史，評述漢陽鐵廠及近代企業，乃成一家之言。設教杏壇，始用力於澳門歷史及其教育，課務雖繁重，筆耕卻不輟。近以新著《澳門教育史與歷史教育》見示，凡十四篇，別為四輯，澳門教育史、經濟與教育、歷史教學及雜論等，計十七萬言。成果之豐，實足傲視同儕。

　　教育與歷史固然相關，傳統與現代並非割裂，經濟與政治尤不可輕忽。觀是輯各篇，乃見潤培兄思慮之精。澳門百年教育，始於中西模式之過渡，雖經抗戰，終以回歸成就高等教育之發展。葡人東來，或為貿易，或為宗教，爾後經濟消長，中西教育遂各自演進；半世紀以降，艱難蟄伏，放緩騰飛，人才培育與經貿發展，亦始終息息相關。潤培兄明於史地，嫻於教學，回顧澳門自明清以來各時期之歷史教育，課程與教學之發展，教材與史觀之建立，上下五百年，評騭之言，可謂至公至正。孔聖堂、《儒林外史》、世遺與鄉土等各篇雜論，或宏揚先賢，或溯源傳統，或崇敬鄉土，至末篇綜述各家之研究，更是搜羅宏博，洋洋大觀。

　　潤培兄治史有年，文筆嚴謹，論述每多創見，予展讀之餘，深感各篇堪為後學途轍。今文輯將付剞劂，辱委弁語，弗敢以固陋辭，爰述所感。是為序。

鄭振偉

序於澳門大學教育學院

目次

壹
澳門教育史篇

澳門中式教育及其現代轉變

一 澳門傳統教育概況

（一）背景

　　早在宋代，澳門已有龍田村與龍環村，村民靠漁業為生。明初，有望廈村趙氏一族在來到澳門定居。明嘉靖元年（1522），朝廷以「倭寇猖獗」為名，封閉泉州、寧波二港，僅存廣東市舶司，促進了澳門對外貿易的發展。澳門在明嘉靖十四年（1535）開港成為舶口之時[1]，居民其實不多，而明朝政府視廣東沿海島嶼為化外之所，自然談不上文教設施。那時居住澳門的華人，大多數是粵籍漁民。他們沒有報考功名的資格與時間，只能以網魚為業。隨著澳門貿易的發展，澳門人口繼續增加。明嘉靖四十二年（1563），澳門總人口數為5,000人，其中華人有4,100人，葡籍有900人，人口指數為25。到明崇禎十三年（1640），總人口增至4萬，其中華人29,000人，葡人及其他國籍為11,000人，指數升至200。[2]而據龐尚鵬在明朝嘉靖四十三年（1564）的奏疏也說：「近數年始入濠鏡澳築室居住，不踰年多至百區（指小屋間數），今殆千區以上。」[3]華人的數量增加帶來對教育的要求提升，科舉制度下的中式傳統教育模式是居民的必然選擇，不

1　金國平：《澳門源考》，吳志良、金國平、湯開健主編：《澳門史新編》第一冊（澳門：澳門基金會，2008年），頁50。

2　黃啟臣：〈1555-1997年澳門人口變動統計表〉，《澳門通史》（廣州：廣東教育出版社，1999年），頁9。

3　黃鴻釗：《澳門史》（香港：香港商務印書館，1987年），頁39、50。

過，華人的數量有限，而且其中還包括漁民及從事商貿生意的人，人口流動性大，所以中式教育並不發達。

明萬曆二十二年（1594），遠東最早的西式高等學府成立，標誌著早期西式教育在澳門發展的重要里程碑。耶穌會在澳門成立了聖保祿學院，培養準備進入中國、日本、越南等地傳教的神職人員。這所大學成為東西文化的橋樑，一方面把西方技術、藝術等知識引入中國，另方面把中國的典籍如《四書》、《五經》、《易經概說》甚至《本草綱目》等翻譯，讓歐洲學者學習。葡人在澳門的發展教育，主要是為了宗教及貿易的需要，加上澳葡的自治會採用雙重效忠政策[4]，名義上接受葡萄牙王室和法律的管治，實質上則受明清政府的嚴格制約，所以沒能力理會在澳門的華人教育。澳門華人對澳葡的西式教育亦不理解和重視，科舉考試仍然是華人教育的傳統核心價值。就是到了清光緒二十年（1894），澳葡的官立中學正式成立。清宣統二年（1910）開始出現可供華人子弟入學的官校，但華童入讀極少。[5]中式與西式的教育雙軌並行，互不干涉。

明萬曆元年（1573）至崇禎十七年（1644）的七十二年間，是澳門對外貿易的黃金時代，因國際貿易流入的白銀達一億元。除商業貿易外，還有鑄炮廠、船廠和軍械火藥生產。澳門經濟發展，勞動力需求增加，加上張獻忠、李自成等反政府力量在各地流竄，與明朝軍隊作戰，造成社會動盪，民不聊生。廣東地區居民為生活移居澳門，使澳門人口上升。崇禎十三年（1640）人口達到四萬，是澳門人口的第一次高峰。

其後清政府在順治十八年（1661）頒佈遷海令，使澳門猶如一個孤島。清雍正三年（1725）嚴格控制葡國的船隻為25艘，使貿易不前，形成澳門人口下降。乾隆八年（1751），澳門人口下降至5,500人，其中葡人約

4　吳志良：《澳門政治發展史》（上海：上海社會科學院出版社，1999年），頁59。
5　劉羨冰編著：《澳門教育史》（北京：人民教育出版社，2002年），頁10。

佔3,500人，稱為澳門人口的第一次大低谷。[6]經濟衰退，環境變差，使人口減少，加上人口數量起伏變化過大，例如以明萬曆八年（1580）人口指數為100來算（20,000人），由明萬曆八年至崇禎十三年（1580-1640），人口指數由100升至200，而由明崇禎十三年至清乾隆八年（1640-1743），人口指數由200下降至27.5，[7]這種情況下，要開展中式教育是十分困難。

不過，隨著澳門經貿穩定發展，尤其是十七、十八世紀鴉片貿易帶來的商機，促使澳門人口繼續增加，而接受教育的觀念亦有所加強。原因是：一、商業上：由漁村發展為區域市場的澳門，各行業的商人，為了貿易溝通，接洽生意，記載盈虧數案，教育子弟營商，均認為有讀書識字的必要。二、環境上：中西人士最初相處，語言文字兩相隔閡，無形中各有種族歧見，後來知識較高的人士，認為增進感情或是應付日常生活，必須達到相當知識水準，所以有需要啟蒙興學。三、觀念上：明清時代，華人重視功名教育。那時自外地來澳或由內地遷居澳門住的人士，已不乏飽讀詩書和富貴中人。他們對族中子弟的教育要求高，亦堅持著傳統的功名觀念，認為創業守成，修身齊家一定要提倡教育。

（二）澳門學子的科場表現

澳門中式教育的內容，明清時期跟中國其他地區的情況一樣，也是以傳統的私塾教學為主。學生以通過科舉考試，獲得一官半職為目標。其中以澳門望廈村村民趙元略、趙允菁父子先後在乾隆丁酉科（1777）及嘉慶辛酉科（1801）中舉為代表。趙家大屋高懸「父子登科」的橫匾，成為澳門讀書人的典範。

趙允菁，澳門望廈趙氏家族第二十六代，趙元輅長子，早年中舉後一

6　鄭天祥、黃就順、張桂霞、鄧漢增：《澳門人口》（澳門：澳門基金會，1994年），頁26。
7　黃啟臣：〈1555-1997年澳門人口變動統計表〉，《澳門通史》（廣州：廣東教育出版社，1999年），頁9。

直以教育為業。未出仕前在澳門辦有學塾,著名學者曾望顏便是在澳門跟
隨趙氏學習。後來,趙允菁轉在香山縣鳳山書院任主講,收門人甚多。清
道光六年（1826）,出任始興縣教諭,並任文昭書院山長;道光八年
（1828）,兩廣總督李鴻賓調趙允菁至省,任越華書院院監;道光十三年
（1833）,授連平學正,以道途迢遠不就,改授翰林院典簿。雖然他一生
任官職不高,但以教育為己任,成為嶺南著名的教育家,時人稱其為「粵
海名宿,學問宏深,品行純粹,深得士心。登門強者,如坐春風,如依慈
父」。門下學生,多學問高,才思敏捷,如潘正常、曾望顏、鮑俊、潘
煒、伍崇耀、林德泉、招子庸、林謙、劉履元,曾智克等均為一時之名
人。趙允菁在澳門除了從事教育業外,還以地方鄉紳身份參加清政府對澳
門華人的管理,成為當時澳門華人中最具影響力的人物,著作有《書澤堂
文稿》。[8]道光十四年（1834）,三月三日,趙允菁病逝。

澳門雖然是一個小地方,但在中國科舉制度中,卻有一項紀錄,就是
中國最後一次科舉考試 —— 清光緒三十年（1904）甲辰科,澳門的李際唐
在殿試後,通過朝考入選翰林,成為澳門唯一的「太史公」,而澳門也曾
有過一幢「太史第」。這幢太史第原在南灣街（現改名南灣大馬路）,地下
大廳上高懸李際唐獲欽點翰林的聖旨,神案兩旁豎有「太史第」、「肅
靜」、「迴避」等紅地金字「高腳牌」,十分威風。

李際唐本名翹燊,字賢發,號際唐。他的家族曾在廣東多地經商,後
由廣東省新會縣移居澳門。他父親在澳門經營賭業起家。李際唐是長子,
少年時聰穎而慕功名,光緒二十九年（1903年、癸卯年）七月考獲秀才,
八月中舉人。次年（光緒三十年甲辰,1904年）甲辰科上京考試,三月中
進士,四月欽點翰林,短短不到一年時間,成為澳門唯一的太史公。甲辰
科是中國歷史上科舉制度的最後一次科舉試,此後未再舉行。

8　《趙書澤堂家譜》之《浦江趙氏家譜》,頁57、58、59、64、68;《家乘略鈔》之《趙氏
　　家族約鈔》,頁57。

這幢太史第，在七十年代拆卸改建新大廈。甲辰科的考試中，廣東的商衍鎏（1874-1963）中了探花，當時任教翰林院編修。中華人民共和國建立後，曾任中央文史研究館副館長、廣東省文史研究館副館長、廣東省政協常委。他與李際唐很友好，民國初年曾到澳門，在南環街的太史第居住了一段時間。

澳門地區土地面積不大，人口也不多，居民多因經濟原因才移居入住。按人口、及社會環境而言，教育上有此成就，也是難得，可見居民素有重視教育的傳統。

（三）學塾教育

清末以前澳門教育的場所，都以塾師為主，設立私塾。相傳澳門學塾，分蒙館與經館兩種，充蒙館塾師的，大多為無名白丁，沒有考獲任何功名的。充任經館塾師的，則為清寒秀才，或有名望的老學究。兒童大約六、七歲至八、九歲開始接受教育，稱為「啟蒙」。十三歲以上至二十歲青年從師，稱之為負笈從遊。限於傳統重男輕女的觀念，私塾的學童基本上都是男孩。

塾師管教學生的形式，約分下列數點：

1 入學儀式

學童入讀私塾，一般都要舉行開學儀式。學童在開學那天要帶備三牲、香燭及青蔥等物品，由塾師帶領，叩拜塾內懸掛的孔子像，然後再向塾師行禮，繼而由塾師手把手教寫字。

2 教學內容

初階教學內容主要分為授書、講字義、屬對、習字。授書便是教導三字經、百家姓、千字文、四字鑑、四子書之類的文章。講字義就是由老師

按文章中的每一字義簡單講解。屬對就是教導平仄對偶方面的知識。最初用一字對聯，像「天對地」、「日對星」之類，然後由二、三字至五、七字屬對，並教以平、上、去、入四聲及「一三五不論，二四六分明」的對偶基本原則。習字就是學習寫毛筆字。

高階程度的便是學文，學文即是學習經典書籍的內容，必須在經師大館內學習。大館例定四子書和春秋、詩經、易經、尚書、禮記等五經，讀完後，再加上研讀古文、明末清初的闈墨文和八股文。澳門在明、清時代的學童，多在完成蒙師學塾階段，便轉而學習商業數學運算，以找尋出路，甚少轉入大館讀書，有的則是極少數的殷富子弟，故澳門當時一般學塾大多是教學生認識一些文字，能寫普通應用文件或往來書信之類罷了。

習字分為幾個階段，在啟蒙階段內，最初課以扶手描字，所描「上大人，化三千」之類。其次脫手寫字，令學童用筆墨填上，再次寫影本，由老師寫母字，學生照寫，到練字成熟階段，教以摹仿碑砧。

3 教學方式

主要是採用背誦記憶為主的方式。授書時，用硃筆圈點，然後叫學生苦讀熟記，限令次日完全背誦。天資聰敏的學生，教三、五遍便能成誦，魯鈍的，必咿唔終日。教文章時，老師一般是不會把內容分析講解，只讓學生誦熟後才加詮釋。講字義時，老師按文章中的每一字義簡單講解，命學生複述，沒有問答互動。

4 教學進度及師生關係

傳統私塾的沒有劃一學制，原則上是個別指導，實際是不同年齡的學生在同一個教室裏，由老師進行指導或分組教學。老師按個別學生的資質及表現來調整教學進度，並沒有固定時間表。師生的關係一般較為疏離，老師用體罰來對付頑皮學生，被視為理所當然。主要分為罰站、下跪、責

打三種程度。塾師引書經「撲作教刑」一語為教條，師席間設有戒尺笞杖，使學童畏懼。

當時澳門的學塾，名目繁多，其中多以塾師個人名字作為名銜。當時的學塾，計有鋤經學塾、道南學舍、孔厚田學塾、蕭蓮舫學塾、陶瑞雲學塾、松雪草堂學塾、我師草堂學塾、林書乙學塾、李伯仲學塾、林子尚名學塾、陳子褒學塾等十餘間。

私塾之外，另有一種是大家庭延聘專師的教育形式。明末一般遷往澳門的殷富華人，或告老不仕的官宦階層，他們經濟條件較佳，對於已成年或未成年的子弟，都注重延聘具學問名望的塾師入屋課讀，風氣頗極一時之盛，所以當時出現屈屋、高屋、陳屋、盧屋、蔡屋、傅屋、鄭屋等名稱。延師入屋的禮儀十分隆重，講究氣派，繁文褥儀，具有地方特色。延聘專師的禮節，一般情況如下：

（1）選師資：先決條件，要被延聘者具有文學淵博的聲望，其次品行道德優美，又其次詩詞歌賦文章皆有專長，具備此三者的塾師，將會受到普遍家長的熱烈歡迎。

（2）議學俸：被聘的塾師，稱為西賓，延師家長稱為東主，由東主用紅箋楷書關約（聘書），載明任期和俸金交與受聘塾師。

（3）贄敬禮：塾師入屋時間，多在農曆正月元宵以後，退館時間，約在重九登高之前，迎送時不問道路的遠近，東主須備具輿馬，一應儀式，備極崇敬。寢息的地方，亦多力求整潔舒適。

（4）供膳：大家庭延聘塾師的主要禮貌，除迎接宴會和四時季節饋送厚重禮物外，還有供膳問題。澳門一般殷富之家對於延聘老師供膳，多很豐富、精美。

（四）義學

　　義學亦是中式傳統教育之一，主要是鄉里居民或家族團體延聘塾師，為成員子弟提供受教育的機會，一般只希望子弟略懂文墨，要求不高。澳門也有同樣的義學，如：美副將馬路普濟禪院附近的黃東暘書屋，沙梨頭土地廟的更館社學。到十九世紀中葉，澳門百業凋弊，失學兒童隨處皆是，關心教育人士，感到興辦義學是急不容緩。清光緒十八年（1892），鏡湖醫院董事舉辦蒙學書塾五所，分佈在連勝街、賣草地、新埠頭、水坑尾、新橋，五所總稱為「鏡湖義塾」，以利便各區年幼的兒童就學。該項義塾，情況一如私塾，只是免收學雜費。每塾特聘宿儒一位，擔任教學。塾內設有孔子像，戒方，三字經，及四書、古文、尺牘等。光緒三十一年（1905），合併為一所稍具規模的小學，稱為「鏡湖義學」。

　　漁民教育也是澳門傳統中式教育的一種，一般採用大漁船延聘專師的教育方式。澳門開埠以來，百業創興，其中以漁業發達為最迅速。清初大小漁船，正式在海面執行漁業者，正確數字，無法統計。據澳葡政府水警司記載，當時澳門及鄰近一帶，魚產量甚豐，所以漁民甚多。大漁船達八百餘艘，小者亦有二千餘艘，均是聚族而居，漁民獲利為遠東漁業之冠。其間尚有遠洋漁船，每當結隊出海捕魚，動輒需時數十天始返，可見澳門當時漁業的興盛，達於頂點。

　　一些大號漁戶，因為沒有接受教育，不懂文字，平時與人通書札，記錄銀錢往來，尤其是要處理魚欄交易等事，必須假手他人，覺得十分不便，又易吃虧。認為督促子弟練習讀書習字，實為迫切需要。但因交通關係，把子弟送往岸上攻讀，感到煩苦，故不惜重金，聘請塾師來船上教學。有大船獨自一家延聘的，亦有甲船與乙船之間比鄰共同延聘的。

　　漁船延聘塾師的方式，與岸上大家庭延聘專師的習俗，大致略同，關於塾師束修的奉敬，日常膳饌的豐盛，特別從優，執禮甚恭。所不同的是延聘老師的時間，為了配合漁船作業，訂為一個月或三個月不等。如賓主

感情融洽，便繼續立約延聘。許多小型漁船，因無力聘請塾師，多利用親友或同鄉的關係，附船搭課，一同學習。不過，在海上任教與陸上任教的生活條件總有距離，許多在陸上長大的秀才很難適應，因此師資匱乏，加上漁民屬於社會低層，接受教育的動力不強，所以接受教育的效果有限，到八十年代末期，估計三十歲以上的漁民仍有百分之七十是文盲。

二　澳門新式教育的興起

晚清時期，澳門的傳統教育開始了教育現代化轉變。這種變化，是受到澳葡政府、教會、清政府三股力量的影響，而其中力量最強的，可說是清政府的教育改革。

澳葡政府方面：由於鴉片戰爭暴露了清政府的弱點，從清道光二十六年（1846）亞馬留（J. M. F. do Amaral）任澳門總督起，就結束華人與葡人共處分治的局面，開始全面奪取澳門的治權與主權。對華人的教育，亦開始訂立一些新規定。清同治七年（1868）年四月二十一日，澳葡批准成立一間以居澳華人子女為授課對象的葡語學校，不久，准許華人子女入讀澳門葡人「所有新設教華童義學」學校，光緒七年（1882），又批准在氹仔及路環各建一所小學，讓交不起學費的窮家子弟接受中文教育。同時，澳葡給予特惠鼓勵華人子女學習葡語。澳葡此舉雖有「同化」的目的[9]，但就讀的華人很少，對傳統中式教育的衝擊不大。隨著葡人的國力下降，失去海上優勢，而澳門對外的國際商貿又趨沒落，經濟日衰，加上歷史背景及文化等因素，葡人亦感到沒有能力及沒需要來監控華人的教育，只好對華人教育採取不干預政策，不過，在開辦中文及葡語教學的過程中，客觀上促進了中西教育文化交流。

9　查燦長：《轉型、變項與傳播：澳門早期現代化研究》（廣州：廣東人民出版社，2006年），頁281。

　　教會方面：澳門的開埠較香港早很多，在一五三五年開港成為舶口之時[10]，居民其實不多。一五九四年耶穌會在澳門成立了聖保祿學院，培養準備進入中國、日本、越南等地傳教的神職人員。這所標誌著早期西式教育在澳門發展重要里程碑的高等學府，對於澳門華人來說，其實沒有什麼大影響。澳門天主教會在一九一一年才開始著重中文教育，在氹仔辦了聖善小學。基督教傳教士郭士立（Karl F. A. Gützlaff）在道光十四年（1834）在澳門開設一所女塾，後來兼收男生。其後在該學塾的基礎上，籌建了馬禮遜紀念學校，由傳教士布朗（R. S. Brown）主持，收了容閎、黃勝、黃寬、李剛、周文、唐傑六名中國學生。校內教授算術、地理和英語、國文等科。不過，整體來說，就讀的華人不多。

　　對澳門傳統教育衝擊最大的，就是中國的教育變革。從文化傳統與地緣來看，澳門的教育現代轉變與中國的教育發展息息相關。從十九世紀六十年代開始，清政府對傳統教育作出改革，一方面是革除舊教育的弊政，另方面是創辦新教育機構。這些新教育機構主要培養語言、技術、軍事人材，社會地位未能等同傳統科舉出身，所以對澳門的傳統教育影響有限。光緒二十四年（1898）的維新變法，開始了對澳門傳統教育的衝擊。因為這個改革是由上而下，提出把沿襲數百年的八股取士廢除，對廣大的士子產生極大震撼。雖然變法失敗，但有參與者秉承改革精神來辦學，如其中的陳子褒（1862-1922）來到澳門辦學，把改革的理念在澳門落實，展開了澳門傳統教育現代化的第一步。

　　陳子褒是廣東新會人，清光緒十六年（1890）在廣州設帳講學，光緒十九年（1893）鄉試中舉，與康有為同科中舉人，在此期間成為康有為的萬木草堂弟子。光緒二十一年（1895）在北京會試期間參加「公車上

---

10 金國平：《澳門源考》，吳志良、金國平、湯開健主編：《澳門史新編》第一冊（澳門：澳門基金會，2008年），頁50。

書」，投身變法維新運動。戊戌政變失敗後，逃亡日本，順道考察日本教育。他把教育視為救國的主要方法，教育的目標在培養新國民。光緒二十五年（1899）從日本回國，在澳門荷蘭園正街八十三號創辦一所小學[11]，初名蒙學書塾，後改名為灌根書塾，繼改稱子褒學塾。他的胞弟在鄰近地方設立子韶學塾。兄弟分別招收高初兩等學生。陳子褒本身雖是科舉出身，但屬維新派人物，首先提倡用淺白的語文來教學。他自編婦孺淺說教科書數十種，故自號為「婦孺之僕」

同時，陳子褒聯合盧湘父等人，在澳門成立了中華教育學會，會所設立在蒙學書塾內。不久，陳子褒將該會改為蒙學研究會。該會章程規定：「會以研究蒙學為名，此外概不之及，即教育中之中學條理亦姑置之」；而且，規定互相討論問題的人限於正在從事蒙學教育者[12]。該會經常在報紙上以問答形式討論有關兒童教育的問題。

陳子褒學塾，當時在澳門享有很高的聲譽，學生人數達百餘人。上課地方不足，則遷往龍嵩街，後再遷荷蘭園二馬路，更改名為灌根學校。他胞弟的子韶學塾則遷往皮梓堂街國華戲院現址，改名為澳華學校。該二校為澳門作育英才，不少時賢碩彥出於子褒學塾之門，如：有嶺南第一才女之稱的學者冼玉清、曾任廣州嶺南大學校長，後來在香港創辦崇基書院的李應林等，比比皆是。

戊戌變法失敗後，陳子褒一度參加保皇會。據說，他到澳門創辦學校，本來是想為康有為的保皇觀念建立一個活動基地。陳子褒編印了一些稱為「三字書」、「四字書」、「五字書」的國文課本，來代替舊的「三字經」等，有意識地向學生介紹康、梁的維新思想和保皇觀點。例如「三字

---

11 據夏泉、徐天舒：〈陳子褒與清末民初澳門教育〉註6，以陳子褒自己文章所述為依據，指出劉羨冰《澳門教育四百年》所載的一八九九年有誤，子褒學塾的創辦的時間當為一九〇一年。澳門大學澳門研究中心編：《澳門研究》第22期，2004年6月。

12 《蒙學研究會章程》、《文言報》第10號，廣告欄，出版年及地方缺。

書」中就有「戊戌年，朝政變，康有為，一出現」，和「光緒皇，好皇帝，願我皇，萬萬歲」的句子。「四字書」、「五字書」的內容都是根據康、梁的學說和遊記來介紹西方的科學和外國風土人情。這些課本當時曾被港澳甚至廣州一些學校所採用。但在光緒二十六年（1900）以後。陳子褒的思想發生了變化，脫離了保皇會的政治活動。他甚至在革命黨人的《中國日報》發表文章，表明自己反對光緒皇帝復權、反對君主立憲的政治態度[13]。不過，陳子褒並沒有轉而成為革命黨人，他選擇了教育救國的道路。

　　光緒二十六至三十年（1900-1904），他接受當時在澳門的格致書院漢文總教習鍾榮光的邀請，主講該校的暑期國文講習班。其後，格致書院發展成嶺南大學，他的一些學生便在嶺南大學任教，對提高嶺大的中文教學水平作出了貢獻。在澳門期間，他還率領弟子先後創辦了培根平民義學、讚化平民義學、灌根勞工夜學。一九一八年，他把學校遷往香港，名為子褒學塾，後又改名子褒學校。一九二一年，他在香港開設了子褒女校，後來又聯同其他人創辦了培道聯愛會工讀義學。他一生致力教育事業，一九二二年病逝。

　　澳門的中式教育由傳統到現代，陳子褒可以說是其中的代表人物，他在澳門推行的教育，打破傳統科學制度的模式，開澳門現代教育的先河，具有劃時代的意義。他在澳門施行的新式教育，概括有下列數項：[14]

　　（1）**課程方面**：陳子褒從開民智、養人才出發，培養學生具有一般國民「通常之智慧」[15]。根據一九一二至一九一三年的《灌根年報》和一九二一年的《子褒學校年報》的介紹，學校開設了識字課、經學、算學、歷史、

13　陳子褒：〈論光緒帝之復權〉，《陳子褒先生教育遺議》（出版年及地方缺），頁108-109。

14　參見邱捷、顏遠志：〈陳子褒的教育思想〉，宋柏年、趙永新主編：《中外文化交流與澳門語言文化國際研討會論文集》，澳門：澳門理工學院，2002年。何文平、顏遠志：〈平民教育家陳子褒與澳門〉，澳門特別行政區政府新聞局：《澳門雜誌》，2004年10月。

15　《蒙學會問答》，《文言報》第10號。

地理、物理、英文、國語、手工、唱歌、體育、詩集、法政等，包涵現代小學甚至是中學的主要課程。

（2）**班級方面：**最初採用單級教授法，不同年級編在同一班，即今日通常稱為複式班；隨著學生增加，學校改為分年級編班。

（3）**教學法方面：**他注重兒童心理，採取多種方法提升學生的學習興趣，對講課的方法，包括聲音大小、節奏快慢都作了研究，以使「學童入於耳，印於腦」[16]。他反對灌輸教學，提倡啟發式教學。在講課中常常「帶定一個何以」，鼓勵學生多提問[17]。他對學生的任何問題都逐一解釋，鼓勵學生提問，常和學生展開討論。為了方便比較害羞的學生提問，他在課室中設立了「待問箱」，學生可以用書面提出問題[18]。

（4）**語文教育方面：**他反對兒童過早讀經，改用自己編寫的白話課本作為教材。先教認字解字，在此基礎上再讓學生填字串句，使小學生在運用中加深理解，「故初學的人，都自覺的知道自己日日都在進步」[19]他先要求學童學會串字、造句、譯文（文言白話互譯），在學童有了一定知識和訓練之後才開始作文。

（5）**學生發展方面：**他著重學生全面發展，學生不應局限在書本上學習。他很注意增強學生的體質，在學校的選址、校舍的建設，甚至各年級教室桌椅的設計，他都要求有利於兒童身體的發育，還把個人清潔、保護視力、注意飲食等列入教學內容。他規定初等小學每日授課時間為五小時，高等小學為六小時，其中一個小時為體操時間，每課時之間有十五分鐘的休息。在他所辦的學校，體育課有著重要的地位。

（6）**處理學生紀律方面：**他採用以激勵為主的方法，在學校設立「記

---

16 陳子褒：〈講解讀之教授法〉，《陳子褒先生教育遺議》（出版年及地方缺），頁72。

17 陳子褒：〈何以〉，《陳子褒先生教育遺議》（出版年及地方缺），頁97。

18 《灌根年報》1912年，「紀事」（出版年及地方缺），頁13。

19 王齊樂：《香港中文教育發展史》（香港：三聯書店，1996年版），頁197。

功簿」，只記功不記過，讓學生競爭上進[20]，強烈反對體罰學生。他認為，如果對學童「鞭撻繩縛若囚徒」，那麼學童就會把學塾視為監獄，不僅失去對學習的興趣，而且會影響學生道德和心理的成長，使學生「偷薄庸劣，日趨下流」[21]。對必須懲罰的嚴重違反紀律的學生，他依據兒童的心理，採用不損學生健康、不傷學生心理的處罰方法，使學生「知己之非，不再重犯」[22]。

（7）**對老師的管理方面**：陳子褒極為注重教師的表率作用。在辦學時嚴格選擇品格高尚、學問優良、熱愛教學的人當教師。他本人親自任教，大小課卷，一定親自批改；上寫字課時，親自書寫字格讓學生臨摹；上作文課，他親自撰寫範文供學生學習。其誨人不倦的精神使學生受到感染和教育，受業於他的學生，多數「小以成小，大以成大」，各有所立[23]。

（8）**學校體制方面**：是中國女子教育的先驅者。清光緒三十三年（1907），政府學部的章程仍規定「女子小學堂與男子小學堂分別設立，不得混合」[24]。而早在光緒二十九年（1903），陳子褒就在自己所辦的學塾招收女生，實行男女同校。他不顧保守勢力的反對，提倡並實行女子教育，不僅培養了一批女子人才，而且起了開風氣的作用。

（9）**教科書方面**：陳子褒不滿意當時以淺近文言文編寫的一批新的教科書，認為對學童來說仍然是艱深，極力主張用白話編寫蒙學教材。他從一九〇〇到一九二一年用白話為兒童婦女編寫的國文、歷史、習字等教材達四、五十種。他編寫的國文課本包括字課課本、釋詞課本和婦孺讀本。陳子褒認為，訓蒙的關鍵是識字解字，因此，字課課本的編寫尤為重要。

20　《小學校教科章程》，《教育說略》，蒙學書熟，1900年刊，頁22。

21　陳子褒：〈體罰教育學〉，《陳子褒先生教育遺議》（出版年及地方缺），頁16。

22　陳子褒：〈體罰教育說〉，《陳子褒先生教育遺議》（出版年及地方缺），頁17。

23　楊壽昌：〈陳子褒先生〉，《廣東文徵續編》（出版年及地方缺），頁370。

24　《奏定女子小學堂章程》，《中國近代學制史料》第2輯，下冊（上海：華東師範大學出版社，1989年），頁657。

他前後花近二十年時間，把基本的七千個漢字按由淺入深的原則編成了一套七級字課書（通行於世的是第一到第五級，第六、七級未及刊行）。他還編了《婦孺三字書》、《婦孺四字書》、《婦孺五字書》等讀本，代替傳統蒙學的《三字經》、《千字文》。這些讀本，盡量用兒童的口頭語，把各種知識以及道德、修身教育的內容編成韻文，便於朗誦和記憶。

陳子褒開澳門教育風氣之先，同期，一些教學較為新式的改良書塾亦相繼出現。著名的有創辦於清光緒二十七年（1901）崇實書塾。書塾初設在賣草地街租得二樓兩座，學生僅得十餘人。課程專授經、史、書、算，課餘之暇，偶然教導學生演唱愛國歌曲。民國元年（1912）遷往天神巷三十七號（即宋氏大屋），學生增至百餘人，分為高初兩級，按民國當時學制，改名為「崇實初等高等小學校」。[25]

不久，清政府施行新政，全面推行學堂政策。清光緒二十八年（1902）公佈《壬寅學制》，規定各級各類學堂的培養目標，修業年限，入學條例、課程設施等。光緒三十年（1904）公佈《癸卯學制》，對各年級的教育要求，從宗旨、目標到學校管理、教學方法、儀器設備等，都有詳盡的規定。並通過光緒三十一年（1905）發佈停科舉，使傳統教育觀念的轉變加劇，亦使新式學堂的發展加速。澳門受到影響，開始有新式學堂出現。

同盟會為宣揚革命思想，推翻滿清統治，正好利用創辦新式學堂的機會在澳門宣傳革命。光緒三十四年（1908），同盟會在澳門創辦「培基兩等小學堂」，一方面可以成為宣揚革命的基地，另方面可讓同盟會會員來澳門時有一根據地。校長潘才華早年留學日本，在東京加入同盟會。但潘才華回國後主要忙於商務，並沒有積極參加同盟會的活動，對於學校事務也不大過問。正式負責該校務的是同盟會會員謝英伯。培基兩等小學堂是

25　王文達：《澳門掌故》（澳門：澳門教育出版社，2003年），頁304。

當時港澳兩地唯一曾獲得清政府核准立案的學校。清末華人小學是九年制，分高級和初級兩等，主要學習《四書》及《五經》後便可以畢業。學生年齡一般也比較大，高年級學生多數為十六至十七歲，甚至到二十二歲。學生共有一百餘名。該校也使用子褒學塾一樣的課程與教科書。同盟會會員區大球、王岐生、陳峰海、李醒魂、劉卓凡等先後到校演講。由於演說會不斷宣傳革命，澳門當局開始干涉學校舉辦這類活動，演說會被迫停止舉行。[26]

澳門的維新派人士也同樣積極推動新式教育，華商學堂是維新人士在澳門首創。他們在港澳間，或辦報刊，或辦教育，藉以宣傳維新宗旨。學堂以德、智、體、群並重，具備現在學校之形式，與傳統的學塾不同。[27]

華商學堂創於清朝宣統初年（約1909），設立在天神巷三十七號。屋旁開闢草地廣場，設置有鞦韆架，運動儀器等，提供學生體操運動及遊戲之用。學堂按各學生的程度，分編為甲、乙、丙、丁各班，沒所謂第幾年級。全學堂的學生人數約有一百餘名，以當時澳門人口而論，學生人數亦不算少。所授課程除當時的新式讀本以外，仍要攻研經學訓詁等等。圖畫、唱歌、體操、遊戲等科亦有設立。華商學堂在澳門不過如曇花一現，只有一兩年時間便結束。原因是當時有一名學生因練習盪鞦韆而跌斃，使所有學生家長害怕其子弟嬉戲會遭遇不測，又認為圖畫唱歌、體操遊戲是荒廢學業之舉，所以紛紛退學。

晚清推行新政未久，辛亥革命推翻清朝統治，一九一二年南京臨時政府教育部頒行《普通教育暫行辦法》（十四條），內容包括清末各項學堂改

---

26 林亞傑《廣東文史資料存稿選編》第6冊，冼玉清《澳門與維新運動》，頁620；全國政協文史資料委員會編《辛亥革命回憶錄》第2冊，趙連城《同盟會在港澳活動和廣東婦女參加革命的回憶錄》，頁302-306；何偉傑《澳門與中國國民革命研究：1905年至1926年》第2章，頁84-85，香港中文大學歷史系博士論文（未刊稿）。

27 王文達：《澳門掌故》（澳門：澳門教育出版社，2003年），頁297。

稱學校，初等小學可以男女同校等。澳門的華人教育亦配合作出改變。

光緒三十一年（1905），由五所學學塾合併而成的鏡湖義學，至一九一二年將學校制度革新，依據中國教育部立案，把從前之甲乙丙班，及蒙學兩班，改為初小一二三四年級，及高小一二三年級，完成小學七年學制，定名為「鏡湖小學」。

在此期間，很多有志之士在澳門興起辦學熱潮，如：一九一四年，熱心英文教育者，如蔡克庭、郭杓、區利仁，發起成立「樹學會」的組織。開辦「澳門英文學校」（簡稱為M.E.C）。該校學制是依香港學制，設有由Form1.至Form5各級，高級班完全用英語講授。且於每年派學生參加香港大學堂會考之初級試和本級試等。一九一二年該校加設漢文小學部，校名改為澳門英文、漢文學校。又如一九二三年吳寄塵辦勵群小學、陳公善辦陶英小學、一九二八年廖奉基的粵華中學從廣州遷來澳門，其他如濠江小學、知用小學、致用小學、佩文小學、宏漢小學、華仁中學、中善中學等，至此，澳門的教育逐漸完成了由傳統過渡到現代的轉變。

三　結語

澳門雖然身處中西文化匯集之處，教育的發展也是中西並行，不過，從傳統教育的發展來看，澳門受到中國方面的影響較大。基本上，澳門的教育發展政策與方向，特別是以絕大多數居民為對象的中式教育，與中國的關係極為密切，由傳統轉為現代教育，主要是因應中國教育變化所致。

抗戰前後的國內政治與澳門華人教育

　　葡人東來的目的，主要是為了宗教及貿易，對澳門的教育發展向來並不重視，亦沒感到有需要在澳門開展教育事業。但自一五七六年澳門天主教教區成立，情況有些轉變。由於葡萄牙國王、葡商均支持教會在澳門的工作，並以葡萄牙海關千分之五的關稅，來作教會的慈善經費，而教友去世，也有自願捐出產業支持教會的，故隨著澳門的外籍人口不斷增加，教會便在澳門進行建設，先後在澳門開設教堂、仁慈堂、醫院、癲瘋院、孤兒院等。除此之外，天主教的神職人員，要負責為當時澳門居住的葡國商人、水手及家眷、家僕進行教化的工作，按傳統設立要理班，兼授語文和文法，以開啟民智，掃除文盲。其中有些是教育葡童的，也有教育華童教友的。當時在澳門大炮台山麓教堂旁邊，天主教耶穌會就開辦了一所聖保祿公學。

　　葡人在澳門的發展過程中，負責維持澳門管理的自治會採用了雙重效忠政策[1]，一方面接受葡萄牙王室和法律的管治，另方面則受明清政府的嚴格制約。在澳葡的管治環境與條件，他們只重視葡童的教育，而澳門華人對澳葡的西式教育亦不理解和重視，科舉考試仍然是華人教育的傳統核心價值。即使到了清宣統二年（1910）開始出現可供華人子弟入學的官校，但華童入讀極少[2]。中式與西式的教育在社會上雙軌並行，互不干涉。

　　由於葡人並不干涉華人的教育事務，澳門華人的教育，便主要受中國的影響，亦成為中國不同政治組織的爭取對象，與中國政治變化息息相關。

1　吳志良：《澳門政治發展史》（上海：上海社會科學院出版社，1999年），頁59。
2　劉羨冰編著：《澳門教育史》（北京：人民教育出版社，2002年），頁10。

澳門的華人辦學，在教育學童的過程中，因應辦學團體的性質，多少不免對當時大陸的政治變化，顯示出各自的價值取態。這種關係的表現，最具代表的是抗戰時期，學校在推行教育之餘，亦有參加事抗日政治活動，形成澳門教育的一種特色。而戰後國共兩黨在鬥爭的過程中，在澳門擴張各自的控制力及影響力，教育事業自不能避免，兩黨積極爭取教育界的支持。本文的目的，便是探討抗戰前後澳門華人教育與國內政治之間的關係。

一 抗戰前，不同政見人士在澳門教育界的表現

澳門的華人教育與國內政治關係十分密切，這種關係，可以從晚清維新變法後，保皇派與革命派在澳門擴張影響力，爭取國人的支持說起。

維新人士在澳門首創的學校是華商學堂，學堂成立在清朝宣統初年（約1909）。他們來到港澳展開活動期間，或辦報刊，或辦教育，藉以宣傳維新宗旨。學堂以知識、德、智、體、群並重，具備現在學校之形式，與傳統的學塾不同。學堂按各學生的程度，分編為甲、乙、丙、丁各班，沒所謂第幾年級。所授課程，除當時的新式讀本以外，仍要攻讀經學訓詁等科。圖畫、唱歌、體操、遊戲等科亦有設立。屋旁開闢草地廣場，設置有鞦韆架、運動儀器等，提供學生體操運動及遊戲之用。

同盟會方面，為宣揚革命思想，推翻滿清統治，早於光緒三十四年（1908）在澳門創辦「培基兩等小學堂」，一方面希望在澳門推廣革命思想，另方面可讓同盟會會員來澳門時有一根據地。培基兩等小學堂獲得清政府核准立案。同盟會會員區大球、王岐生、陳峰海、李醒魂、劉卓凡等先後到校演講。藉著演說會來宣傳革命。[3]同盟會在澳門發展會員，培養了

---

3 林亞傑：《廣東文史資料存稿選編》第6冊，冼玉清：《澳門與維新運動》，頁620；全國政協文史資料委員會編：《辛亥革命回憶錄》第2冊，趙連城：《同盟會在港澳活動和廣東婦女參加革命的回憶錄》，頁302-306；何偉傑：《澳門與中國國民革命研究：1905年至1926年》第2章，頁84-85，香港中文大學歷史系博士論文（未刊稿）。

一批義無反顧地參與革命的仁人志士，如趙連城、梁定慧。

相對較為中立的，是曾經支持保皇派的陳子褒（1862-1922）。陳子褒是廣東新會人，光緒二十一年（1895）在北京會試期間參加「公車上書」，開始投身維新變法運動。戊戌政變失敗後逃往日本，順道考察日本教育。光緒二十五年（1899）從日本回國，在澳門荷蘭園正街八十三號創辦一所小學[4]，初名蒙學書塾，後改名為灌根書塾，繼改稱子褒學塾。陳子褒雖是科舉出身，但他主張教育改革，反對兒童過早讀經，用自己編寫的白話課本作為教材，自編婦孺淺說教科書數十種。他的學校開設了字課、經學、算學、歷史、地理、物理、英文、國語、手工、唱歌、體育、詩集、法政等，包涵現代小學甚至是中學的主要課程。他的學塾，當時在澳門享有很高的聲譽，廣受學生歡迎。他把改革的理念在澳門落實，展開了澳門傳統教育現代化的第一步。

晚清澳門華人教育，除了受到立憲與革命兩派人士的影響外，清政府的政策是更具有決定性力量。清光緒二十八年（1902），清政府施行新政，公佈《壬寅學制》，規定各級各類學堂的培養目標、修業年限、入學條例、課程設施等。光緒三十年（1904）公佈《癸卯學制》，對各級教育，從宗旨目標到學校管理、教學方法、儀器設備等，都有詳盡的規定。並通過光緒三十一年（1905）發佈停止科舉考試，使傳統教育觀念的轉變加劇，亦使新式學堂的發展加速。澳門受到影響，開始有新式學堂出現。

辛亥革命推翻清朝統治，一九一二年南京臨時政府教育部頒行《普通教育暫行辦法》（十四條），澳門的華人教育亦配合作出改變，很多有志之士在澳門興起辦學熱潮，如：一九一四年，熱心英文教育者，如蔡克庭、郭杓、區利仁，開辦「澳門英文學校」（簡稱為M.E.C）。該校設有由Form1.

4　據夏泉、徐天舒：〈陳子褒與清末民初澳門教育〉註6，以陳子褒自己文章所述為依據，指出劉羨冰：《澳門教育四百年》所載的一八九九年有誤，子褒學塾的創辦的時間當為一九○一年。澳門大學澳門研究中心編：《澳門研究》第22期，2004年6月。

至Form5各級，高級完全用英語講授。又如一九二三年吳寄塵辦勵群小學、陳公善辦陶英小學。一九二八年廖奉基的粵華中學從廣州遷來澳門。其他如濠江小學、知用小學、致用小學、佩文小學、宏漢小學、華仁中學、中善中學等。天主教教會辦的中學，有聖羅撒女子中學，聖若瑟男、女中，也是初中。此外，還有尚志、華仁、華僑、佩文、復嶺等中學，也只辦初中，而且學生人數也不多。其中不少稱為學校的，實際上是從學塾演變過來的，澳門的興辦教育之風一度十分興隆。

辛亥革命、五四運動、五卅運動、省港工人大罷工、九一八事件、八一三事件等國內一連串社會政府事件，亦影響了澳門的教育界。在抗日戰爭前夕，澳門社會已積聚了一股愛國的力量，在教育領域上，不分國民黨還是共產黨，都團結力量抗日。

一九一五年，教育界梁彥明、曾次崔等曾組成「抵制日貨救國會」，逢星期日組織師生到中山各鄉演講宣傳救國抗日。一九一九年，澳門學界不能在澳公開反日，卻又有十多校師生，以及童子軍轉到四鄉宣傳，號召同胞抵制日貨，奮起救國，「雖有學生被捕而志不稍衰」。一九二二年，成立僅兩年的中華教育會組織三千師生國恥大遊行，振奮人心。一九三一年九一八事件以後，澳門師生的愛國情緒更為高漲，宏漢學校校長鄭毅詒寫了一篇署名「澳門宏漢小學全體同學」的《致義軍書》，除寄東北軍外，還要求高年級學生人人背誦，銘記國難。當年各校師生高唱《松花江上》等抗日歌曲，課堂張貼「毋忘國恥」等標語，通過週會、時事報告會等，師生受深刻的愛國教育。

到了一九三二年，據澳葡官方統計，全澳中、小學學生七九五三人，女生只佔百分之二十六點六，學校九十七所，平均每所只得八十一點九八人。一九三四年，內地出版的《華僑教育》派了兩名編輯來澳實地考察，報告指出全澳華校有七十多所，學生約七千人，平均每校約百人。可見三十年代澳門教育受社會發展的局限，教育很不發達。他們描述當年的華人

中學,把小學加設進修的兩、三所湊合起來,也只得八所,學生僅三五○人,平均每校不足四十四人。每三四二個澳門居民中才有一個在讀的中學生。當年澳門與鄰近的廣州、香港雖然並稱「省、港、澳」,但教育方面,澳門確實比其他兩地落後得多。

這些華人私校大多數在澳葡政府華務局附設的華視學會督察之下,其中有規模的、學生要入內地升學的學校又另在南京政府僑務委員註冊立案,遵照國內規定的中、小學規程標準來教學。但當時仍有不少處於被淘汰邊緣的私塾,或廟宇的義學,三十年代還是採用舊式的「卜卜齋」教育。這一時期可稱為封建教育過渡到新式教育的晚期,先進與保守共存。據《華僑教育》編輯考察發現,仍有澳門學校採用一九一六至一九一七年間出版的過時教材,教科書上印的「國旗」還是「五色旗」,澳門私校質量的參差,由此可見一斑。

二　抗戰時期國共兩黨在教育上共同抗日

一九三七年抗戰爆發,八月三十一日,日本侵略者首次對廣州進行空襲。廣州的大學、中學開始向四鄉遷移。到了一九三八年六月,廣東省空襲達兩千次,廣州市被轟炸達八百多次。抗戰時期,澳門成為了包括珠海難民在內的淪陷區人民的避難所。一九三八年十二月十四日的《華僑報》有這樣的報導:「中山縣三灶鄉被敵侵入,民眾率家逃避來澳,露宿街頭,鏡湖醫院召開經理常會,決定協助救濟」[5]。以後,隨著唐家及香洲等地區的淪陷,珠海難民同珠江三角洲等地的受難同胞一起紛紛湧入澳門。一九三八年六月十六日的《華僑報》載,各地逃來澳門的難民已達四萬餘

5　廣東省檔案局編:《廣東澳門檔案史料選編》(北京:中國檔案出版社,1990年),頁380。載1938年12月14日的《華僑報》。

眾。[6]澳門的慈善機構如同善堂積極開展施粥濟貧工作，還派發衣服、棉被，讓難民禦寒；又增聘醫生，早晚開診，施藥贈醫。除同善堂外，澳門鏡湖醫院慈善會也做了大量救濟難民的工作，鏡湖醫院還開辦難童小學，讓他們接受教育。[7]在此情況下，不少國內著名的學校，都被逼遷移。香港和澳門成為避難的地方。

從一九三七年開始至一九三九年初的十多個月內，澳門人口大增，師生人數增幅更大。一九三六年，澳門人口約120,000人，學生約8,000人。一九四二年，人口達歷史高峰，估計最高時達40萬；學生則增至3萬人。即人口增幅為3.33倍，學生的增幅為3.75倍。[8]

遷到澳門的大多為私立學校，都是較有規模的。遷校的目的，在於師生的安全與學校繼續運作，同時保存設備，所以一般是師生、設備一起遷移。有的先遷到廣東省內的鄉鎮，及後又遷到澳門。這些學校，不乏是廣東的名校，因此引入大批優良的師質，而新來的人口，文化素質亦高，不但使澳門的教學水準大幅提高，更令澳門人口文化素質提升，人口思想素質飛躍。[9]

珍珠港事件爆發，日軍大舉南侵，太平洋上戰雲密佈，港澳與海外各地交通中斷，尋而香港又告陷落，澳門糧食接濟，發生困難，物價不斷飛漲，居民生活，陷入不安狀態，最嚴重的是珠江三角洲的中山、新會等縣，運澳米糧，操縱在日軍手上，糧價直線上升，每擔售價高至葡幣四、五百元，民食大起恐慌，且美國南洋等地僑滙又告中斷，居民接濟遂失來源，大部份商人、居民及流亡人士所持有及存放於英國銀行之港銀港幣，

6　廣東省檔案局編：《廣東澳門檔案史料選編》（北京：中國檔案出版社，1990年），頁380。載1938年6月16日的《華僑報》。

7　趙艷珍：《珠澳關係史話》（珠海：珠海出版社，2006年），頁156-157。

8　劉羨冰編著：《澳門教育史》（北京：人民教育出版社，2002年），頁149。

9　劉羨冰編著：《澳門教育史》（北京：人民教育出版社，2000年），頁149-150。

盡失通用，港方親屬接濟斷絕，居民生活，受到空前打擊，富者餐粥餐飯，貧者更半飽難求，餓殍載道，觸目驚心，此種社會不安現象，嚴重影響兒童就學機會，退學人數驟增，失學兒童竟佔百分之七十至百分之八十之多。

學校學生減少，學費收入萎縮，在入不敷出下，老師迫得折減薪額，很多教職員因不能忍受枵腹待遇，相繼辭職，返回內地另謀生計，使師資呈現缺乏現象。各校主持人為適應環境生存，各想辦法，有些採取合併方式，有些採用節省開支方式。最後，很多因無法支持而結束停辦，學校總數由一百八十餘間，降至四、五十間，使蓬勃一時的澳門教育，頓陷入黯淡無光的逆境。[10]

當此危難之秋，具國民黨與共產黨背景的教育界人士，在澳門這個仍然保持戰爭中立地區，通力合作，共同支撐澳門教育，並發揮一致抗日的精神。

國民黨澳門支部黨員及熱心教育人士不畏萬難，繼續支持僑教教育，如總理故鄉紀念中學校長司徒優、中山中學校長陳德和、中德中學校長郭秉琪、致用小學校長葉向榮、佩文小學校長周靜生、崇新小學校長張惠泉、孔教中學校長鄭穀貽、知行小學校長羅致知、陶英小學校長陳公善、崇實小學校長梁彥明、崇實小學教務主任鍾榮階、天主教會主辦之望德女子中學嚴紹漁神父、聖羅撒女子中學校長朱伯英，均有其不撓不屈的表現。教師方面則有蘇菊庵、張衍日、麥孔檀、鄭鴻舉、李慶剛、林範三、俞熾南、張鐵軍、蔡德誠、鄧景范、高朝宗、林慶培、潘學增等一百八十餘人，刻苦耐勞，不畏時艱，日以粗糠，馬糧、粟米，稀粥等充飢，半飽半餓，勉力上課，甚至有因營養不足，健康不佳而患水腫胃病致命殉職者，至足欽敬。

---

10 馮漢樹編著：《澳門華僑教育》收入《華僑教育叢書》（臺北：海外出版社，1958年），頁28-29。

　　當時澳門一些熱心殷戶如劉伯盈、馮養、陳茂枝、高可寧、莫培樾、姚應江、黃豫樵、李際唐、陳蘭芳等均受到正義感動，當仁不讓，相率捐款濟助，大家群策群力，共濟時艱，使尚有餘力及有志向學的青年學子，不致失學。其中如建築商人馮養以失學兒童太多，撥巨款交與致用小學校長葉向榮舉辦難童班，免費收容數千失學兒童補習，尤屬難能可貴。[11]

　　澳門中華教育會有見及此，決定開辦難童夜校二十所，附設於各會員校內，不但完全豁免學童一切費用，並由該會籌辦書籍、筆墨、紙張等分贈難童。其他經濟能力較優的學校，亦相繼起來支持。例如粵華中學以演劇籌款設立難童學校，於三月四、五兩夜公演名劇《欽差大臣》。當時觀眾異常擠擁，收入約一千一百餘元，而澳門富商願意代籌八百元，合共二千二百餘元交給粵華，粵華校長將此款作為設立難童小學及習藝所之開辦費。粵華難民小學開始招生，一至六年級各招一班，習藝所只招一班，限於十六歲以上的高小畢業生，課程有工商業常識、工業組織、工廠管理等，成績優良者可充任該所附設之小工場工目，學雜費一律豁免。[12]

　　日本特務人員及偽組織漢奸，初期對澳門教育採取不干預政策，及後發覺澳門學校在愛國民族主義的教育薰陶下，間接影響大東亞侵略目標，便發動破壞陰謀。首先向忠貞教育人士，施用威脅恐嚇手段，並偽造情報向地方治安當局告密，會同搜查學校，如崇實中學、中德中學等均數度受擾，幸澳葡政府洞悉偽方陰謀，恪於環境下，僅予敷衍了事，未向華人學校施用過大之壓力。

　　日本特工見打擊舉動無效，反而增加忠貞教育界人士及愛國學生的敵愾同仇情緒，便轉用毒辣手段，先將崇實中學校長兼中華教育會長梁彥明

11　馮漢樹編著：《澳門華僑教育》收入《華僑教育叢書》（臺北：海外出版社，1958年），頁29-30。

12　廣東省檔案館篇編：《廣東澳門檔案史料選編》（北京：中國檔案出版社，1999年），頁382-383。載《華僑報》1939年3月5日及3月7、20日。

刺殺於龍嵩街口，再將遷澳的總理故鄉紀念中學校董會校董兼中山縣縣中學校長林卓夫刺殺於沙加都拉賈伯麗街。敵偽此次殺害兩位忠貞不屈的教育界人士，使全澳教育界為之憤激萬分，不顧惡勢縱橫，公開開會追悼，民怨沸騰，輿論交責。[13]

又如濠江中學，可說是積極支援抗戰的代表。以該校為例，支援抗戰的活動可概括如下：

1 宣揚抗戰

濠江中學的杜嵐等老師，除了教授學生學科知識之外，還著重培養學生愛國情懷，堅持抗日戰爭的思想，經常利用歌曲和文章，激發學生的思想和感情。

據一位曾在濠江任教的老師憶述：

> 當時，日本帝國主義正在對中國磨刀霍霍，準備全面侵華，民族危機空前嚴重。那時候我們教學生，主要是教他們認識當前的形勢，國難的深重，向他們灌輸抗日救亡的大道理，激發他們的民族自豪感和愛國精神，引導他們熱愛中華民族，仇恨日本帝國主義。
> 不少進步的和抗日的歌曲，如《開路先鋒》、《大路歌》、《義勇進行曲》、《五月的鮮花》……都是那時音樂課的絕好教材。這些當時風靡澳門青年一代的激越歌聲，對引導同學們精神向上，熱愛祖國，收到了十分顯著的效果。[14]

---

13 馮漢樹編著：《澳門華僑教育》收入《華僑教育叢書》（臺北：海外出版社，1958年），頁30-31。

14 濠江舊侶：〈回憶天神巷時期的濠江〉，澳門濠江中學：《濠江中學五十週年校慶紀念特刊（1932-1982）》（1982年），頁98-99。

　　據一位在一九三九年入學的學生的回憶，他親身經歷了當時濠江老師宣傳抗戰，推動愛國教育的活動，深受感動。

> 在紙醉金迷的澳門，依舊瀰漫著生活的迷惘。親愛的母校——濠江中學一誕生，就以戰鬥的姿態告訴澳門同胞：「寇深矣，起來！」這戰鬥的語言，像一把利刀，劃破了那凝固深沉黑暗的長空。第一次從濠江中學傳來了《開路先鋒》、《大路歌》、《鐵蹄下的歌女》、《打回老家去》⋯⋯的歌聲，傳來了民族解放鬥爭的霜天曉角！從此濠江中學就是大聲疾呼宣傳團結抗戰，為祖國培育英才。多少老師和同學，在抗戰中奔赴鬥爭的前線，為祖國獻身，甚至獻出了寶貴的生命。
>
> 特別使我難以忘懷的是灌輸愛國主義思想，提高對民族自衛戰必勝的信心。我記得杜君恕老師把《論持久戰》這本書，用通俗易懂的語言對高小以上的同學分析講解。每逢「七‧七」、「八‧一三」、「九‧一八」、「一二‧九」紀念日，在第一節課用報告形式來開紀念會，使我們牢牢樹立不忘國難，擁護抗戰的思想信念，我們都飽含著淚水，諦聽教誨體會深重的民族苦難。比之當時侈談教育救國，連半句救亡歌聲卻聽不到的某些有地位的學校，真是相形見絀，涇渭分明。[15]

　　在該校校長黃健推動，全校教師們的共同努力下，把學生的教育結合抗日救亡運動，貫徹始終，從不鬆懈。不少男女青年在學校教育薰陶下，奔向內地參軍、參加抗日救亡工作。當時澳門同胞組成組織了服務團，直接返回內地參加抗戰工作。最早組織出發是「旅澳中國青年鄉村服務

15　官天恩：〈悠悠寸草心——懷念母校的艱苦歷程〉，澳門濠江中學：《濠江中學五十週年校慶紀念特刊（1932-1982）》（1982年），頁100-102。

團」，第一批成員在一九三七年十月便返回內地，以廖錦濤為團長，分十個隊及一個由岐關公司工人組成的機工隊，共一六七人，自一九三八至一九四〇年分批回內地參加戰地服務，不少人光榮負傷，甚至英勇犧牲。例如抱著炸藥爆破橋樑中彈犧牲的梁捷。[16]

2 組織民眾，參與抗日救亡團體開展工作

「九一八」事變後，活動在澳門的一批中共黨員自覺地進行統戰工作。他們以學校、書店、報紙為陣地，通過辦學、授課、出售書刊、組織救亡組織吸收學生和工人參加等形式，宣傳抗日救亡思想，團結青年走抗日救國的道路。抗戰發生後，當時各級黨組織和中共黨員利用澳門的特殊地位，以澳門為陣地開展抗日活動。黃健、杜嵐等人積極推動，利用濠江學校在教育及文化界的地位及影響力，支援中共的抗戰工作。抗戰時期，八路軍參謀長葉劍英、新四軍參謀長張雲逸、八路軍駐上海辦事處主任潘漢年、八路軍駐香港辦事處主任廖承志等人都曾到澳門支援抗日救亡工作。一九三七年十一月，中共澳門支部在廣州市委的領導下在澳門建立，次年改為中共澳門特別支部，由香港市委領導。中共在澳門的黨組織成立後，注意在各抗日團體、產業工人、學生中培養黨員，發展黨務，不斷壯大自身力量。中共在澳門的組織先後建立了學生支部、拱北關支部、岐關車路公司支部、紗廠女工支部。「澳門黨的工作有了相當的發展，到廣州失守時有黨員50人。」[17]在抗日工作上發揮了重要的作用。

隨著各級黨組織恢復、重建和抗戰形勢的發展，一批活躍於澳門各個社團中的分子如廖錦濤、梁鐵等先後加入了中共，廖錦濤更成為澳門黨支部的組建者之一，並且擔任了澳門支部的組織委員。而陳少陵等中共黨員也恢復了組織關係，他們帶領「澳門文化界抗日救國會」、「大眾救亡歌詠

---

16 謝永光：《香港抗日風雲錄》（香港：天地圖書公司，1995年），頁35-36。

17 廣東省委黨史研究室編：《澳門歸程》（廣州：廣東人民出版社，1999年），頁119。

團」、「前鋒劇社」等進步團體積極開展活動，發揮了中共的領導作用。共
黨不僅掌握了一些規模較小的愛國團體的領導權，澳門統一的愛國組織
「澳門四界救災會」和較大規模的「旅澳中國青年鄉村服務團」也處於黨
的控制領導之下。「澳門四界救災會」作為多個愛國團體的聯合體，有著
良好的群眾基礎，廖錦濤在其中擔任理事。「黨所能掌握領導的一個大
的、公開的、合法團體是澳門四界救災會，這個團體下面包括了一些劇
社、音樂團體和學校等」[18]。而「旅澳中國青年鄉村服務團」則是在請示
香港市委統一、由澳門黨組織負責人余美慶直接參加發動組成的，中共黨
員陳少陵被推舉為該團領隊。

濠江中學積極配合開展工作，例如濠江小學教師周筱真等在澳門四界
救災會分別參與交際、出納等工作。例如廣游二支隊隊長鄭少康就是濠江
中學的體育教師。[19]在濠江的教育影響下，培養不少校友為抗日出力，他
們當中，有些抗戰勝利後重返澳門創業，有些還一直留在國內工作，對革
命事業和社會建設，作出了一定的貢獻。例如：濠江中學校友鄧慶忠就是
其中一例。他參加中山抗日游擊隊時，杜嵐老師親自為他準備行裝和路費
送他上征途。經過半個世紀的奮戰，他屢立戰功，從戰士到中校軍官，以
後到廣州海關，又在海關幹部學院培養了大量專業人才，作出了貢獻，擔
任了廳局級領導，直到離休。[20]

3 建立陣地，搶救愛國人士。

一九四一年十二月，太平洋戰爭爆發，香港淪陷，在港的八百多名文
化界人士和愛國民主人士以及抗日的國民黨人和國際友人面臨日軍圍困和

---

18 《吳有恆關於粵東南特委工作給中央的報告》，1941年1月31日，載《廣東革命歷史檔彙
編》甲41，中央檔案館，頁114。

19 劉羨冰：《澳門教育史》（北京：人民教育出版社，2000年），頁154。

20 黃潔琳編著：《六十春秋苦耕耘：澳門濠江中學杜嵐校長專集》（澳門：出版社缺，1995
年），頁18。

殺害的危險。周恩來急電八路軍駐香港辦事處和廣東黨組織，不惜一切代價「搶救文化人」。根據中共中央指示，進入港九的抗日游擊隊在中共南方工委領導下，在港九地下黨的配合下，終於完成了這一項重要人物。在營救這批人士過程中，中共將澳門作為從香港到國內的中轉站。先安排這批人經香港的長洲島偷渡到澳門，再從廣東境內到達桂林。澳門作為這一營救路線的中轉站，最適合一些年老體弱的人作為休息據點。

中共安排了部份因在香港逗留時間長、容易暴露身份，或因年老體弱，不適宜爬山涉水的文化人士分四批從澳門撤離。這些人士到澳門後，在澳門中共秘密聯絡點鏡湖醫院幫助下經廣州灣或經中山、江門、台山到了桂林，鏡湖醫院醫生柯麟在其中做了大量的工作。夏衍、范長江、梁漱溟、金山、司徒慧敏、蔡楚生、千家駒、王瑩、郁風、金仲華、謝和庚、華嘉、孫曉思、孫明心等近百名文化界人士和愛國人士就是經此路線轉移的。大批文化人在被營救中，親身感到在危難之際，中共千方百計營救他們，情意深重，因此對中共更加信賴。在這些行動中，濠江中學校長黃健憑藉自己特殊的身份，廣泛地同國民黨官員、地方實力派等頭面人物甚至敵偽人員打交道，盡力搶救愛國文化人士。

當時的濠江中學，曾以辦夜校的形式，吸收青年、工人、知識份子和學生，秘密辦了十二期青年訓練班，系統地講授了《新民主主義論》，進行了形勢教育和紀律教育，講述軍事和群眾運動常識等課程，分期分批地輸送骨幹到游擊區去，參加武工隊或整治工作。第一期參加學習的愛國青年，結業後，即組成武工隊，帶到靠近新會邊界的中山馬鬃，名為「馬鬃武工隊」，交給中山區的中共組織來領導。當第二批學員培訓工作結束後，先派五位學員前往中山、新會邊境游擊區工作，經過前山地區時，遇到國民黨軍隊的攔截扣押。為了營救這些同志，黃健廢寢忘食，四處奔走，籌集五千多元贖金，使他們全部獲釋並到達目的地。這些青年、工人、知識份子，經過短期培訓教育，輸送游擊區參加武工隊或從事政治工

作後，擴大了抗日骨幹力量，配合了五桂山游擊隊的活動，不但對日軍進行了一定的打擊，對日後中共解放軍渡江南下，解放中山珠海也起到了一定的支援作用。

三　抗戰後中共在澳門教育界的工作[21]

抗戰後期，國共兩方已在政治上互相角力，抗戰結束不久，內戰爆發。在此前後，兩黨在澳門擴展力量，積極爭取民眾支持，教育界人士，成為兩黨極力爭取的對象。一些原在澳門興辦教育的人士，早已有所屬黨派背景，但仍有不少教育工作者黨派不明，保持中立，成為吸納的目標。兩黨各就自己條件制定策略，推行爭取教育工作者的政策。

1 組織文化協會

當時澳門教育界以自由教師聯合會為其唯一的聯誼團體，該會以推展三民主義之教育精神及同謀會員福利加強團結為宗旨，歷屆理監事向是奉行會章及一切忠於國民政府的政策。中共自知無法直接控制，便製造謠言，挑撥離間。除以中華教育會為基幹外，另行組織一個拉攏教師的團體，名為「澳門文化協會」，包括海外文化名人，新聞界人士等，由具有中共背景人士居間把持，主要吸收留居澳門未能返回大陸從業之失意教員、感於私立學校待遇低微而退職的牢騷份子，與及好唱高調的青年教師等。

2 奪取中華教育會

中華教育會原為澳門學校與國民政府直接連絡的唯一團體，學校及教師均以該會作領導中心。中共希望爭取該會的控制權，一方面削弱國民黨

21　馮漢樹：《澳門華僑教育》收入《華僑教育叢書》（臺北：海外出版社，1957年），頁31-38。

與澳門教育界的聯繫，另方面可通過該會的組織加強對學校的控制。最初，具有共黨背景的教師全部加入教育會，居間製造矛盾，爭取會內有力份子，以為呼應，不久，在一九四九年該會之青年激烈份子抨擊會務不當，共黨背景老師乘機把事件鬧大，該會理事宣告易幟，脫離國民黨的控制，演變成澳門教育界的空前事件。

3 組織教師文娛室

中華教育會雖然轉為中共掌控，但有一些會員不表示支持，中共於是重新大量吸收會員，以加強力量，而且建立外圍組織，設立教師文娛室，寓政治思想於文娛活動，並藉以建立一道圍牆，排除異己者於門外，更將中華教育會之政治重點轉移於文娛室，更以此展開其爭取澳門華人學校的支持。

教師文娛室是一個教師的康樂場所，內設有文娛、福利及各種研究部門，如政治研究、西樂研究、中樂研究、舞蹈研究、縫紉研究、體育研究、家事研究等，並有合作社等設置。中共利用文娛室的各種活動，盡量吸收新會員及進行滲透等工作。在爭取教員支持方面，中共利用年中季節，廉價供應各項用品，又在每學期開始時發放會員子弟書籍文具費，於農曆年關前夕發放會員生活補助費，在爭取對學校支持方面，每學期則贈送掛圖教具及助學津貼等。受益學校及員工師生不必具條領收或辦理任何手續，此種利誘不但足以操縱弱小學校的行政，更可以獲得清貧教師的支持。

4 派員滲透學校

中共派員滲入學校後，即徹底了解該校內情，把握其中缺點，表示同情，且設法解決部份困難，相機進行遊說，批評學校不盡善地方，且對接受濟助的學校，絕不追問既往，亦不正面談論政治見解，也不作苛刻要求，只求不作公開反共活動便可。形式上也不需懸掛五星旗，也不用依照

中共設立的課程來教學。一般經濟貧乏面臨結束的私立學校，最先受其吸引，於無可無不可中，間接受到中共的補助而受到控制。

5 保持學額手法

對於接受中共補助之學校，其學額方面一律互相調劑，如甲校在該區學額增加而乙校在該區學額減少者，中共可能通知甲校撥出名額送往乙校接收，保持彼等學額永遠平衡，此種被撥學生之學雜等費，中共是優先支付濟助。當時澳門經濟不景，生活困難，一些收生欠佳的學校，往往抵擋不住艱難困頓，只好接受中共補助。

6 組設學生聯合總會

澳門學生聯合會是中共學運的總樞紐，該會主要份子必須先調返大陸接受政治訓練，某些部門更是在國內選派受過組織訓練的學生來主理。該會所有措施，完全遵照國內的教學方針進行，其滲透破壞的目標，則以組織力堅強的國民黨派學校，教會主辦的學校為主。

7 設立學生樂園

中共為著進一步去吸收青年學生，特設立學生樂園為學生聯合會的外圍組織，規定凡加入學聯者，以該園份子為最合條件，並盡量利用學生的好動本性，而以文娛活動為幌子，寓政治教育於各種項目之中，作潛移隱變的運用。而具中共思想的學生，便要負責在其本人就讀的學校內吸收和介紹其他同學參加。

8 新民主少青團

一般個性好靜的學生，對於學生樂園是不願參加的，中共於是設立民主少青團進行吸收。該團以讀書研究為號召，將彼等納入範圍，專門灌輸普

通政治常識及新民主主義教育等，藉此讓學生接觸和了解共黨主義和理想。

　　中共在澳門推行爭取教育界的措施，主要以經濟力量做後盾，再配合靈活的統戰滲透方法加以操控，總括來說可分為四類：一、利用政治環境透過某種關係，禁止各校教導公民、童軍等課程，及停止舉行紀念週。二、有些貴族式的學校收費較昂，學生減少，無法維持現狀，在中共的銀彈之下，以校董權責作交換條件，教師任用聽其支配，中共份子乘機滲進，控制校務，此種學校計有四至五間。三、控制社團興辦的學校。由於中共把握了大陸與澳門之經濟貿易關係，若干商業團體受到要脅而採取較為親近的態度。同時，中共利用金錢支持取得部份宗親會、慈善社團等組織控制，因此各社團所設立之學校，多所被其操縱。四、學校每因收支不平衡，頻陷結束，迫得依從說客指使，接受捐助學額，初則以採取中立態度為條件，繼則被具有中共背景教師及學生分頭滲進，終使學校脫離國民黨系統。

四　抗戰後國民黨在澳門教育界的工作[22]

　　國民黨在澳門教育界的工作，可分作兩方面，一是消極的對付經濟環境，一是積極的對付政治環境。

1　對經濟環境的抗衡

　　為著適應社會經濟環境和針對中共對學校的金錢政勢，一般國民黨派的學校，紛紛採取下列幾項對策：

　　一是採用減低學費來吸引學生就讀：一般將學費減低百分之三十至五十不等，對於當時由大陸逃難至澳門的學生，如果家境赤貧的，更把學費

22　馮漢樹：《澳門華僑教育》收入《華僑教育叢書》（臺北：海外出版社，1957年），頁38-43。

減至原價的百分之十，甚至完全豁免。學校收入減少，收支不平衡。為求彌補學費減低的損失，便要另闢途徑多收學生，如設置寄宿寄食部門，容納漁民子弟以及香港中等人家子弟來澳門就讀，增設幼稚班招收未及學齡兒童入讀，或開辦特種師資班。這種種措施，雖可略增收益，但之前需投放大量資金，如校舍擴充、教具添置等，無一不是花費金錢。學校負責人便要找尋社會資金支持，甚至要向親友貸款，方能達成擴充目的。兩相對比，僅有輕微裨補，經濟效益有限，但精神上的消耗，卻增加許多。

二是減低學校的營運開支。學校的日常開支，主要是老師和校務人員的薪金。學校採用多勞多得的制度來支付老師薪金，以節省營運開支。老師受聘時，有的採用底薪制，平均每月收取三十元薪金，如所教班級的學生人數超過規定時，老師可依照比例增加收入。有的採用固定月薪制，每月四十元或五十元，盈虧由校長負責。有的採用鐘點制，老師按教學鐘點數量來收薪金。中等學校之鐘點教師，每小時酬金約二元或三元。部份學校與老師以合作方式共同經營，收入學費若干，由教職員共同組織財務會管理，按照收入多寡，依職薪、租項、什費等支出項目百分比來分配。整體來說，老師的薪金低微。澳門一般私立學校教員需八年辛勞累積，方能達到美國新聞職員一個月的薪金，五年綿長的竭盡心力的教導所得，才可和香港津貼中學高級教員一個月的薪津相等。

校務人員方面，如非必要職位，盡量裁減。全體動員通力合作，校務工作不分日夜班人員。有一人當作兩人工作，以節省雜費開支。有老師白天教學，課後執帚清潔，兼任校役。一紙一筆亦不敢浪費。

2 對政治環境的抗衡

各國民黨派學校大部份恢復童軍課程，童子軍的組織在澳門童子軍理事會領導下，各校當事人積極推展下去，人數總共一千四百餘人。

公民課程與公民訓練，亦相繼恢復，尤以崇敬國父，提高擁護臺灣總

統的精神為目標，各校均一致懸掛國父遺像、蔣介石總統玉照，及推動閱讀研究領袖手著書籍。

一九五五年，熱心教育的幾位校長如粵海馮漢樹、德明李雪英、聖若瑟何心源神父、致用葉向榮、崇新張衍雄和中華自由教師會一班理監事發起全澳僑校運動大會，一連五天競技於蓮峯球場，高豎國民政府及葡國旗，情緒熱烈。教師會同人不惜以應得之濟助款支持，這項活動給予中共學校極大的打擊。翌年繼續舉辦，規模更備，觀眾絡繹，葡國官民亦踴躍參觀，極一時之盛，由於辦理人員和工作者克勤克儉，枵腹從公，運動會所需不過數千元，可算奇蹟。

其他如一九五一年祝秀俠、馮鎬、李樸生等在澳豎立反共抗俄教育基礎，又如羅致之校長領導的知行中學宣告起義，由盛光運校長領導之中德中學退出共方陣營，重歸國民政府，兩件事件，曾經震動了港澳華僑社會，可說是國共兩黨在教育界鬥爭的一些具體表現。

除此之外，教會學校在這個時期的政治變化也作出反應。教會學校當時的處境比較優越，一般中學更有其良好特質，評價很高。在社會上，是具有高尚純潔的地位。大部份殷富及中上家庭的子弟，均送入就讀。學校當局運用充滿仁愛的天主教教條作思想上疇範，建立起崇高的道德藩籬，與共產黨的唯物思想，成為對立。

當時，天主教也設立了福利會，其救濟品的分配，及於社會上每一角落。更藉著濟助清貧學生的機會，削弱了中共的銀彈的優勢。教會主辦的學校，因為辦學成功，教學受到好評，相對國共兩派的學校，政治色彩較淡，因此有如雨後春筍般出現，而進入教會學校就讀的學生日多。

教會學校的進展程度是無限制的，它們的收益增加，並不作無謂的消耗，祇有擴校一個用途，如望德中學、聖若瑟中學、粵華中學、公進義學等俱不約而同地向擴校目標推進，去配合學生激增的環境，主持人及教師待遇，僅略予提高，故教會主辦之學校教師雖在較優越的環境底下，依然是度著清苦的生活。

五 結語

很多地區的教育發展，或多或少都受到當地政治的影響。不過，像澳門一般的教育與政治關係，卻不多見。一是澳門地區的特殊性，基於歷史因素，具有實質管治權的澳葡政府對華人教育採取不干預政策，使國內的教育事業可以在澳門順行開展。二是地理因素，由於澳門鄰近中國，與國內關係極為密切，無論是教育工作者在教育事業上的競爭，還是教育背後的政治理念鬥爭，澳門被視為中國鬥爭之延續，不同的理念者都希望藉著澳門一地來顯出自己理念的成功。

從維新變法到辛亥革命，由抗戰到內戰，國內的政治變化都對澳門的華人教育產生衝擊，澳門成為不同理念的教育工作者各展所長的地方。到了一九六六年澳門發生「一二·三事件」後，中共在澳門勢力大增而國民黨的影響力日漸退縮，教育政治化的鬥爭才開始減少，國內政治對澳門的影響力由始至今仍沒減低，隨著中國改革開放，國力及發展日增，而澳門亦回歸中國成為特區，建立和諧社會為尚，以上那種教育政治化的情況，亦沒再出現。

回歸前澳門非高等教育發展進程（1990-1999）

一 回歸前澳門教育改革的背景

　　進入一九九〇年代，澳門教育改革的進度加快，一些政策法規先後制定和施行，並影響至今。其中最重要和最具影響力的法規，是一九九一年八月正式頒佈第11／91／M號法律《澳門教育制度》，內容包括教育範圍與原則、教育制度的組織、教育輔助與補習教育、人力資源、物質資源、教育機構教育制度的管理、教育制度的發展和評核等，並列明其後會再公佈一系列法規作為補充，包括教育機構章程、免費教育、教師章程和職程等法規。

　　澳葡政府對澳門教育的關注，可以由一九七七年十月二十二日的第11／77／M號法律《對不牟利私立教育事業的扶助》正式頒佈開始，其對不牟利學校予以資助，澳門的教育由始出現較大的變化。法規的主要內容包括可豁免不牟利私立學校的各種稅款，對其給予補助金及對學生給予助學金，並在次年二月落實。又規定根據各校的學費比例，向中小學每班發放津貼，反映澳門私立學校與政府的關係開始出現轉折。澳葡政府在教育政策（對私立教育的支持）的轉變，主要是受政治環境的影響。一九八七年，《中葡聯合聲明》簽署後，澳門正式開始踏入過渡期，這成為推動澳門教育發展的新動力。由於政權需於一九九九年移交，澳葡政府有責任為日後的特區政府培養治澳人才，於是開始積極關注教育問題，而教育界亦

寄望在政府的支持下，教育事業無論在質與量上都能有較大的提升。為了讓澳門順利回歸，澳葡政府需要推動「中文官方化」、法律本地化」和「公務員本地化」，可是，在推動的過程中，卻發現澳門本土受過高等教育或專業者極少，學歷偏低的情況嚴重，難以達到「三化」的要求（表一）。為了解決「三化」的問題，急需推動教育改革，提升教育質素。

表一　統計普查司一九八九年就業調查

學歷	人數 （勞動人口231,399人）	佔就業總數的百份比（%） （就業人口222,800人）
未入學／基本教育完成前	44,166	19.8
基本教育完成	52,856	23.7
初中	50,781	22.8
高中	62,778	28.2
專業／高等教育	12,257	5.5

資料來源：《澳門日報》1990年5月26日

　　在政治環境日漸改變的情況下，華人教育的地位及價值明顯受到澳葡政府的重視，在「中文官方化」方面，除了要確切落實教學語言中文化外，澳葡政府還希望加強對私立學校的規管，並推行「普及雙語制總政策」，希望提升葡語在澳門的影響力；在「法律本地化」方面，總體方向是刪改一些不合時宜的葡國殖民法律，重訂一套適應和促進澳門本地發展的法規，而教育法規的訂定便勢在必行；在「公務員本地化」方面，教育的本質是培養合適的人才，故公務員本地化亦繫於教育。特別是在「澳人治澳」的未來管治方針之下，華人公務員的培養更是刻不容緩，私立學校的學生佔了全澳學生人數的九成，澳葡政府亦明白發展私立學校教育，是培育治澳人才的關鍵所在。

在這種背景下，澳葡政府加快基礎教育的立法步伐，一九八九年，成立「澳門教育改革技術委員會」，由澳督委任六名教育官員和兩名私立學校教師，試圖全面闡釋澳門教育制度的範圍、組織、輔助系統、教育資源、教育機構及其管理機制、課程設置與評估等。經過反覆研討和修訂，第11／91／M號法律《澳門教育制度》於一九九一年八月二十九日正式頒佈。該法律及隨後以其為基礎而制定的一系列教育法規，第一次明確提出澳門「應該」推行十年免費普及教育，又處理了各教育參與主體（包括政府、辦學實體、學校、教師、學生、家長等）的關係、促進學校及整個教育系統的發展、規範教育行政的運作、保障教育資源的投入和教育民主的實現，被喻為「教育母法」，標誌著澳門教育改革本土化的真正開始。

二　教育改革過程遇到的問題

一九九〇年，澳門教育工作者協會曾主辦「教育改革面面觀」講座，指出當時存在的很多教育問題，包括教育資源分配不合理、學額不足、師資培訓不足、教師流失量大等。大會的結論和共識是澳葡政府應盡快推行義務教育，進行教育改革。[1]而澳葡政府亦意識到要培養治澳人才和配合日後澳門經濟發展所需，必須進行教育改革，推行義務教育。在這樣的情況下，為了建立澳門教育制度法，一九九〇年三月教育委員會公佈《教育制度綱要法建議案》（下稱《建議案》），建立一套規範澳門教育發展的法規。文件的內容分為十章，包括範圍原則、教育制度的組織、教育輔助與補充、人力資源、物質資源、教育機構、教育投資、教育制度的管理、教育制度的發展和評核、末則和過渡條文。又成立十人工作小組，期望在六十天內收集市民意見，完成報告。

1　〈教育改革面面觀講座紀要〉，《大眾報》（澳門）1990年4月23日。

　　文件推出後，教育界的反響甚大，正面的意見肯定澳葡政府推行教育改革、實施義務教育的做法，吳鳴世在《澳門脈搏》的發表評論文章，指出建議案以葡國的「教育制度基本法」為藍本，雖未能完全回應澳門的教育問題，但也無可厚非，祇要把內容條文修訂好便可接受。[2] 不過，更多的教育工作者持相反意見，在同意澳葡政府推行教育改革的同時，認為《建議案》尚有很多不足之處，當中最受注目的問題如下：

（一）統一學制

　　澳門教育一向保持著多樣化的學制，辦學各自為政，具體學制有四：一是中國學制，即小學六年、中學六年；二是港英學制（澳門的英文學校採用），即小學六年、中學七年；三是葡國學制，中小學合共十二年，包括小學四年、預備中學二年、中學六年；四是中葡學制，即小學六年、中學五年，是政府提供華人就讀的官校。而教學系統方面，中小學教育分別存在中文、葡文和英文三種系統。各校保持著學習年限不同、課程不同、教學大綱不同、教材不一的特殊情況。早在《建議案》推出前，澳葡政府曾於一九八八年二月上旬接見教育團體負責人，提出「教育改革統一學制計劃」，當時教育團體的意見是澳門向來是多元學制，沒有必要統一；再者，如果要統一，也難以決定要以哪種學制為標準。經過一年的討論後，當局承認澳門學制是多元的，沒有再提出統一學制的要求。但是在一九八九年的綱要法諮詢稿件之內，雖沒有明文提到統一學制，但文中列出四個副學制，沒有列出主學制，即變相要與會者找出主學制，存在統一學制的意圖，教育界認為此舉不合理，對此要求修訂。當時，澳門教育學會認為澳葡政府建議小學分為兩個階段——第一階四年，教學採用包班形式，由一位教師教授全科；第二階段二年，採用專科專教形式，而高中有意採用

2　〈初論澳門教育制度綱要法〉，《澳門脈搏》（澳門）1990年4月20日。

「3＋2＋1」形式——是有意圖以葡制來推行統一學制。[3]當時，濠江學校校長杜嵐認為，六年制較五年制更為合適本澳中學，究其原因，一是六年的學習時間較長，對學生的學習有更多好處；二是六年制的學生前往國內升學，銜接較為容易。[4]而澳門天主教學校亦在一九九〇年十二月對建議案進行了問卷調查，整理結果後去函政府，就建議案內容提出各項意見，而學制方面就主張保留多元化，不宜統一。[5]

（二）教學語言

在過渡期間，澳葡政府曾意圖推行葡語，希望在退出澳門管治前留下其文化勢力，增強葡國日後在澳門的影響力。一九八八年二月，前教育司副司長施綺蓮向記者表示：「當局計劃統一目前澳門中小學的學制⋯⋯除年制外，亦會統一課程內容⋯⋯一定是以中葡兩種語言為主，澳督亦多次強調推廣葡語。」而接見教育團體負責人時，亦徵詢可否在小學推廣葡語。[6]這種言論受到澳門中華教育會和澳門天主教聯會的大力反對，認為佔學生百分之八十的中文學校，其課程負擔已很重，不宜強行增設葡語科，何況教育界和家長也沒有統一學制和運用葡語教學的要求。澳葡政府在推行葡語教學上遇到阻力，便轉而提出學習第二語言的概念，主張小學生「掌握所選擇之教學語言之閱讀與書寫能力後，可以開始學習一種第二語言」。[7]雖然澳葡政府並沒有言明此第二語言是葡語，但教育界從其之前提出的主張判斷，所謂學習第二語言是推動葡語教學，因此群起反對，其理據主要有：一、澳門的教育政策向來讓學校教學自主，不宜隨意更改，對

3　〈澳門教育制度不能照搬葡國一套〉，《大眾報》（澳門）1990年12月12日。

4　杜嵐：〈發揮學校優勢改革教育制度〉，黃潔琳編：《六十春秋苦耕耘——澳門濠江中學杜嵐校長專集》（出版社缺，1995年），頁117-118。

5　〈天主教學校聯會公佈教育綱要法問卷結果〉，《華僑報》（澳門）1990年12月18日。

6　〈中華教育會發表三年來關於教育問題爭議回顧〉，《大眾報》（澳門）1990年12月6日。

7　第11／91／M號法律《澳門教育制度》，第8條2B。

教學語言所出規限；二、學校原來的課程已重，如加上葡語教學，一來學生負擔更重，恐怕接受不了，二來課程時間不足，學習效果難以保證；三、以學習第二外語來看，英語較葡語更有國際地位，更具經濟效益，如要學習第二語言，不應強制以葡語作為第二語言學習對象。澳門中華教育會副理事長劉羨冰意見認為，澳葡政府承擔免費教育責任，葡語教學不能作為條件。

　　基於教育界反對，一九九一年四月前教育司司長施綺蓮表示，澳葡政府從來沒規定私立學校選擇第二種語言。她表示教育自主是需要規範，但當局無意干預。私立學校在教授母語外，完全可以自主選擇任何語言作第二語言教學。官校則不同，中葡學校以中文為母語教學，則必以葡語為第二語言。若以葡語為母語教學，則必以中文為第二語言。[8]對於政府的決定，佔澳門教育百分之八十的私立學校都表示接受。雖然曾有讀者在《澳門日報》上發表文章，不滿政府在官校推行中葡教學時沒有採取平等的對待（以中文為主的官校是「強制性教授葡語」，而以葡文為教學語言的官校祇是「逐步增設華語」），並明確指出忽略英語對澳門步向國際化沒好處。[9]澳門中華教育會、澳門天主教學校聯會與澳葡政府舉行會議時，也認為以中文為教學語言的官校強制教授葡語有違公義。[10]然而，最後由於官校由政府全權管理，性質與私立學校不同，教育界也未再大力反對，爭論告一段落。

（三）學前教育

　　在《建議案》內，澳門政府在第二章「教育制度的組織」第四條雖然提到澳門教育制度包括學前教育，並在第六條列出學前教育的目標，可

8　澳門中華教育會資訊服務中心編印：《教育資訊》（澳門）1991年第5期，頁3。

9　澳門中華教育會資訊服務中心編印：《教育資訊》（澳門）1991年第5期，頁20。

10　〈學校強制性教授葡語教師家屬提反對意見〉，《華僑報》（澳門）1991年4月18日。

是，在第七條免費及強迫教育內，衹包括小學及初中，並在第一階段實施小學免費教育。[11]對於學前教育不被納入在學校教育體系內，教育界提出強烈反對意見。中華教育會向立法會提供《建議案》修改意見時，對學前教育被排除在學校教育外表示不合理。澳門教育學會在報上發表文章，從學前教育的價值以及歐美國家為例，說明學前教育是整體教育的基礎部份，應納入在學校體系內。[12]澳門天主教學校聯會回應《建議案》時，也認為應把學前教育列入學校教育內。[13]此外，一九九〇年六月，澳門各報章刊登了對學前教育問題的討論文章，[14]雖然有論者認為兒童不一定要接受學前教育纔入讀小學，但讀者一般都認為學前教育重要，以澳門情況而言，學前教育應該納入學校教育體系內。此外，文章的內容更擴大至學前教育的各種問題，例如幼稚園資助、師資訓練、教師薪酬較低、工作量較大和福利保障不足等情況，希望當局盡快改善。由於社會各界對教育政策熱心關注，《建議案》的諮詢期遂被延長。一九九一年五月，包括澳門天主教學校聯會、澳門中華教育會、教師聯誼會、澳門教育工作者協會及東大教育學院的五個教育團體舉行多次聯席會議，並在一九九一年五月二十七日將《建議案》修改意見書呈交立法會的社會衛生教育及文化事務委員會，就十一項提出意見，當中包括：一、學制；二、教育決策；三、教育資源合理分配；四、教育委員會；五、教學語言；六、幼兒教育；七、小學獨一教師制及中學一教師教授一科目制；八、教師；九、教育工作者權利；十、校長委員會；十一、文字修改及補充。至此，就《建議案》的諮詢工作基本結束。[15]

11　澳門中華教育會資訊服務中心編印：《教育資訊》（澳門）1990年5期，頁1-4。

12　〈學前教育應納入學校教育體系有理有據〉，《大眾報》（澳門），1990年7月19日及〈澳門進行教育改革了解若干誠意幾許〉，《大眾報》（澳門）12月12日。

13　〈澳門天主教學校聯會舉行教育改革建議報告簡報〉，《大眾報》（澳門）1990年8月2日。

14　澳門中華教育會資訊服務中心編印：《教育資訊》（澳門）1990年9期，頁9-13。

15　澳門中華教育會資訊服務中心編印：《教育資訊》（澳門）1991年第6期，頁6-7。

一九九一年七月，立法會通過《教育制度綱要法》全文時，在有關教學自由條文（即是葡語和華語教學問題）上展開了四小時爭辯後始獲共識。澳葡政府將逐步實施免費及普及教育，撥出五幅土地供私人辦學，以及提供二百萬（澳門元，下同）資助擴建校舍，解決當時學額不足的問題。教育界對通過《教育制度綱要法》表示基本滿意，但在非牟利私立學校教師的職程及教師福利問題上表示不滿，《教育制度綱要法》中也沒有反映規定教育資源、教育經費如何合理運用的問題。[16]隨著《教育制度綱要法》的通過，有更多的細則條文及具體政策需要落實和執行。澳葡政府於是廣邀熱心教育人士加入教委會，組成不同的研究教育改革發展的小組。一九九二年三月，教委成立四個特別工作小組，制訂免費教育概念，研究私立學校章程、研究課程發展及成人教育等工作。[17]《教育制度綱要法》的落實和推行標誌著澳門教育主體性的確立，一九九一年八月公佈的第11／91／M號法律《澳門教育制度》和二〇〇六年十二月公佈的第9／2006號法律《非高等教育綱要法》以及相關的一系列教育法規，都是由這個時期的理念落實和延伸而來。由此，澳葡政府由以放任態度來應對華人子女的教育問題，轉變成建立規範性的澳門本地教育體系（包括明確教學語言及學制），開啟了真正意義上的澳門教育和教育現代化的步伐，使澳門教育得以作系統性的發展。

三 免費教育的實施過程、內容、問題及成效

一九九一年八月，《澳門教育制度》（第11／91／M號法律）正式頒佈，此法律對澳門教育作出規範，又明確推行免費及普及教育。雖然條文

---

16 〈教育界人士籲校政民主化〉，《澳門日報》（澳門）1991年7月8日。〈澳門教育綱要法獲通過〉，《澳門日報》（澳門）7月26日。

17 〈教委會重組後昨首次會議決定成立四特別小組〉，《澳門日報》（澳門）1992年3月16日。

內沒有訂明免費教育的日程，不過，教育界期望澳葡政府能在1992／1993學年開始實施。可是，由於上屆政府濫用公帑，本年財政預算案內教育經費被大幅削減九千七百萬元，因此未能開展免費教育，祇可維持對學生給付津貼。[18]時任教委會免費教育工作小組召集人劉羨冰認為，免費教育之所以未能在1992／1993學年實施，是因澳葡政府未能提供足夠的學生和教育經費的分配資料，以及長遠的撥款計劃。[19]教育界對澳葡政府的公佈非常不滿，認為此舉有擱置免費教育的意圖。為此，立法會行政教育青年文化事務委員會發表聲明，表示教育部門原申請預算被削九千七百萬澳門，使一九九二年未能開始實施小學六年免費教育，但並非有意擱置免費教育的全部計劃，而立法會在審議一九九二年施政報告時，議員促請訂定免費教育的實施時間表，以解除教育界的疑惑。[20]為了平息教育界的不滿情緒，當時的教育司提出預算時間表，表示免費教育可望延至一九九三或一九九四年開始實行。不過，教育界認為政府是有意拖延，一九九一年十二月十五日，為爭取免費教育，七個團體發起，逾三萬三千人參加簽名活動，以期向澳葡政府施壓，爭取免費教育。在教育界的壓力下，澳葡政府提出了一個補充方案，即在免費教育未有確定日程前，把學生津貼由每年的一千二百元增加至二千元，受惠範圍擴展至預備班（幼稚園高班）。這個措施得到教育界的支持，有論者認為在未有足夠財力推行高質素義務教育前，先實行充分的助學計劃，效益更大。免費教育之進展的確緩慢，到了一九九三年，教委會轄下負責免費教育工作的小組纔擬定具體的四個方案，建議依法先推行七年免費教育（即幼高至小學六年級），下一步是十

18　〈原明年實施小學費教育因缺乏經費被迫暫時擱置〉，《澳門日報》（澳門）1991年11月28日；〈明年不能推行義務教育〉，《華僑報》（澳門）1991年11月28日。

19　〈教育委員會工作進展何其慢〉，《澳門日報》（澳門）1992年5月22日。

20　〈政務司無擱置免費教育〉，《華僑報》（澳門）1991年12月13日；〈議員對教育政策激質詢〉，《澳門日報》（澳門）12月20日。

年（即幼高至班初中三）。小組並計算教育成本，以預計推行實施免費教育的經費。大概官校小學生每位教育成本超過一萬元，私校平均每位三千元。時任教育暨青年司司長施綺蓮對此表示歡迎，但仍稱教委祇屬諮詢性質，實行免費教育要看財力，顯示澳葡政府仍未確定免費教育的實施時間。[21]實施免費教育前，各界對當中細則提出不少意見，一九九四年九月二十三日，教委會委員、教育會理事長劉羨冰出席澳門電臺節目時，指出「教育券」方式較「買位」更適合澳門。這引發一連串的討論，贊成者認為方法簡單易行，反對者則認為各校學費不一，可能會導致不公平的情況。

一九九五年一月，澳葡政府正式公佈將在1995／1996學年實施免費教育，提出了具體措施，並確定開始逐步實行十年普及免費教育。第一階段幼稚園小學預備班至小學六年級，合共七年，不採用政府買位和學券方式，其具體執行方式是隨各校願意，如該校有意加入免費教育網絡，可向澳葡政府申報並簽協議書，澳葡政府則按該校學生人數給予資助金額，受資助的學校不能收取學生的學費，資助金額以澳門各學校該年級的學費平均數值來決定。[22]一九九五年六月，政府公佈第29／95／M號法令《逐步推行普及免費教育的法規》，其七條分別是適用範圍、受益人、津貼之給予、私立教育機構之義務、行政當局之義務、與其他津貼之不相容性、最後及過渡規定。1995／1996學年第一階段幼稚園小學預備班至小學六年級的首四十五名學生每位津貼四千八百元，其後逐名遞減，至第六十六名不予津貼，學校可收雜費，但總金額不超過津貼總金額的百分之二十。[23]這個方法公佈後，教育界表示歡迎，但按此法而行又面臨以下幾個問題：

---

21 〈教委專責小組擬定四方案〉，《澳門日報》（澳門）1993年1月7日；〈施綺蓮稱教委祇屬諮詢實行免費教育要看財力〉，《澳門日報》（澳門）1993年3月21日。

22 〈免費教育方案已遞教委會徵詢意見〉，《華僑報》（澳門）1995年1月26日。

23 〈逐步普及免費教育即將推行〉，《華澳報》（澳門）1995年6月28日。

（一）每班人數超過四十五人的學校之問題

按此法令，澳葡政府向每班的首四十五名學生每位津貼四千八百元，其後遞減，至第六十六名不予津貼，但當時澳門新移民者眾、求學人數眾多、學額不足，有些學校每班多達七十至八十人，此情況下，學校要不把多出來的學生開除，要不受惠金額因而減少，影響學校收入。對於前者，政府表示每班四十五人的規定祇在新成立的學校，原有的學校不變。後者則是超過四十五人資助遞減，學校可能難以維持。以學校的角度來看，選擇不入網，可能會受家長埋怨，但如選擇入網，又可能入不敷出。因為學校的開支主要依賴學費，當時每年學費約三千五百至四千元，按常規調學費達三千八百五十至四千四百元，而多種雜費如督課費、夏令班費、校車費等一般在八百至一千元之間，故實際收費已達四千八百五十元，大於政府津貼。換言之，有可能出現收入減少而教職員薪資等開支上升的情況，因此有些學校採取觀望態度，未確定是否加入公費網絡。[24]

（二）不入網學校的學生津貼

推行免費教育之初，澳葡政府以經費不足為理由，對入網學校小學生津貼四千八百元，而不入網小學生只津貼二千二百元（入網學校初中的教育資助是八千五百元，而不入網是零元），有反對者認為，這個安排是沒法律依據的。[25]此外，一九九五年教青司經費預算約六億七千萬元，其中人員薪津開支較大，達到三億一千萬元。如果說財力不足，為何不增加撥款或減少人員津薪開支？[26]一九九五年七月二十八日，首批合共二十七間加入公費網絡的學校與前教青司簽約。一九九五年八月教青司再與十一間

---

24 〈私校免費教育納網的憂慮〉，《澳門日報》（澳門）1995年4月26日；〈以大局為重〉及華胞〈專題報導〉，《濠江論壇報》（澳門）1995年4月15日。

25 〈既要以法治教，首應依法辦事〉，《澳門脈搏》（澳門）1995年3月31日。

26 〈本澳大部份私立學校願納入免費教育網絡〉，《大眾報》（澳門）1995年2月22日。

學校簽署免費教育承諾書，前後二批共佔公共教育網絡學校的百分之六十二，政府撥出一億二千五百萬元專用教育款項。可是，多間重量級學校如蔡高、海星、聖若瑟、濠江，培正、培道、聖心、聖羅撒等卻不入網，影響了免費教育質量及意義，這樣學校學生人數眾多，單是濠江學校已有學生二千千人以上。而耶穌會屬下三間學校不入網，其理由是它們設有中小學，小學財政補貼中學，入網會影響原有資源分配，可說是代表了一些學校的看法。[27]

入網學校的資助由最初法令的四千八百元遞增，一九九七年增至五千二百元，一九九八年增至五千四百元。但一九九八年未入網私立學校學生學費津貼仍是九十年初的二千二百元，澳門家長總會、友誼協進會、澳門新民協會三個團體代表向當時的澳督呈交請願信，表達其不滿，要求盡快處理未入網私立學校學生的學費津貼問題。[28]

（三）入網學校的監管和數量

到了一九九六年六月，入網學校有三十九間，超過正規私立學校的百分之五十，受惠學生二萬四千七百多人，此數字是當時可受免費教育學生總人數（五萬人）的百分之四十九。同年七月，時任教青司施綺蓮稱有七成學校已入網，亦未有入網的學校退出。不過，擁有接近二千名學生的學校如濠江、聖若瑟、培正仍未加入。

澳葡政府以讓私立學校自願加入公費網絡的方式來實行免費教育，這些私立學校的性質是不牟利的，但對於監管學校的性質和開支方面，社會上出現很多意見。一九九五年九月九日《市民日報》的專欄提出，無論入不入網，學校都有收受政府津貼，祇是津貼金額不同而已，入網學校的賬

---

27 〈多間重量級學校不入網〉，《華澳日報》（澳門）1995年8月22日；〈耶穌會屬下三校暫不納免費網絡〉，《市民日報》（澳門）1995年8月31日。

28 〈要求對未入網學生增加津貼〉，《華澳日報》（澳門）1998年1月15日。

目固然需要政府監管，就算是不入網的、標榜不牟利的學校，政府亦責任監管。但實際上應由誰來監管呢？文中認為政府沒規定所有不牟利學校加入公費網絡，會製造社會矛盾。同年十二月二十八日《澳門日報》也刊登了評論文章，認為由學校自由選擇是否入網，會引發很多問題，如、一、政府據法例監管學校財政及教學質量，但要注意如何審核；二、學校要將最少百分之七十的經費用於人員薪酬上；三、入網與不入網學校教師薪酬福利不平等。文章刊登後，引發了一系列社會討論。最受社會人士關注的是學校的收費問題，一般市民以為在免費教育之下，家長不用負擔任何費用，可是，學費的確是免了，但仍需承擔其他各項偏高的雜費。當時，當局解釋家長是把學校的收費項目混淆了，教育廳指出學校把不屬雜費的費用如督課、校服、膳食連同雜費計算了，政府將會向家長派發小冊子提供指引。[29]時任教育廳廳長蘇朝暉稱給予每位學生四千八百元津貼後，教青司還為各學校發放更新設備津貼、維修津貼、擴校津貼等，學校一般已可應付開支，並認為入網學校未有濫收雜費情況。[30]此外，對入網學校經濟困難學生發放一千四百至二千八百元的津貼，可助學生解決雜費問題。

至於免費教育之成效，有不滿者指出，澳葡政府沒有依照《教育制度法》實施，變相把澳門的學校分成五等（一是官校、二是官制私立學校、三是入網學校、四是不入網的不牟利私立學校、五是牟利學校），造成社會不公平。[31]不過，就整體而言，自一九九五年推行七年免費教育後，成效仍然顯著。一九九八年，時任教育暨青年司副司長蘇朝暉提出總結報告，指出：一、全澳86%的小學及設有小學預備班的學校加入了公共學校網絡；二、40,519名（68%）的小學預備班和六年小學教育學生享受到免

---

29 〈入網私校反映雜費偏高比比皆是〉，《大眾報》（澳門）1996年10月12日。

30 〈免費教育實施路向正確〉，《澳門日報》（澳門）1996年3月28日；〈免費普及教育首階段運作良好〉，《星報》（澳門）1996年5月11日。

31 澳門中華教育會資訊服務中心編印：《教育資訊》（澳門）1996年第12期，第9頁。

費教育；三、73%設有初中的學校已經入網，讓14,765名（75%）的初中學生享受到免費教育。[32]此外，還附帶產生了其他好處：一、薪酬的提高穩定了教師隊伍，例如，1996／1997學年入網學校教師薪酬加幅是12%，非入網學校教師是7.1%。兩者薪酬差距在1997／1998學年為881元，而四年前的差距為1,214元（1997／1998學年入網學校教師平均月薪為9,667元，非入網學校教師平均月薪為1,0548元）；二、降低了每班學生的人數，例如，1994／1995學年幼兒班和小學每班人數為53.4人，1997／1998學年每班人數降低至49.4人；三、降低了學生流失率，由1993／1994學年的3.6%降低至1997／1998年的3.3%。[33]

七年免費教育進展順利，教育界進一步提出十年免費教育的日程問題。在立法會中，議員就實施十年免費教育及增加未入網學校學生津貼提出討論，增加津貼方面，終以資源不足為理由遭到否決，而澳葡政府以十年免費教育涉及回歸過渡問題，要求交予中葡聯合聯絡小組審議和落實，[34]因此，十年義務免費教育終要等到回歸後纔能實行。

四　學額不足和批地建校

澳門學額不足的問題始自一九八〇年代，到了一九九〇年代，情況變得更為嚴重。學額不足的原因主要有二，一是本地出生人口增加，二是大量的人口移入。當時，澳葡政府並未注意到其中適齡學童的學位問題，未能即時作出反應，私立學校一下子也未能應付學位需求，最終造成兒童失學。

---

32 蘇朝暉：《教育改革十年回顧》，吳志良、楊允中、馮少榮主編：《澳門1999》（澳門：澳門基金會，1999年），頁196-204。

33 〈蘇朝暉評價三年免費教育〉，《正報》（澳門）1998年9月24日。

34 〈明年度實施十年免費教育七票贊成十票反對遭否決〉，《大眾報》（澳門）1996年11月21日。

　　早在一九九〇年六月，教青司已對學額作出估計，認為1990-1995年的學生人數達97,029人，其中幼稚園28,430人，中學18,158人，小學50,441人。[35]而據《澳門日報》一九九一年九月二十三日的報導，全澳在學學生為71,034人，而澳門社會中三至十八歲的兒童和青少年有112,003人，換言之，當中約有三萬多兒童欠缺學額入學。

　　為了增加學額，各校都想盡辦法，聖若瑟教區中學及永華學校因此在1990／1991學年開設幼稚園上下午班，時任教青司司長施綺蓮認為此法可暫時解決問題。[36]在澳葡政府的鼓勵下，私立學校也以多收學生的方法來應對學額不足問題。一九九二年，全澳本年在學學生79,355人，其中文學校65,901人，佔83%；英文學校7,171人，佔9%；葡文學校3,297人，佔4.2%；中葡學校2,986人，佔3.8%，比1990／1991學年增加了4,171人。[37]不過，學額供應仍然不足，以幼稚園為例，由於北區學額欠缺，曾有一所托兒所招生，引致二百多名家長輪候，百人通宵排隊，並有家長為求學位而賄賂學校，導致教青司介入調查。[38]整體來說，在1991／1992學年，澳門的人口為45萬，95%以上是華人，3-5歲兒童就學率為78.3%，6-11歲就學率為98.5%，12-17歲就學率為55.6%，可見學額不足之嚴重。[39]

　　一九九〇年四月，時任教育暨社會事務政務司高偉道表示，會盡量協助新校擴建校舍，以解決未來五年三萬個學位的需求。《澳門日報》在六月對此亦作出報導，指出私立學校佔全澳學校總數的80%，要解決學額不足問題，應支持增建校舍，但八成學校都位處澳門半島，土地資源稀少。據當時統計暨普查司的資料，1988／1989學年87.4%正規教育學校位處澳

35　〈未來五年學生達九萬七千〉，《澳門日報》（澳門）1990年6月25日。

36　〈學校辦上下午班權宜之計〉，《澳門日報》（澳門）1990年4月23日。

37　〈本澳各級學生七萬九千名〉，《澳門日報》（澳門）1992年3月4日。

38　〈北區一託兒所招生二百多位家長輪候〉，《澳門日報》（澳門）1992年3月16日。

39　〈在學人數佔總人口兩成〉，《華僑報》（澳門）1992年5月30日。

門，7.4%位處氹仔，5.2%位處路環；非官制私立學校佔81%，官立佔
15.8%。私立官制學校佔3.2%。[40]澳門半島人口密集，要調動土地來辦學十
分困難。一九九一年五月，澳葡政府又再表示關注學額不足問題，及研究
讓私立學校多擴展地方，並鼓勵團體辦學。為了配合校舍的興建，澳葡政
府按年向私立學校發放津貼，以增添教學設施和維護校舍運作，一九九八
年向私立學校發放的教學設備和校舍建設津貼（包括擴校津貼）約為五千
萬元。隨著免費教育的推行，學位需求更多，教育界十分在意建校一事，
可是始終沒有合適的土地。一九九二年五月六日，教委會向澳葡政府提出
盡快批地的要求，希望當局年內能批出五塊土地，以供建校之用。教青司
表示已收到二十五份辦學申請書，祇要有土地，辦學團體便能興辦學校，
然而，時任行政教育暨青年事務政務司黎祖智稱澳門面積細少，建校土地
資源缺乏，解決問題困難。[41]就建校的土地問題，有些較具前瞻性的團體
已懂得把眼光放開，不把校舍局限在澳門半島之上，準備在氹仔建設新校
舍。例如濠江中學在舉行六十週年校慶酒會時稱，有意把中學教育推廣到
氹仔，以配合該區發展。到了九月，澳葡政府批准了十六個社團的建校申
請，其中離島六所，北區九所，新口岸一所（濠江學校即包括在內，澳葡
政府給該校一間曾用作中學教育的校舍）。[42]

　　一九九二年九月十一日，時任行政教育暨青年事務政務司黎祖智宣佈
批地建校分二期進行，有關問題大多得到解決。[43]十月二十八日，教青司
司長表示第二批建校名單將於翌年公佈，澳葡政府擬加強師資培訓，以配

40　〈學生總人數七萬五千餘人〉，《正報》（澳門）1990年6月29。

41　〈當局年內可望批五塊土地〉，《大眾報》（澳門）1992年5月7日；〈建校土地資源缺乏〉，
　　《正報》（澳門）1992年5月24日。

42　〈配合離島城市發展需要〉，《華僑報》（澳門）1992年6月14及〈政府昨批准十六個社團
　　建校申請〉，《華僑報》（澳門）9月24日。

43　〈批地建校分兩期進行〉，《華僑報》（澳門）1992年9月11日。

合學位增加、教師需求增多的情況。[44]一九九三年十二月，由於沒有土地，批地建校計劃遲遲未能落實。時任立法會議員唐志堅指出，學額不足問題嚴重，批地建校應從速落實，此問題不應由私立學校以不斷擴班的方式來解決。[45]時任教青司司長施綺蓮表示，首批十六間學校的草則審批工作已經完成，澳葡政府並沒有拖延批地建校。[46]可是，一九九四年六月，批地建校仍然遲未落實，造成學額緊張，教育團體也無能為力。[47]時任立法會議員梁慶庭指出，建校工作緩慢，當局效率遲緩，盡早完成可盡早解決學額不足問題。[48]七月，施綺蓮再發表聲明，表示首批建校計劃進展順利，澳門大學教育學院附屬應用學校已批地，濠江中學氹仔校址可在十月前移交工務司，澳葡政府已加緊跟進批地建校事宜。一九九五年，建校事情又再出現新的難題，由於建校規劃是由澳葡政府倡議的，教育部門卻口頭通知教育團體裝修自理，這意味著團體需要自行尋找資金來解決建校裝修問題。[49]總之，直到一九九五年，建校批地仍是問題多多，學額不足情況仍然未能解決。一九九五年六月九日《正報》刊登崔世安讀者來論，表示中學學額不足，單是初中一年級，全澳仍缺一千多個學額。[50]當時，澳葡政府及社會大眾認為青少年犯罪越趨嚴重，與學額不足及教育措施有關。例如，一九九五年一月二十七日，青年梁北靈與一群少年發生碰撞，並遭圍毆致死，共中九名少年在十三至十五歲之間，另一為十六歲；其次，十一月七日，女大學生何潞姬慘遭肢解，涉案者為十三至十五歲青少

---

44 〈第二批建校名單明年公佈〉，《澳門日報》（澳門）1992年10月28日。

45 〈學額不足情況嚴重〉，《澳門日報》（澳門）1993年12月10日。

46 〈施綺蓮謂首批十六間學校批地草則審批工作已完成〉，《華僑報》（澳門）1994年1月1日。

47 〈批地建校遲遲未有落實〉，《華僑報》（澳門）1994年6月20日。

48 〈十六幅建校批地應早完成〉，《澳門日報》（澳門）1994年7月6日。

49 〈部份批地建校面臨難題〉，《華僑報》（澳門）1995年2月11日。

50 〈中學學額不足問題急待解決〉，《正報》（澳門）1995年6月9日。

年。整體罪案增加，賣淫、吸毒、結幫、凶殺案也上升。[51]到了一九九〇年代後期，新建及擴校成功，學額增加，問題纔得以解決。

　　總括來說，澳葡政府在一九九三年正式宣佈有系統地批地建校，預計1993-1995年為第一期，建校十六所，1996-1998年為第二期，建校十所。就整體工程進度而言來說，除了第一期批地建校有所延誤，至一九九六年初纔完成最後一所校舍的開幕禮外，其餘的二十六所新校均能按計劃依期完成，共增加了一萬八千個學位。一九九九年開始為第三期批地建校計劃，其中部份校舍已經落成，第三期計劃興建十所新校。

五　澳門教育專業化隊伍的建立和發展

　　隨著教學環境的改善和教師培訓法令第41／97／M號法令的頒佈[52]，本澳教師的需求大增，1987／1988學年教師約有2,400名，1996／1997學年則增加至約3,600名，持有學前和小學師範文憑的教師由1987／1988學年的33%，增加至1996／1997學年的87%（學前師範文憑）和82%（小學教育），而中學方面，合資格的教師由84%增加至90%（見表二）。

表二　一九八七至一九九七年持有教育文憑的教師數目

時段	全澳教師人數（名）	持有學前師範文憑比例	持有小學師範文憑比例	中學合資格教師比例
1987-1988	2,400	33%	33%	84%
1996-1997	3,600	87%	82%	90%

51　〈黎祖智認青少年犯罪趨嚴重與學額不足及教育措施有關〉，《華僑報》（澳門）1995年1月13日。

52　第41／97／號法令〈制定培訓幼稚園及中小學教師之法律制度〉1997年9月22日。

　　當時，教師培訓一時未能趕上學校的需求。教師不足的情況，以英文科最為嚴重。學校為了解決本地英文老師師資缺乏的問題，轉而聘用外籍教師，可惜水平參差。有時因師資太缺乏，被迫聘用菲律賓、緬甸籍教師上課。有些學校雖聘有六至七位外籍教師，可是一年後，因移民或教學質素不理想而裁減一半。[53]而聖羅撒女子中學英文部幼稚園和小學，便是因本地英文教師不足，在一九九六年改以中文教學。[54]一些學校主張向外地招聘，例如，濠江中學聘用內地教師，校方表示效果滿意，表示當時有一英語教師，以勞工形式聘用，來自廣州華南師範大學附屬中學，具三十多年教學經驗，僅花數星期便了解學生要求和水平，可用適當方法教學。因為這些成功的例子，校方希望能在國內多聘八至十名教師，以應付教師不足的情況。[55]時任教青司司長施綺蓮認為，學校輸入內地教師的原因主要有二：一是因為澳門祇有小學教師培訓，二是因為中學教師流失嚴重，並表示正計劃培訓中學教師。[56]據當時教青司私立教師輔助處統計，一九八九年有近二百名教師流失。此前四年新入行教師有一千一百多人；一九八五年私立教師有一千八百多人，一九八九年增加至二千一百多人。[57]對於輸入外地教師，有些團體提出異議。當時的大專畢業人士（澳門）協會主席汪長南指出，本澳以合約勞工形式輸入教師，有損教師尊嚴，損害本地教育人士利益。他並不反對輸入外地教師，祇是反對以合約勞工形式的輸入。[58]

　　早在一九八四年，澳葡政府便向教師發放直接津貼，但教師仍然流失，教育工作者協會認為，按學歷訂定教師職程和最低薪酬，方可解決師

53　〈本澳英文教師師傅缺乏聘外籍教師水平甚參差〉，《澳門日報》（澳門）1990年10月9日。

54　〈外語師資嚴重缺乏〉，《大眾報》（澳門）1991年3月25日。

55　〈濠江中學聘請內地教師〉，《華僑報》（澳門）1990年9月4日。

56　〈聘內地中學教師來澳主要因人材缺乏所致〉，《華僑報》（澳門）1990年9月20日。

57　〈去年近二百名教師流失具高等學歷流失量最大〉，《大眾報》（澳門）1990年8月23日。

58　〈本澳中學輸入內地教師，汪長南說有損教師尊嚴〉，《星報》（澳門）1990年9月14日；《澳門日報》（澳門）1990年9月14日。

資流失的問題，而當時的教師津貼中學每人每月為五百元，任教滿五年、十年，附加五十元、一百元（表三）。一九七八年，澳葡政府開始津貼不牟利私立學校，1993／1994年度預計發放教師津貼三千九百五十萬。澳葡政府把津貼分為直接津貼及年資津貼二部份。[59]一九九五年，教委會小組討論《教師章程》文本，就教師入職資格及基本起薪點達成共識。最低薪酬為五千六百元，幼師及小學教師必須接受兩年以上的職業培訓課程，中學教師必須有大專以上或相等學歷。澳門每名教師津貼，由每月七百至一千八百元不等[60]，教師待遇日漸提高（表四）。

表三　1985／1986 年度教師津貼

1985／1986年度	中學教師（具師範學歷）	中學教師（不具師範學歷）	小學教師（具師範學歷）	小學教師（不具師範學歷）
每月津貼（元）	600	500	500	400

注：教學十年或以上年資獎金每月50元，教學二十年或以上年資獎金每月100元。

59　〈教育司發放教師津貼撥款本年度較上年度增二百萬〉，《澳門日報》（澳門）1994年3月20日。

60　〈教師章程建議文本〉，《星報》（澳門）1995年3月28；〈保障教師權益及義務〉，《華澳日報》（澳門）1995年3月28；〈發放逾四千二萬元受惠教師二千七百〉，《華僑報》（澳門）1995年8月21。

表四　1999／2000 年度教師津貼

1999／2000年度	中學教師（具高等及師範學歷）	中學教師（具高等學歷）沒有師範	中學教師（不具高等學歷）	小學教師（具學前及小學師範學歷）	小學教師（不具師範學歷）
每月津貼（元）	1,980	1,584	990	1,320	792

注：教學五至九年年資獎金每月70元，教學十至十四年年資獎金每月140元，教學十五至十九年年資獎金每月210元，教學二十至二十四年年資獎金每月280元，教學二十五年或以上年資獎金每月420元。

　　一九九〇年代開始，由於教師待遇的提高，培訓人員的數量增加，教師隊伍顯得較為穩定。在收入方面，私立學校教師的薪酬在內有理想的升幅，教學人員還可免繳職業稅。總括而言，澳葡政府對教育人力資源的關注和資源投放增多，一方面加強了教師培訓，專業教育隊伍日益強大，師範教育渠道多元化；[61]另一方面是教師待遇提升，增加了每月津貼，澳門教育專業化隊伍的建立和發展，便是由這個時期開始。

六　本地課程大綱與教科書的編製問題

　　澳門教育具有學制多樣化、辦學各自為政的特點。在課程與教學上，一方面受內地及香港的影響，另一方面受本地歷史文化影響，從而建立起自己的教學系統。在教科書的使用上，澳門地區並不存在統一的教科書選用制度，從教育制度法律來說，學校擁有教與學的自主權，有教科書選用權。

　　回歸前，澳門中華教育會針對缺乏本地編製之教科書的情況，提出增加本地教材，特別是在歷史、地理、公民科等方面，使學生了解澳門的歷

61　馮增俊主編：《澳門教育概論》（廣州：廣東教育出版社，1999年），頁247。

史發展及獨特情況。有議員支持這個意見，認為澳門應有本地出版，特別是歷史、地理、社會等科的教材，這些教材應由澳門教育部門來編製。澳門教育界人士亦贊同這一意見，而當時有出版社表示，小學社會科的教科書內容較容易處理，可以加入與本地相關的題材，為澳門教學需要而編寫。[62]此外，為推動本地史地科的教學，除了推動編寫教科書外，還需加強師資培訓。當時，澳門教育司在暑期增設了「地理科小學教師暑期進修班」及「歷史科小學教師暑期進修班」，方便教師進修。編寫教材前，必要有教學大綱作為依據和規範。一九九一年，《澳門教育制度》頒佈後，澳葡政府先後設立了不同科目的課程發展委員會，成員包括公立和私立學校的教師，以及澳門大學的專家，他們參照中國、臺灣和香港的模式，起草不同科目的教學試行大綱，並在1995／1996學年開始在中葡中學試行，以觀察成效。由於香港教育發展較澳門進步，加上兩地居民背景相若，資料搜集容易，所以當時的課程大綱多以香港課程為參考對象。一九九四年十二月，教青司與全澳私立學校召開會議，解釋課程設置細則，表示將會設立了一個課程設置籌劃小組，下設多個小組，研究為幼小及初中編製各學科的課程設置，計劃先在官校內施行，並為私立學校提供參考。一九九五年，幼兒教育以至初中各級的教學大綱已在官立中文學校試行，部份大綱在試行後作出修訂。這時，教育暨青年司內部成立了課程改革小組，負責制訂澳門各科的教學大綱，並向各私立學校進行推廣。

在教育界最初的設想當中，本地教科書會很快地編印出來。可是，自一九九一年提出後，到一九九六年這個設想仍然未能實現。其實，早在一九九五年，有關本地教科書已有一些傳言，一些報導表示供澳門中學生使用的《澳門基本法課本》即將推出，並預計於1995／1996年度供各中學校使用，到了一九九六年，也有報導指出澳門本地編製的、內容根據中西文

---

62 澳門中華教育會資訊服務中心編印：《教育資訊》（澳門）1991年第6期，頁8。

化交匯特點撰寫的史地教科書，會爭取於翌年出版並使用，澳葡政府也正
著手研究由幼稚園至中學九年之教科書。[63]可是消息並沒有得到真正落實。

　　一九九六年五月，立法會討論如何編製本地教科書時，有議員指出：
一、澳門現行的歷史教科書多是香港出版的，沒有澳門歷史的內容，而香
港編印的歷史教科書，在近現代史方面有缺陷，對中國歷史缺乏全面了
解；二、澳門回歸在即，有需要編製實事求事的本土歷史教科書，特別是
有關中葡衝突和葡人在本澳的歷史；三、統一歷史教材前需作廣泛諮詢。
當時，一些教育工作者對澳門自行編製史地教科書不表樂觀，原因有二：
一、澳門人口有限，每個學級僅有數千名學生，出版本地教科書，經濟上
獨力難支；二、澳門畢竟是個小地方，學生應先學好中國史地，兼學澳門
史地知識。雖然部份本地教材已在中葡學校的一至七年級試行，但學生祗
約三千多人，而全澳學生共有八萬多名，因此澳葡政府編撰的本地教科
書，覆蓋比例相當小，內容不一定適合其他學校使用。[64]不過，各界仍對
本地編製的史地教科書充滿希望，一九九六年六月，時任新華社澳門分社
副社長宗光耀指出，應使年輕一代認識澳門的過去。《現代澳門報》的如
風專欄指出，編纂澳門歷史教科書不愁沒有資料，最重要是忠於歷史，力
求不偏不倚。[65]

　　以歷史科來說，一九九九年六月，教青司公佈制定的《初中歷史大
綱》、《高中中國歷史大綱》及《高中世界歷史大綱》。澳葡政府卻在說服
私立學校採用這套大綱時遇到很大的困難，因為在初中階段，一般學校還
可依據這個大綱來安排教學，但到了高中，各校為了學生升讀高等院校的
需要，需因應目標地區院校的要求調整教學內容，不能完全依照教青司的

63　〈澳門基本法課本即將面世〉，《澳門日報》（澳門）1995年8月14日；〈本地區史地科教材
　　爭取明年出版使用〉，《大眾報》（澳門）1996年3月22日。

64　〈立法議員及教育工作者談如何編印本地教科書〉，《大眾報》（澳門）1996年5月29日。

65　〈澳門歷史教科書〉，《現代澳門報》（澳門）1996年6月2日。

大綱施行教學。澳葡政府亦了解問題之所在，故《高中中國歷史大綱》的序言也列明「由於澳門學校的特殊環境，各校課本不一，故在課程計劃編排上，可以有較大的彈性。執行本大綱時，可按各校實際情形加以調整」。從內容來看，此大綱可以看到濃厚的香港課程內容的影響，如附錄列出的四個參考資料中，有三個是香港出版的教科書，包括：周佳榮、屈啟秋、劉福注編著，香港教育圖書公司出版的《中國歷史》；現代教育出版的《中國歷史》；齡記出版的《簡明中國史》。

各科大綱頒佈後，專責小組著手編著一些有關澳門的教材並試行，如澳門歷史、地理、公民教育等。關於歷史教材，有一九九八年由澳門大學實驗教材編寫組霍啟昌、蘇慶彬、鄭德華編寫的、澳門教育暨青年司資助出版的《澳門歷史實驗教材》第一冊，教材共三十二頁，內容分九章，包括：史前的澳門、葡萄牙人來華前的澳門、抵華前的葡萄牙人、葡萄牙人抵華前的中國航海事業、明代對外貿易政策、葡萄牙人來華、倭寇之患與葡萄牙人問題、選擇濠鏡的原因及澳門模式──特殊的外貿政策。可是，這套教材的使用率不高，未能成為本地史的教科書。二〇〇一年，教青局雖推出中文、數學、歷史、音樂等課程大綱，但因沒有課本等教材配合，要由教師自行裁剪。[66]例如，濠江中學按照特區政府頒佈的教育大綱，再按學生的程度，參考香港、新加坡等地自行編寫公民教材，著重學生的民族性，使青少年在求學時期對祖國充滿感情，建立國家民族觀念。

一九九〇年代是澳門建立本地課程大綱的關鍵時期，雖然限於經濟等種種因素，未能出版本地的教科書，但仍對本地課程的建立產生影響，現在配合本地教育需要的常識及公民科教科書，便源於此時期。

66　〈課程改革重在轉型〉，《澳門日報》（澳門）2001年2月2日。

七　結語

　　自開埠以來，澳門便形成了中葡兩種不同的教育體系，到了一九九〇年代，由於政治社會變化及自身發展的需要，在教育方面作出了一系列的改革。這是一個關鍵的時期，澳門教育的主體性便在此時建立，亦是澳門現代教育實踐的開端，[67]無論是法規、體系、教學語言、師資培訓、學額、校舍等各方面，都有較多的建樹，為回歸後的本地教育打下基礎。

　　其中以一九九一年八月頒佈的《澳門教育制度》（第11／91／M）法律，影響最大。該法律是澳門教育制度的總綱，落實教育是人的基本權利及教育機會均等的理念。內容廣泛，包括教育制度組織、教育輔助與補習教育、人力資源、物質資源、教育機構、教育資助、教育制度的管理、教育制度發展和評核等。這法律公佈後，隨後一系列相關的法律便先後推出，把澳門的教育事業推向制度化和優化。如二〇〇六年十二月頒佈的《非高等教育制度綱要法》（第9／2006號）法律，對社會最關注的非高教育作出具體化、系統化規範，規定非高等教育的原則和目標、非高等教育的組成、義務教育和免費教育、課程和教學、教育機構和學校、人力資源、教育經費、教育制度的實施和評核等。直至今天，澳門的非高等教育的體系建立和發展，仍然依據這《非高等教育制度綱要法》來施行，是跟隨《澳門教育制度》這個大框架發展起來。個別法令，只是補充這個框架不足之處，或者起著更優化和規範化的作用。例如12／2010及3／2012號法律就分別補充了對非高等教育公立學校及私立學校教學人員的規範。第38／94／M及39／94／M號法令就分別規定了對幼兒教育、小學教育、初中教育之課程組織之指導性框架。

　　教學語言方面，經過學界反對政府強推葡語，一九九四年，政府只好

67　馮增俊主編：《澳門教育概論》（廣州：廣東教育出版社，1999年），頁477-478。

把葡語安排作第二語文來教學。在社會經濟應用方面，葡語現實上是在比不上英語普及，一般學校少有開設葡語，發展至今，澳門提供的葡語人才只能應付本地一般需要，如果要把規劃澳門作為葡語平台來發展，非高等教育對這方面的基礎人才培訓，必定要大力加強。師資方面，經過回歸前的爭取，與及對教學人員地位的重視，不單增加對教師的津貼，而在二〇一二年更頒佈第3／2012《非高等教育私立學校教學人員制度框架》法律，規定教師之權利、義務、職級與晉級、工作時間、專業發展等。對教師的專業要求及保障增加，使有志者可以安心投身教育工作。至於學額及校舍方面，由於回歸前教育界的大力爭取，政府不得不關注這方面的發展，並作出較長遠的規劃。一些新校舍的建立，特別是氹仔方面的校舍落成，不但解決了回歸前學額不足的問題，更為後來開放賭權，路氹區發展，為氹仔人口增加帶來的學額問題，提供前瞻性的解決方法。

澳門特區政府成立後，加大了對非高等教育的資源投入，實施了十五年免費教育，完善了教師的工作環境及專業素養。為了進一步提高非高等教育的素質，訂定了《澳門非高等教育發展十年規劃（2011-2020年）》。教育發展所面對的時代環境雖然不同，但總有相類似的經驗可供參考。而有些問題雖仍未解決，例如教科書的使用，由九十年代延續至今，但隨著現今學校自編教材的使用日多，相信很快會有解決的方法。本文回顧了九十年代澳門非高等教育的發展，希望為開展未來的教育作為歷史借鑑。

貳

經濟與教育篇

澳門經濟發展與教育（1557-1949）

　　每個地區的教育發展與該區的經濟情況都有密切的關係。回歸前，澳葡政府對澳門本地的教育甚少支援。對佔居民人口大多數華人的教育，採取放任的態度，使澳門教育形成以私立教育為主，多元課程的一套獨特辦學模式。直至一九八七年中葡聯合聲明簽訂後，澳葡政府為了解決澳門回歸後管治人才不足的問題，才開始對教育加大投資。本文試從澳門經濟發展的角度來分析澳門教育的歷史發展。

一　明清澳門經濟發展概況（1557-1849）

　　澳門原屬香山縣的一個小漁村，人口不多。由於澳門地理位置優越，位於中國東南部沿海地區，接近中國大城市廣州，加上澳門能作為北上貿易船的中途站，佔有了優良的航行地理位置，而且澳門水域風平浪靜，為中國對外貿易的提供有利條件，所以葡人東來，便以該地作為貿易基地。[1]自葡萄牙人佔領後，澳門逐漸成為中國對外通商的口岸，也是西方各國在東方進行貿易的中轉港口。自明朝中葉起，對外貿易開發迅速發展，其中以一五五七至一六四一年為澳門對外貿易的全盛時期。[2]

　　綜觀澳門歷史，從澳門開埠到十八世紀二十年代，在澳門經濟中佔主導地位的，主要是具有一定壟斷性的轉口貿易，澳門實際上也處於一種特殊轉口港地位。這種特定形式的轉口貿易一直是澳門最基本、最重要的經

1　王寅城、魏秀堂：《澳門風物》（珠海：珠海出版社，1998年），頁237。
2　《澳門史略》（香港：中流出版社，1988年），頁77。

濟活動形式。澳門經濟的興旺、凋落，也完全以這種轉口貿易的盛衰為轉移。明代澳門的這種轉口貿易，以澳門在中國對外貿易中特殊地位以及葡萄牙擁有的海上霸權為條件，使澳門基本壟斷了中國——印度果阿——葡萄牙里斯本、中國——日本長崎、中國——菲律賓馬尼拉——墨西哥——秘魯這三條航綫中國一方的轉口貿易，成為遠東最重要的國際貿易港口。自一五八〇至一六三六年的五十餘年，葡萄牙商人獲取的利潤率為百分之一百五十。[3]在巨大轉口貿易利益的帶動下，澳門整體經濟也處於高度繁榮之中。到明末清初，隨著荷蘭的興起，葡萄牙海上霸權的喪失，加上明末清初時期的中國政治動亂以及清初的遷海禁海，澳門失去了原有的優越條件，曾經擁有的貿易航綫逐步易手。由於轉口貿易的式微，整體經濟也趨於衰落。不過，在一段時間內，以轉口貿易為帶頭行業的格局仍然沒變。到一七一八年清廷獨許在澳的葡人從事南洋貿易，澳門又獲得了一定的特權條件，一時間壟斷了中國與南洋之間的轉口貿易。整體經濟也一度恢復了短暫的繁榮。到一七二三年，清廷調整政策，重新允許中國商民開展對南洋的貿易，再加上隨後的四口通商，澳門原來享有的特殊優惠條件已喪失殆盡，以轉口貿易為帶頭行業以至整體經濟，也陷入貧困的境地之中。[4]

二 澳門社會的教育特質

（一）以科舉功名及營商為目標的傳統教育

推動澳門傳統教育文化的力量有兩種，一是追求功名的士人：知識份子的學習目標，是傳統的科舉功名，學生以通過科舉考試，獲得一官半職

3　鄧開頌、謝后和：《澳門歷史與社會發展》（珠海：珠海出版社，1999年），頁45。

4　楊道匡、郭小東：《澳門經濟述評》（澳門：澳門基金會，1994年），頁149。

為主要目標。二是追求社會應用的商人：本地的殷實商人，受澳門經濟發展影響，感到讀書識字有生活實際需要，可以有助於營商。

　　早在宋代，澳門雖有靠漁業維生的龍田村與龍環村，但直至明嘉靖十四年（1535）開港成為舶口之時[5]，居民其實不多，人口的流動性亦大。當時居民大多從事商貿，或者捕魚為生，而明朝政府視廣東沿海島嶼為化外之地，自然談不上文教設施。那時居住在澳門的華人，大多數是粵籍漁民，他們沒有報考功名的資格與時間，只能以捕魚為業。所以在明朝時期，澳門實在談不上什麼教育文化。

　　明清兩代，由於國內政治社會等各種因素變化，移入澳門的人口日漸增多，其中不乏具有高教育水平的文士。如屈翁山、陳獨漉、普濟禪院之開山祖大汕和尚等，他們寓居在望廈村，使該地文化氣息大增，望廈村既有詩社，又有畫壇。[6]

　　明清時期，澳門跟中國其他地區的情況一樣，基礎教育也是以傳統的私塾教學為主。在高素質的移民帶動下，澳門在科舉教育上出現了本地的成就，其中被認定是澳門讀書人的典範，就以澳門望廈村村民趙元略、趙允菁父子為代表，兩人先後在乾隆丁酉科（1777）及嘉慶辛酉科（1801）中舉，經常受人推崇。另一位望廈村人陳景華，光緒十四年戊子科，獲中第十五名舉人，曾任廣西貴縣知縣，為官廉潔無私，也受人推崇。[7]此外，另一位翰林是李際唐，是從廣東省新會縣移居澳門，他在中國最後一次科舉考試高中，即清光緒三十年（1904）甲辰科的殿試中當選了翰林，成為澳門唯一的「太史公」，亦受澳門華人推崇。

　　隨著澳門社會經濟穩定發展，當時澳門一般華人在接受教育的觀念上

5　金國平：《澳門源考》，吳志良、金國平、湯開健主編：《澳門史新編》第一冊（澳門：澳門基金會，2008年），頁50。

6　王文達：《澳門掌故》（澳門：澳門教育出版社，2003年），頁132、133、134。

7　王文達：《澳門掌故》（澳門：澳門教育出版社，2003年），頁131。

亦有所加強。明萬曆元年（1573）至崇禎十七年（1644）的七十二年間，是澳門對外貿易的黃金時代，國際貿易流入的白銀達1億元。除商業貿易外，還有鑄炮廠、船廠和軍械火藥生產。加上到了十七、八世紀鴉片貿易帶來的商機，促使澳門人口繼續增加，一些在社會上有地位、有影響力的人對教育的看法有所轉變，在重視科舉之外，出現了一些新的觀點。一是考慮到商業上的需要：教育子弟營商謀生是一個好出路，為了貿易溝通，接洽生意，記載盈虧數案，有必要讀書識字。二是考慮到現實環境上的需要：中西人士由於語言文字兩相隔閡，容易引起紛爭，如果知識增多，可以增進了解，減少貿易糾紛，所以著重啟蒙興學。

清末以前澳門教育的場所，都以塾師為主，設立私塾。六、七歲至八、九歲兒童上學，稱為「啟蒙」，十三歲以上至二十歲青年從師，稱之為負笈從遊。私塾之外，另有一種是大家庭聘請專師的教育形式。主要是一些殷富華人，或告老不仕的官宦階層，他們經濟條件較佳，多延聘具學問名望的塾師入屋教授子弟，當時較著名的如高屋、陳屋、盧屋、蔡屋、傅屋、鄭屋等，風氣盛極一時。

義學亦是中式傳統教育之一，主要是鄉里居民或家族團體延聘塾師，為成員子弟提供受教育的機會，一般只希望子弟略懂文墨，要求不高。澳門的義學，如：美副將馬路普濟禪院附近的黃東暘書屋、沙梨頭土地廟的更館社學。而清光緒十八年（1892），鏡湖醫院董事舉辦蒙學書塾五所，分佈在連勝街、賣草地、新埗頭、水坑尾、新橋，五所總稱為「鏡湖義塾」，以利便各區年幼的兒童就學，更為時人稱許。

漁民教育也是澳門傳統中式教育的一種，一般採用大漁船延聘專師的教育方式。澳門開埠以來，百業創興，其中以漁業發達為最迅速。據一八八七年八月二十九日《粵督張之洞奏澳界轇轕太多澳約宜緩定折（附清單）》中說，當時氹仔、路環的漁民已為數不少：

> 潭（氹）仔居民約二百戶，漁船極多，丁口四千餘。過路環居民約
> 百戶，丁口二千餘。
>
> 潭（氹）仔鋪戶、船廠六十餘家，居民蓮屋一百餘家，壯丁二三千
> 人。
>
> 過路環鋪戶、船廠四十餘家，民居百餘家。
>
> 又潭（氹）仔、過路環約有拖船八百餘隻……又小輪渡船兩隻。

到一九二一年，澳門漁民達到六萬多人，佔澳門總人口的百分之七十一。漁業在澳門經濟中地位之重要可見一斑。[8]

一些大號漁戶，因為沒有接受教育，不懂文字，平時與人通書札，記錄銀錢往來，必須假手他人，營商時感到處處吃虧，認為督促子弟練習讀書習字，實為迫切需要。但因交通關係，把子弟送往岸上攻讀，感到煩苦，故不惜重金，聘請塾師來船上教讀。有大船獨自一家延聘的，亦有甲船與乙船之間比鄰共同聘請的。

整體而言，這時期的華人教育，富裕華人以傳統的考取功名為目標，以任官，以管治全國為對象。商人則以應付經濟營商為學習的發展方向，以澳門經營生意為對象。

（二）以宗教服務為主的西方教育

澳門的西方教育建立，主要是受經濟及宗教影響，而宗教是其中最重要的一股力量。自一五五三年，葡人獲准在澳門停泊開始，澳門的外籍人口不斷增加，因應社會需要，西方教育逐漸在澳門建立起來。推動教育的主要目標，是為了宗教及貿易上的需要，並不是為了澳門地區的教育文化事業。

---

8 黃啟臣：《澳門通史》（廣州：廣東教育出版社，1999年），頁321。

　　一五七六年澳門天主教教區成立，由於葡王、葡商均支持教會在澳門
的工作，獲准以葡萄牙海關千分之五的關稅，來作教會的慈善經費，而教
友去世，也有自願捐出產業支持教會的。因此，教會就在澳門進行建設，
積極發展起來，先後在澳門開設教堂、仁慈堂、醫院、痲瘋院、孤兒院
等。除此之外，因為天主教的神職人員，要負責為當時澳門居住的葡國商
人、水手及家眷、家僕進行教化的工作，按傳統設立要理班，兼授語文和
文法，開啟民智，掃除文盲，其中有教育葡童的，也有教華童教友的。當
時就在澳門大炮台山麓教堂旁邊，天主教耶穌會開辦了一所聖保祿公學。

　　一五七三年，范禮安（A. Valignano）被任命為耶穌會印度省區（即亞
洲地區）的巡察員，負責整個區域的傳教工作。他重視對本土教士的培
養，認為這對天主教的傳播影響至大。事實上，由於沒可能有足夠的神父
前來遠東地區，故必須倚靠當地培養的宣教員。[9]他以和平傳教宗旨，要求
所有傳教士學習當地語言和文化，爭取教區內上層社會的接受與支持，以
便讓天主教在當地能廣泛地傳播。

　　一五八四年以後，由於利瑪竇成功進入中國的經驗，影響到以後凡準
備進入中國、日本、越南傳教的，必須先到澳門學漢語，這差不多成為習
慣。而到了十六世紀八十年代初，日本方面的傳教活動基本上相當蓬勃，
教區的不斷擴張和信徒的數量增長，成就頗為矚目，信徒接近三十萬人。
這時候，范禮安漸漸意識到澳門的重要性與日俱增。它不但是葡人遠東貿
易的中心，而且是歐洲商人及教士前往日本的歇息地，也是進入人口眾
多、幅員廣大的中國的通道入口。他決意讓澳門成為培養精通漢語、熟悉
中國禮儀人員的培訓基地，使澳門成為天主教的傳播中心。范禮安即向耶
穌總會會長建議在澳門建立一所高等學校，培訓東方傳教士。一五九四
年，耶穌會會長魯德拉斯（Antonius de Luadros）批准了范禮安的計劃，

9　范禮安，高橋裕史譯：《東印度巡察記》（澳門：平凡社，2005年），頁342、344-345。

准許聖保祿公學升格，並特別派了三位教士來澳門主理其事。一五九四年十二月一日，聖保祿學院（Colegio Sao Paulo）正式註冊成立。聖保祿學院比日本東京大學成立（1877）早了二百八十三年，比中國大陸最早設立的上海聖約翰大學（1879）早了二百八十五年，因它是特殊需求的產物。

聖保祿學院的首任院長孟三德父（Edurardo de Sande）任期為一五九四至一五九六兩年。第二任院長李瑪諾（Manuel Diaz Senior）一五九六至一六〇一年和一六〇九至一六一五年兩度擔任，期間的幾年，學院被焚停辦。第三任院長陸安德（Andreas Lobelli）任期為一六七一至一六七三年。不少著名的學者曾在此任教。例如被譽為「西來孔子」的艾儒略（Julius Aleni），翻譯文字最艱深的《經世金書》的葡籍神父陽瑪諾（Manuel Diaz Junior），曾任院長並教授哲學的孟儒望（Joannes Monteiro）是《天學略義》的作者，以及中文造詣高、著書很多、第一個把西方幼兒教育理論介紹到中國的王豐肅，即高一志神父（Afonso Vagnonl）等，師資素質是優良的。[10]

澳門聖保祿學院的課程設計獨特，課程目標是要因應中國傳教的需要，以培養傑出的傳教士。它的課程，開始時是單科獨系的。課程內容分為三個大類別，分別是人文科、哲學科及自然科。它具有以下的三個特色：首先，它是耶穌會神學院培養神職人員的高級課程；其次，它又是中世紀歐洲大學的類型，如果與巴黎大學的課程對比，它還較大學早年的課程豐富和充實，是高等通才教育的課程；第三，課程有漢語一科，是它最大的特色。在聖保祿學院裡，漢語是必修科，人人要學，因它是東方傳教必需的溝通工具，不但每位學生要學，教授也要學。因為不少東來的教士本身在歐洲已接受了不同程度的文化知識和宗教教育，他們到了澳門，為了傳教需要才開始學漢語。艾儒略在學院裡是著名的數學教授，但他的名

10 對聖保祿大學的研究，可參考李向玉：《澳門聖保祿學院研究》，北京：中華書局，2006年。

字卻列在學院專業生的名單中，就是這個道理。在《利瑪竇全集》中的許多紀錄，都說明耶穌會神父們除了應酬客人之外，大部份時間都消耗在研究中國語文和中國的風俗習慣上。順治、康熙兩朝索性作出了規定，要求凡準備入華的傳教士必須先「赴廣東澳門天主堂住二年餘……學習中國語言」。這樣一來，在聖保祿學院學漢語，已不單是語言能力的培訓，同時也是入境中國大陸的許可條件了。於是聖保祿學院的漢語課，變成法定的必修科了。[11]

從上述情況來看，葡人在澳門的教育發展，主要為了宗教及貿易的需要，加上澳葡的自治會採用雙重效忠政策[12]，名義上接受葡萄牙王室和法律的管治，實質上則受明清政府的嚴格制約，在澳葡的管治環境與條件，他們感到沒有能力和沒有需要理會華人的教育。澳門華人對澳葡的西式教育亦不理解和重視，科舉考試仍然是華人教育的傳統核心價值，形成中式與西式的教育雙軌並行，各自為了生活的目標和需要來培訓相關人才，互不干涉。

三　經濟與教育發展

（一）經濟發展使人口增加，帶來教育需求

隨著澳門貿易的發展，澳門人口有所增加。一五六三年，澳門總人口數為五千人，其中華人有四千一百人，葡藉有九百人。[13]據黃鴻釗整理一五六四至一六一三年的統計，當時在澳門的葡國成人有一萬。學者湯開建進一步分析當時葡人的數量，指出在一五六五年有葡人九百人，如果以每

11　劉羨冰編著：《澳門教育史》（北京：人民教育出版社，2002年），頁61-63。

12　吳志良：《澳門政治發展史》（上海：上海社會科學院出版社，1999年），頁59。

13　黃啟臣：〈1555-1997年澳門人口變動統計表〉，《澳門通史》（廣州：廣東教育出版社，1999年），頁9。

葡人蓄奴六至十名來算，則九百名葡人蓄奴總數大致有五千至一萬人。[14]

　　葡人居留在澳門，主要目的是為了貿易。當澳門的貿易地位下降，經濟轉差時，人口便隨之下降。在一五七三至一六四四年的七十二年間，澳門國際貿易流入的白銀達一億元。除商業貿易外，還有鑄炮廠、船廠和軍械火藥生產。經濟發展，使澳門人口上升，其後在一六六一年清廷頒佈遷海令，使澳門猶如一個孤島，取消遷海令後，在一七二五年嚴格控制葡國的船隻為二十五艘，使貿易不前，形成澳門人口下降。一七五一年，葡人約佔三千五百人。在一八三〇年在澳門葡人約有四〇四九人。[15]不過，在澳門居留的葡人雖有增減，但隨著他們在澳門活動的時間長久，留在澳門的葡人及土生葡人總有一定數量，教育的需求自必增加。

（二）由傳教發展至商業需要

　　一五九四年，耶穌會會長魯德拉斯（Antonius de Luadros）批准了范禮安的計劃，准許聖保祿公學升格，並特別派了三位教士來澳門主理其事。一五九四年十二月一日，聖保祿學院（Colegio Sao Paulo）正式註冊成立。這所高等學校，是為了傳教事業與葡國外交事務和商業事務的拓展，以及為了應付急需懂漢語人才而在澳門開辦的。

　　澳門聖保祿學院的課程設計獨特，課程目標是適應中國傳教的需要。它的課程，開始時也是單科獨系的。以培養傑出的傳教士。課程內容分為三個大類別：人文科：漢語、拉丁語、修辭學、音樂等；哲學科：哲學、神學；自然科：數學、天文曆學、物理學，醫藥學等。並採取不同的教學模式。[16]其後因應環境轉變，貿易需要的考慮，對商業內容的需求愈來愈多。為響應遠東地區對商業活動和商業行業的特殊需求，葡人參考國外同

14　湯開建：《澳門開埠初期史研究》（北京：中華書局，1999年），頁261。

15　鄭天祥、黃就順、張桂霞、鄧漢增：《澳門人口》（澳門：澳門基金會，1994年），頁26。

16　戚印平：《澳門聖保祿學院研究》（北京：社會科學文獻出版社，2013年），頁142-144。

類學校所教授的知識，在澳門建立了一所提供商科教育的高等商科學校。高級商科課程包括以下三個級別：一、初級——向學生教授在小學一、二年級教授的概念和基礎知識。二、預科——對學生進行必要的預備性教育，使他們對第三階段學習的複雜知識有簡單的理解和掌握。三、高級課程——向學生教授商業活動中必要的先進、複雜的知識，使他們能夠輕鬆地在商業領域獲得工作崗位，如商號的會計、經理、高管，銀行職員，工業或商業公司的職員，等等。[17]從課程的設計與安排，可以反映出社會的需求，看到澳門社會對商業知識的重視程度愈來愈高。

（三）居澳華人的數量與階層對澳門教育發展形成阻力

澳門經濟發展，勞動力需求增加，澳門人口因此上升。一六四〇年，華人人口達到四萬，其後貿易停滯不前。一七五一年，澳門華人人口下降至五千五百人，稱為澳門人口的第一次大低谷。[18]經濟環境變化使人口增減不定，例如由一五八〇至一六四〇年，人口指數由100升至200，而由一六四〇至一七四三年，人口指數由200下降至27.5，[19]人口數量起伏變化過大，這種情況下，要開展中式教育是十分困難。

來澳門工作的華人，以從事商貿及建築等相關工作為主，其中以福建人及廣東人為多主。從事商貿、傳譯、買辦多是福建人，工匠、販夫、店戶多是廣東人。隨著澳門貿易的發展，葡人限於環境及語言，買賣貨物不得不倚重華人，商人及翻譯這兩個華人團體，成為澳門社會中舉足輕重的

---

17 DOCUMENTOS PAPA A HISTORIA DA EDUCAO EM MACAU（教皇的教育歷史文件在澳門），DIRECCAO DOS SERVICOS DE EDUCACAO E JUVENTUDE, MACAU 1996, VOLUME 1, P.60。

18 鄭天祥、黃就順、張桂霞、鄧漢增：《澳門人口》（澳門：澳門基金會，1994年），頁26。

19 黃啟臣：〈1555-1997年澳門人口變動統計表〉，《澳門通史》（廣州：廣東教育出版社，1999年），頁9。

角色，受到澳門葡人的高度重視。[20]以中國社會傳統士、農、工、商四階層而言，他們是屬於不受政府重視的一群。當他們賺取一定的利潤，有一定的財力及能力的，必然要求子弟參加傳統功名考試，提升社會地位，不會在意澳門本地教育。

只有從事商貿及漁業的華人，對本地教育有一些需求，但以實用性為主，能認定文字，懂得計算就可以了。隨著居澳的華人的數量日增，其中包括漁民及從事商貿生意的人，為了生活需要，漁民教育及商務為主的教育因此建立起來。漁民教育與以商業為導向的教育較其他地方盛行，因為由漁村發展為國際貿易市場的澳門，各業商人，為了貿易溝通，接洽生意，記載盈虧數案，教育子弟營商，均認為有讀書識字的必要，而教育的功能，亦不局限在科舉考試之中。

澳門發展的經濟的動力有二，一是貿易產業，形成圍繞全球範圍的一個長途轉口貿易的產業鏈，另一是澳門內城服務業，包括提供基本的衣食住行及生活上的各種需要，形成整個澳門半島服務的產業鏈。隨著澳門的經濟蓬勃興旺，貿易日隆，需要有一定文化水平的人日多。對於有一定教育基礎的人，投身商貿事業，工作發展的空間愈來愈大。比較難以把握的仕途，從事商貿工作更易謀生，更易成功。故澳門當時的教育也是以配合學生日後謀生為主，一般學塾大多是教學生認識一些文字，能寫普通應用文件或往來書信之類罷了。

當時在珠三角一帶，不同家境的學生，入塾讀書的時間遲早及長短不一。家境比較富裕的一般七歲入學，讀到十四至十五歲左右，有意考取科舉功名的，通常前往縣城繼續求學；家境清貧的，則遲至九至十一歲就學，而且僅讀兩到三年書，有的甚至短短數月。他們在接受過基本的識字認數的教育後，就會離開學塾，或務農或做工。實在太貧困、連減少的學

---

20 湯開建：《澳門開埠初期史研究》（北京：中華書局，1999年），頁260、272。

費也交不起的家庭，自然無法送兒子入讀私塾，除非他們的宗族祠堂有指定用作教育基金的祖田。有些鄉村的前代立下石碑，要求後輩保障這些「學田」為全村所有男孩提供教育，但如果負責的長老有所偏私，先人的遺願就不一定能履行。沒有族產學田的支援，貧窮家庭的男孩便無法入學。

（四）葡人與華人之間的交往不多，葡人無意推動居澳華人教育

華人及葡人這兩個族群，交往其實不多，加上是華人的經濟力量強大，控制了澳門的主要經濟活動，所以葡人並不在意發推動澳門的華人教育。

澳門開埠之時，葡人與華人之間，除了因為經濟活動的因素，基本上是不相往來。隨著澳門的經濟發展，葡人與華人接觸日多。在明代，澳門的華人已形成了兩大勢力區，一是以城內的華人商業區，區內華人從事商業貿易、手工技藝及翻譯，生活習慣已趨於葡化，甚至有與葡人通婚的情況。另一是居住在澳門城四周的華人，仍然極力保持自己的中華文化。從教育發展來說，就形成葡人及華人兩套系統。

其實，葡人管治澳門時，也曾考慮過澳門的教育究竟是應該針對澳門的華人，還是應該針對人數很少的葡萄牙人。最後，葡人決定澳門的教育對象應針對在澳的葡人，因為，他們認為從社會角度看，中國人生活在功利主義和實用主義的思想之下，只希望接受能夠方便獲取而又能快速獲益的科學教育。華人使用自己的語言，還學習一點英語，只是按其一貫功利主義的思想行事。忽視葡萄牙語，是因為在澳門之外，這種語言沒有價值和用途。[21]加上澳葡的自治會採用雙重效忠政策，名義上接受葡萄牙王室和法律的管治，實質上則受明清政府的嚴格制約，更沒有能力和權力來理會華人的教育。所以在葡人的澳門教育史研究中，便把一五七二至一七七

---

21 DOCUMENTOS PAPA A HISTORIA DA EDUCAO EM MACAU（教皇的教育歷史文件在澳門），DIRECCAO DOS SERVICOS DE EDUCACAO E JUVENTUDE, MACAU 1996, VOLUME 1, P.56.

二年稱為第一階段：指出唯一的教育形式就是以天主教教堂傳播教義的模式來進行；第二階段是一七七二至一八三五年，是海外省教育體制，同時並存的是教授中文的私塾模式；[22]

　　澳門華人對澳葡政府開辦的西式教育並不理解和重視，科舉考試仍然是華人教育的傳統核心價值。直到一八九四年，澳葡政府的官立中學才正式成立。一九一〇年開始出現可供華人子弟入學的官校，但華童入讀極少。中式與西式的教育雙軌並行，互不干涉。

四　近代澳門經濟發展概況（1849-1949）

　　鴉片戰後，中國對外貿易重心北移，澳門面臨眾多開放口岸的激烈競爭，其中對澳門經濟影響最大的，就是香港的開埠。香港無論在金融、船舶維修、郵政系統、與廣州之交通及港口條件等，都比澳門優勝。所以香港進出港口的船隻噸位，從一八四八年的二十二點八萬多噸增長到一八六四年的二百萬噸，增幅達八點七倍。而澳門在一八七〇年代，平均每年船隻進出港口的噸位僅是七千六百多噸，其後更下降到平均每年二千八百多噸。[23]

　　經濟不景氣使澳葡政府唯一收入來源的葡海關收入大減。一八四五年十一月，葡萄牙海事及海外部部長曾在國會上指出，澳門貿易不振，使得政府無法維持日常開支。[24]為了與香港在貿易上的競爭，葡萄牙擅自宣佈澳門為自由港。這種侵犯中國主權的政策，清政府以曉諭華商遷出澳門來

22 O ENSINO EM MACAU（1572-1979）（澳門教育史）, DIRECCAO DOS SERVICOS DE EDUCACAO E JUVENTUDE, MACAU 1999, P.49.

23 查燦長：《澳門教育史轉型、變項與傳播：澳門早期現代化研究》（廣州：廣東人民出版社，2006年），頁108-114。

24 薩安東著，金國平譯：《葡萄牙在華外交政策（1841-1854）》（澳門：葡中關係研究中心、澳門基金會，1997年），頁79。

應對，加上貿易環境的轉變，中國被迫開放五口通商及香港開埠，結果導致澳門本土居民外流，澳門經濟更加蕭條。

正常貿易一沉不起，澳門只好發展另類貿易來支持地方經濟，這就是苦力貿易及鴉片貿易。外商通過澳門從中國招募大批華工苦力向外移民，使澳葡政府收入大增。大概一八四四至一八四五年間，因為苦力貿易者可以從苦力買賣上賺取百分之兩百多的利潤，所以「豬仔館」愈來愈多。特別是香港於一八六八年禁止苦力貿易後，澳門就成為世界販賣苦力的最大港口。在一八七三年廢除苦力貿易前，二十五年內，估計澳門輸出苦力達五十萬人。[25]苦力貿易不僅為澳門帶來了人口及航運，更為澳葡政府帶來了豐富財政來源，十九世紀六十年代，每年收入達二十萬元，相當一八四五年澳葡海關收入的五倍。[26]

鴉片貿易方面，澳門是向中國走私鴉片的集散地，早在開埠不久，葡人就通過澳門將鴉片輸入中國。初期，鴉片的輸出不多。到一八八三至一八八五年，三年間由澳門向內地走私鴉片數量分別佔當地輸入量的45%、65%、和62.7%。[27]鴉片走私給澳門帶來繁榮。直至一八八七年清廷在澳門正式設立拱北海關，並嚴禁鴉片走私，情況才有改變。到了民國初年，鴉片仍是澳門收入主要來源，佔正常貿易中近一半的比重。[28]

二十世紀初，澳門已正式淪落為香港的附港，鴉片貿易在世界輿論壓力下日漸式微。澳葡只可依賴賭博業及娼妓業來維持地方經濟繁榮。澳門賭業在開埠初期已經存在，到民國初期更興旺發展，賭博稅收日漸增加。

---

25 施白蒂著、姚京明譯：《澳門編年史——十九世紀》（澳門：澳門基金會，1998年），頁89、193。

26 查燦長：《澳門教育史轉型、變項與傳播：澳門早期現代化研究》（廣州：廣東人民出版社，2006年），頁134。

27 姚賢鎬：《中國近代對外貿易史資料》第二冊（北京：中華書局，1962年），頁859。

28 查燦長：《澳門教育史轉型、變項與傳播：澳門早期現代化研究》（廣州：廣東人民出版社，2006年），頁164。

到了一九三七年，澳葡宣佈採用投標方式讓私人公司承辦全澳賭場業務，使賭博開始進入集團化的階段，一九三七年泰興娛樂公司，當年向澳葡政府交賭稅達葡幣一百八十萬元，賭稅成為政府收入主要來源。

至於娼妓業方面，早在鴉片戰爭後不久，澳葡就視為一種合法產業，一八五一年九月，澳葡公告娼妓業規範條例，准許在指定地區開設妓寨。在鴉片及賭博業的繁榮下，娼妓業也隨之旺盛不已，開辦者獲利豐厚。以一九三〇年九月十七日為例，連澳門的警察廳廳長也要求「申請批准在數處設立妓院」。[29]一九三〇年代的澳門，市面經濟基本由黃、賭、毒維持，正常貿易退居次要地位。

除了上述行業外，澳門仍有傳統的手工業和漁業。澳門傳統手工業以造船、神香、爆竹、火柴為主，其中神香、爆竹、火柴是此時澳門著名的三大工業，每廠工人數千，產品出口外地。一九三〇年出口額佔澳門出口總值的37.8%。一九一二至一九二一年，澳門是中國的第二產漁港。一九二〇年澳門總人口有14.5萬，而漁業人員佔澳門總人口28%。可見漁業興旺。[30]整體而言，當時的賭博及鴉片業在澳門的經濟上，仍較其他行業重要，例如一九二二年彩票及賭博業的專營稅為121.6萬元，一九二一年鴉片專營稅為300.2萬元，而漁業專營稅只為3.6萬元。只是賭稅的2.96%。[31]

澳門這種經濟格局形成後，基本改變不大。抗日戰爭時期大量難民的流入，商業及金融業雖有發展，而更特別興旺的是黃、賭、毒這類特殊行業。日本投降後，澳門的貿易與港口地位又回復到戰前弱勢，工業仍然是傳統手工業為主。隨著鴉片業式微，娼妓業沒落，情況才有所改變。到了

29 施白蒂著、金國平譯：《澳門編年史──二十世紀》（澳門：澳門基金會，1999年），頁241。

30 查燦長：《澳門教育史轉型、變項與傳播：澳門早期現代化研究》（廣州：廣東人民出版社，2006年），頁175、178。

31 查燦長：《澳門教育史轉型、變項與傳播：澳門早期現代化研究》（廣州：廣東人民出版社，2006年），頁177。

六十年代，澳門雖有現代工業的興起和發展，不過限於地理位置及港口條件，商貿及工業經濟發展，前景有限。澳門只能以旅遊業帶動了博彩業，博彩業帶動了旅遊業來推動地區經濟發展。一九七五年博彩稅佔澳門政府總稅收的比重為19.5%，一九七七年為26.2%。旅遊業在一九八四年佔國民生產總值25%。[32]直至近年，澳門仍然離不開以娛樂旅遊為主的經濟發展路線，對外貿易仍處於香港附屬港的地位

五　近代澳門經濟變化對教育的影響

（一）澳葡政府收入不穩定，投放教育資源受限制

鴉片戰爭後，澳門貿易地位的下降，一度使澳葡政府無法維持日常開支，只好依賴黃、賭、毒來維持稅收。隨著世界輿論壓力，鴉片貿易沒落，也導致澳門經濟困難，一九二六年澳門財政收入四〇九點三萬元，支出為四六〇點八萬元，財政出現虧蝕。[33]

二次大戰時，經濟動盪，政府收入下跌，一九四二年澳葡政府的財政收入只有六八一萬元，支出約五二〇萬元。到戰後，政府的收入才回升至一千萬元左右。[34]在鴉片戰爭前之兩百多年，居澳華人一般是澳門葡人的三至五倍。鴉片戰爭後，至一八九九年間，在澳華人一般是葡人的五至十五倍，二十世紀初至一九三八年間，在澳華人一般是澳門葡人的二十多倍。[35]政府收入不穩定，促使政府在投放資源上較為保守，減少葡人教育上的開支，自然更不會大力投資在人口眾多的華人教育上。

---

32 黃啟臣：《澳門通史》（廣州：廣東教育出版社，1999年），頁602。

33 徐薩斯著，黃鴻釗、李保平譯：《歷史上的澳門》（澳門：澳門基金會，2000年），頁303。

34 傅玉蘭主編：《抗戰時期的澳門》（澳門：文化局澳門博物館，2001年），頁24。

35 查燦長：《澳門教育史轉型、變頂與傳播：澳門早期現代化研究》（廣州：廣東人民出版社，2006年），頁298。

（二）葡文教育缺乏出路

隨著葡人在世界貿易地位的沒落，英國領導國際貿易經濟，葡文在貿易中的地位亦跟著下降。據一本《愛國者》（*Patriota*）雜誌在一九〇四年期刊上的描述，當時澳門的葡人工作，可分級如下：

> （……）大部份公職人員的職位都被授予了葡萄牙人的後裔。一些地位較高的工作則全部由本地土生葡人人來擔任，但這種做法從來沒有人抱怨；然而，除了這些較為顯要的職位外，那些不太重要的職務則都由澳門原住民後代來擔任。澳門本地人是完全不被重視的群體。但是最為卑微的工作則由來自內地的華人移民來擔任。[36]

對於沒有較高地位工作的土生葡人，別無他法，只能移民去別處謀生。部份在香港工作，收入比在澳門更高，一旦離開了澳門，很少有回來的。就像上文提及的期刊中描述的那樣：

> （……）在澳門的年輕男性的數量相對較少。男人們一到15歲就開始離開澳門去別處謀生。需要重點說的是這些澳門人幾乎大部份都去往香港從事公職。在澳門本地有大約90個土生葡人公職人員；在香港從事公職人員的澳門人則有80個左右。雖然兩者相差不多，但是這些在香港工作的澳門人平均年收入在700港幣以上；然而在澳門工作的澳門人中只有17個人能達到這個收入水準。沒有一個在香港工作的澳門本地人的收入水準低於200港幣。（……）[37]

36　奧蕾莉亞諾・巴拉塔：《澳門教育》（1572-1979）（澳門：澳門特別行政區教育暨青年局，1999年），頁33。

37　奧蕾莉亞諾・巴拉塔：《澳門教育》（1572-1979）（澳門：澳門特別行政區教育暨青年局，1999年出版），頁34。

　　到了清代，澳門的對外貿易式微，葡萄牙人面對這種經濟衰敗的情況，曾通過發展鴉片和苦力走私來挽回敗局，但作用有限。由於經濟不景氣，澳門人口減少，[38]在澳門的葡人為了日後生計，受教育的目標多放在往外謀生的需要上。而葡人與土生葡人之間，又因生活條件不同，對教育要求產生亦有分別。所以澳門土生葡人群體集合起來參與到一個特別的計畫當中，這個計劃旨在建立一個私立教育體制，目的在培養教育他們後代，從而能夠在澳門之外的某個地方（主要是遠東地區的某些港口城市）謀求生計。

　　整體而言，葡人與華人處於不同的生活層面，對教育的看法不同。葡人及華人各自形成了自己的教育系統，葡萄牙人、土生葡人及華人的教育都是為各自的出路來籌劃，並不是著眼於澳門本地的長遠發展。

　　澳葡政府曾加強澳人子女的文化教育，如一八六八年四月批准成立一所以華人為對象的葡萄牙語學校，不久又批准居澳華人子女可以進入澳門葡人學校。可是，商業活動主要控制在華人手中，葡語教育實際用途有限，葡人除了政府工作外，可以在中國通商口岸擔任行政工作，而最好的出路便是去香港從商。[39]這也需要英語教育。

　　為了應付經濟環境的改變，一九○八年十一月三日一個澳門的公共教育改革會議上，澳門總督提出重新組織中學教育，從而使葡人子女能夠獲得必要的教育，為今後從事貿易、領事、管理活動和公共職務做好準備。並且——考察是否適合建立一所貿易學校，取代現有的中學。[40]

　　當時葡人曼努埃爾・桑帕約（Manuel Teixeira De Sampaio Mansilha）

---

38 黃啟臣：《澳門通史》（廣州：廣東教育出版社，1999年），頁177。

39 賈淵、陸凌梭著，陳潔瑩譯：《澳門土生族群動態》（澳門：澳門文化司署，1995年），頁58-59。

40 DOCUMENTOS PAPA A HISTORIA DA EDUCAO EM MACAU（教皇的教育歷史文件在澳門），DIRECCAO DOS SERVICOS DE EDUCACAO E JUVENTUDE, MACAU 1996, VOLUME 1, P.51-52。

指出，接受高等教育的學生並不能在澳門本土獲利，因為澳門的公共職位數目有限且無空缺。而大部份的職位，報酬也都不足以抵償接受文化教育所付出的時間和金錢。

他對教育課程的看法是要配合學生離開澳門，出外找尋工作。

> 那些學生們應當是在澳門以外的土地上，在東方其它港口和城市，尋找到工作。因此，讓他們適應那些地區的特殊要求是學校教育的主要方向。這樣，中文和英文，這兩種可謂是獲得任何工作的流通貨幣，必須成為學校教育的重中之重。其次，應必須對東西方歷史、地理的教學給予特別的關注，尤其注重那些對東方興趣最為濃厚的國家：英國、美國、德國、法國、葡萄牙和日本。原因很明顯：所有人都知道，最好的貿易工作者是那些對各個港口情況最熟悉的人。

> 與此同時，還應該教授一些有關植物、動物、地質和礦物學的知識，以使學生能夠容易地識別東西方貿易交換、進出口的貨物及其種類。

> 在每學年的課程中，都應仔細分析該年的貿易資料，使得學生們能夠方便的將其融入進自己的貿易計算中，並容易地判定一個簡單的數字所代表的意義。

> 貿易計算基本原則、貿易會計工作、匯兌價格和資金運轉應當成為最後一年的課程，因為這些知識的複雜程度是日益增長的。同樣不可缺少的是了解與其保持貿易關係的國家的管理機制，其刑事、民事、商業立法的基本原則。[41]

---

41 DOCUMENTOS PAPA A HISTORIA DA EDUCAO EM MACAU（教皇的教育歷史文件在澳門），DIRECCAO DOS SERVICOS DE EDUCACAO E JUVENTUDE, MACAU 1996, VOLUME 1, P.57。

（三）華商地位日高，有能力支持本地華人教育

十九世紀，澳門已出現一些具社會影響力的華人家族。這些家族是各類貿易的壟斷者，更是賭博業的巨擘及最大的房地產業主。在澳門經濟起重要作用。而華人社團也日漸發達，工商行會都有自己組織，其中的組織如鏡湖醫院慈善會及同善堂等，影響更大。澳門政府最重要的《澳門憲報》改變過去只用葡文刊登的歷史，一八七九年用中文及葡文一起刊登政府公告，標誌著澳葡政府考慮到人口和經濟上澳門華人的重要性。華商亦曾因與澳葡衝突發起罷工罷市。隨著華人地位，經濟實力日增，對國家文化的重視，有力支持本地華人的教育，不需依賴政府。例如鏡湖義學便收容了不少失學兒童廣東省不少學校都遷來澳門。又如在抗戰時，自一九三七至一九三九年遷到澳門的中學有十七所。[42]這些新來的人口，文化素質較高，遷來的學校中更不乏廣東的名校。學校的運作，便由本地華商在背後支持。

（四）澳門經濟對受教育人才需求不大

澳門自鴉片戰爭後貿易衰落，只能靠苦力貿易、鴉片、賭博及妓女行業維持經濟繁榮。這些特殊行業，不需要高深的學識。有學識的人，反而是這些行業發展障礙。此外，澳門的漁業及神香等手工業，需要的是大量低廉勞工，能認識一般文字及算數，書寫流暢，懂得記帳文墨等文化水平已經足夠。

---

42 劉羨冰：《世紀留痕──二十世紀澳門教育大事誌》（澳門：澳門出版協會，2010年），頁81。

六　澳門教育發展未能培育高素質人才的因素

　　一、從以上教育史來看，澳門的教育是一種移民式的教育，整體而言，澳門私立教育的發展亦是隨著中國政治社會變化而改變。當中國大陸出現政治社會問題，人們便會來澳門生活；當中國情況好轉，人們就返回家鄉，並沒有要長期在澳門生活發展的思想，所以說不上什麼人才培育。到了七十年代，受到外在環境的影響，情況才穩定下來。到了八十年代，為了配合澳門回歸的發展，澳葡政府才加強對私校的支助，藉此提升教育水平，推動治澳人才培養。

　　二、葡萄牙管治澳門的合法性、權威性和權力基礎不充分，一九八七年《中葡聯合聲明》在北京簽署前，澳葡只想維持在澳門的管治地位，特別是澳門一二・三事件發生後，葡人對擁有澳門主權的宣示是相當「虛幻的」[43]，所以政府只著意在澳門的管治特權及生活模式，並沒有想到日後長遠發展。當澳門正式開始踏入過渡期在回歸前，澳門經濟自一九九三年起開始放緩，一九九六年出現負增長，面對經濟持續不景，而治安惡劣，犯罪率居高不下，澳葡政府沒有積極採取措施反而大肆揮霍，搞一連串紀念中葡友好的建築物，反映回歸前末日管治的心態，消極管理哲學。[44]

　　三、澳門原是一個漁港，是因為中外貿易的機遇才發展起來。葡船運來的貨物除少量銷於澳門市場外，絕大部份須轉銷廣州，並且在廣州購得絲綢、瓷器、金屬品等中國貨，然後啟航駛往日本。在里斯本至澳門、澳門至長崎、長崎至澳門、澳門至里斯本的整個貿易周期中，廣州至澳門貿易都是最重要的環節，中國貨物是最主要的貿易項目。澳門正是以中國市場為腹地、以廣州港為依托，成為貿易樞紐。整個明清時期，不論澳門對外貿易的地區結構和產品結構如何變化，澳門商人實際上都在做同樣的事

43　黃啟臣：《澳門通史》（廣州：廣東教育出版社，1999年），頁501。

44　何超明：《澳門經濟法的形成與發展》（廣州：廣東人民出版社，2004年），頁230-231。

情,即將中國產品運往海外市場,並將中國需要的外國產品運入中國市場。葡人經營澳門海上貿易,也帶動了私人海上貿易的興起。澳門葡人的海上貿易為中國提供了出海的機會和廣闊的市場。在這個貿易城市,需要的是貿易商業的人才,除了少部份人士,大家都沒有為這地區的長遠發展作計劃。到了一九五○至一九七○年,爆竹、火柴和神香為澳門三大傳統手工業,二十世紀七十年代至二十世紀八十年代以輕工業為主,二十世紀八十年代後以旅遊業和博彩業興起,一九九一年博彩稅在澳門政府財政收入比例百分之三十五,[45]成為澳門的重要經濟支柱。這些經濟結構對人才的學歷要求不高,政府亦不覺得有需要培養高學歷人才。

七 結語

澳門原是一個小漁港,明清時期發展成為一個國際貿易的港口,基本上,在澳門開埠後移居進來的居民,無論葡人或華人,除了政治因素外,主要都是以謀生為來澳的主要目的,並不一定作長遠居澳的打算,所以葡人與華人,對教育的看法都是以實用為尚,葡人更不會理會華人子弟的教育。鴉片戰爭後,香港開埠,使澳門正常貿易生意一沉不起,澳葡政府只好發展對教育水平要求不高的另類貿易與經濟。隨著居澳華人的增加,數量大幅多於葡人,而經濟又控制在華人手上,葡人雖考慮過為華人提供教育機會,並且增加對華人私立教育的監管,可是因為財力不足,加上葡萄牙國力衰弱,葡語未能成為對外貿易的有利工具,乏人問津,結果是葡人華人各自發展自己的教育系統。

---

45 黃啟臣:《澳門通史》(廣州:廣東教育出版社,1999年),頁602。

從經濟結構看回歸前澳門教育發展（1950-1980年代）

一　前言

　　教育發展與地方經濟情況息息相關，澳門回歸前的經濟結構，對人才培養具有決定性的影響。本文就是從這個角度來分析回歸前澳門教育的發展情況，通過對澳門教育的歷史回歸，為現時澳門的經濟情況下的教育發展，提供一些借鑑。

二　澳門經濟回顧

（一）經濟困難的五十年代

　　一九五〇年，韓戰爆發，未幾，聯合國實施禁運政策，美國對香港、澳門貿易實行貿易管制，對澳門經濟造成一定的影響。美國規定祇允許澳門爆竹在美國銷售，並規定銷售額為八十五萬美元，其餘商品一律不准進入美國市場。澳門傳統手工業如神香、火柴、臘鴨等失去了美國市場，而造成工廠倒閉，工人失業。火柴廠由五家減為一家，出口額由一九五〇年的549萬元銳減至一九五四年的92萬元。全澳的工廠也由一九四七年166家減至一九五七年的107家，產值祇有26,000萬元，工人14,000人。對外貿易總額亦由一九四九年的45,222萬元下降至一九五六年的14,150萬元，下降

360%多。[1]

到了五十年代後期，情況才開始改善。一九五七年，葡萄牙國內通過法例，允許澳門的產品免稅進入葡屬地區，對澳門開放了葡屬地區的市場，於是吸引一些工業廠家到澳門投資，新的紡織工業開始發展起來，澳門經濟發展轉為穩定。據統計，一九五八年出口的紡織品佔出口總額的19%，僅次於漁業和爆竹業，其後不斷增加。一九五六年紡織品出口值為524萬元，至一九六二年增至3,149萬元，六年之間增長五倍。建築業也獲得恢復，一九五九至一九六二年全澳建築樓宇177棟，面積達到23,600平方米，破歷史記錄。人口也由一九五六年的18萬增至一九六二年的27萬。中國大陸內地對澳門供貨額亦由一九五六年的3,460萬元，增至一九六二年的7,215萬元。一九六二年澳門對外貿易總額恢復至32,145萬元。

（二）經濟起伏式發展的六、七十年代

這時期澳門的經濟發展，主要由一九六二年澳門旅遊娛樂公司投得賭博專利權帶動。澳門旅遊娛樂公司的成立，促進了澳門旅遊博彩業的發展，從而帶動澳門交通和其他經濟的發展，使澳門經濟進入了一個快速增長的時期。

葡萄牙政府根據澳葡政府的建議，於一九六一年二月十三日頒佈第1826號法令，准許澳門以博彩業作為一種「特殊的娛樂」，並決定通過競投批出專營權，在澳門地區設立幸運博彩。

澳門旅遊娛樂有限公司成功奪得博彩專營權，專營者要繳納一種「特別博彩稅」。其他條件還有：在專營期間要保證建立及維持港澳之間的快速航船運輸；致力疏浚澳門航道及其他的港口發展計劃；提交每天的博彩總收入以供審查；負責支付工資給調派到專營公司的一些政府官員；繳納

1　《澳門經濟貿易統計匯編》（1956-1986年），南光（集團）有限公司業務研究部，1988年。

保證金以作為保證履行專營責任的一種形式；專營公司的會議備忘錄及合股公司的章程條款要經政府批准。特別博彩稅在任何情況下都不能少於專營公司總收入的百分之二十五。在合約期間，此稅率每年按總收入的增長情況而提高。每年的稅款要按月繳納。

這時期的賭業與以往的性質有很大不同，博彩業不單著眼在賭博，還要顧及澳門旅遊業的推廣及相關配套發展。專營公司規定與政府旅遊司合作並分擔費用來促進澳門旅遊業的發展，並由它負擔澳門旅遊諮詢處的日常開支，特別如設在香港、東京、倫敦、悉尼（雪梨）、三藩市（舊金山）、曼谷、新加坡及馬尼拉等地諮詢處的開支。另外，專營公司要在澳門組織和安排國際水平的展覽會及演出，以及葡萄牙文化交流。這樣一來，旅遊業也藉此迅速發展，一批世界水準的博彩娛樂場、酒店和餐飲場館先後建立，香港和澳門之間的海上和空中客運航班也開通了，使港澳交通狀況得到根本的改善，到澳門旅遊的外地旅客激增。一九六〇年來澳旅客僅七十萬人次，到一九六五年達到一二六萬人次，一九七二年突破二百萬，一九七九年突破三百萬。

澳門政府之所以推動並用法律保障博彩業的發展，主要原因是從賭博稅中可得到很多的經濟利益。澳門旅遊娛樂有限公司成為澳門政府財政的主要支持者。從博彩稅在澳門總稅收中所佔的比重和佔直接稅的比重中看出這一點。據統計，博彩稅佔澳門總稅收的比重是：一九七五年佔19.5%；一九七六年佔24%；一九七七年佔26.2%；一九七八年佔26.6%；一九七九年佔27.3%。[2] 博彩稅佔澳門直接稅的比重是：一九七五年佔44.9%；一九七六年佔48.8%；一九七七年佔51%；一九七八年佔47%；一九七九年佔46.9%。[3]

2　《港澳經濟》1985年，第10期

3　《港澳經濟》1987年，第3期。

　　旅遊博彩業的發展，使政府的財政狀況大為改善，也給澳門各行各業的發展帶來了前所未有的機會。與旅遊業有關的酒店、餐飲、零售、的士行業率先跟隨旅遊得到快速的增長，就業的擴大也間接拉動內部需求，使澳門的整體經濟出現了良性循環的勢頭。巨額的博彩專營稅收入，使澳門政府可降低對其他行業的稅收要求，並使澳門的各種稅率遠遠低於周邊的地區，給各行各業的發展創造了一個低稅的環境。

　　在這種情況下，從六十年代開始，香港的一些廠家便將部份的加工工序，甚至整個訂單轉移到澳門，澳門開始向以紡織製造業為主的多元化工業過渡。澳門毛紡織業便是從一九六四年開始投產的「澳門針織廠」帶動，以後頗具規模的毛針織廠相繼開設。一九六六至一九六七年毛針織廠達十家左右，年生產毛線衣五萬多打。一九六九年，紡織品出口佔總出口量值的71.6%；漁業反而降為9.2%，爆竹、神香、火柴傳統工業僅佔7.1%，其他產品佔12%。[4]外銷市場範圍從葡國、歐共體，擴展到北美。一九六六年澳門產品運銷歐洲市場貨值增至四○七○萬元，比一九六三年的2,280萬元，增加44%。

　　可是，澳門受到中國文化大革命影響，一九六六年爆發了「一二．三」事件，市面發生流血衝突，澳葡政府要實施戒嚴，出動軍隊鎮壓。事件最後獲得平息，但打擊了投資者的信心，造成澳門經濟不景氣，資金外流，市場蕭條，人口減少。一九六八年人口由原來的二十四萬減至二十萬，一九六七年來澳的旅客銳減至三十四萬人次，一九六八年建築樓房僅七千一百平方米，比一九六六年減少二倍多，一九六七年對外貿易總額僅為四一七六○萬元，比一九六六年減少百分之十二。

　　到了七十年代，澳門經濟才逐步上昇。在一九六九至一九七五年這六年中，人口增加，旅遊旺盛，外貿好轉。據統計，一九七○年的人口達到

4　彭琪瑞：《香港與澳門》頁261。引自黃啓臣，鄭煒明《澳門經濟四百年》第十三章第二節（澳門：澳門基金會，1994年），頁數缺。

二十五萬，一九七二年旅客增至二二八萬人次，一九七二年建成樓房一一八幢，面積達到三萬五千平方米。一九七五年對外貿易總額增至167,231萬元，比一九六九年的63,537萬元增加1.6倍。一九七一至一九八一年的十年間，澳門的經濟增長率平均每年達到16.7%，是世界經濟增長最快的地區之一。[5]

受外部經濟因素的刺激，港資、外資在澳門的投資增加，出口加工業得到高速擴展，形成了製衣、紡織、玩具生產為龍頭的勞動密集型的工業架構，並逐漸提高生產技術，提高產品檔次。一九七一年，澳門針織品打入了法國市場，年銷法國毛針織品六十二點五噸，價值二五二五萬元。以後又打入歐美市場而不斷發展，一九七七年毛針織廠增至數十家。一九七六年毛針織品輸出突破一億元大關，一九七九年增至一點九億元。一九七五年，香港寶法德玩具集團來澳投資設廠後，澳門的玩具業進入了新階段，成為繼製衣業和毛針織業之後的第三大出口工業。由於產品類多，質量高，因此具有很強的競爭力，出口銷路很好，出口值年年增加。一九七九年玩具出口值為一七九四萬元。

（三）澳門在八十年代的經濟騰飛

八十年代澳門工業進入全盛時期，博彩旅遊業和工業的發展帶動了澳門經濟的多元化。工業中的製衣業和針織業已形成一定規模，玩具、電子、人造花等工業也逐漸湧現。經過幾十年的發展，澳門取得了舉世公認的成就。

在七十年代後期，出口工業、旅遊博業和建築業已經成為澳門的三大經濟支柱。博彩稅佔澳門總稅收的比重繼續增加，在八十年代以後佔百分之五十以上。[6]不過，旅遊博彩業雖然在澳門政府財政收入中佔有重要的地

5　徐永勝：《澳門經濟概論》，澳門：澳門基金會，2000年。
6　《港澳經濟》1987年第3期。

位，但在整個澳門經濟中的地位卻呈現下降了。例如，一九八四年的七十
八億元的生產總值當中，出口工業佔第一位，旅遊業佔第二位，建築業佔
第三位。詳見一九八四年澳門經濟結構狀況表及澳門主要行業比例結構
（1981-1987）表。

一九八四年澳門經濟結構狀況表

行業	金額（澳門幣：億元）	比重%
出口工業	28.78	36.9
旅遊業	19.50	25.0
建築業	6.79	8.7
商業	6.24	8.0
銀行業	3.51	4.5
行政服務	2.42	3.1
能源	1.48	1.9
漁業	0.94	1.2
其他服務	8.34	10.7
合計	78.00	100.0

資料來源：黃漢強：《澳門經濟、政制與社會》，載《濠鏡》1986年第一期。

澳門主要行業比例結構（1981-1987）表

	1981	1982	1983	1984	1985	1987
建築地產業	15.6	7.7	7.1	7.3	7.8	5
出口加工業	28.1	32.9	35.4	35.9	34.9	29
旅遊業	21.9	24.7	23.4	23.6	23.4	26
金融業	5.0	5.0	5.0	5.0	5.2	6

資料來源：澳門政府統計暨普查司（轉引自《論澳門產業轉型》）及徐永勝：《澳門經
　　　　　濟概論》澳門基金會，2000年9月。

從就業人口來說，也可見出口製造業及旅遊博彩為主，輔以建築業、一般商業、金融及其他行業的經濟體系。據統計，一九八四年全澳門主要就業人口為十七至十八萬人，佔總人口的44%。其中從事製造者約80,000人，佔就業者的44%；建築業8,000人；旅遊博業95,000人；飲食業10,000人；運輸業7,000人；公務員8,000人；金融業2,500人；教師2,200人；醫生2,000人；漁民8,000人；小販10,000人；店員4,000人；文員5,000人；水客4,000人。[7]

按三個產業的經濟劃分法，則澳門經濟是以第三產業（包括：金融、商業、旅遊、運輸、通訊、水電、科技、教育等服務行業）為主，其次是第二產業（包括：製造業、採礦業和建築業），第一產業（包括：農、林、牧、副、漁業）則微乎其微。

一九八三年經濟統計表

項目	金額（澳門幣：億元）	比重%
第三產業	40.01	51.3
第二產業	37.05	47.4
第一產業	0.94	1.3
合計	78.00	100.0

資料來源：黃啟臣、鄭煒明：《澳門經濟四百年》第十二章第三節（澳門基金會出版，1994年），頁數缺。

到了一九九一年，澳門按就業結構來劃分，第三產業已達到56.7%；第二產業佔42.4%；第一產業僅佔0.62%。[8]

以出口工業而言，自七十年代以來，澳門工業已向多元化不斷發展了，而且速度也是相當高的。據統計，一九八三年工業總產值增長15%；

---

7 參閱黃漢強：〈澳門經濟、政制與社會〉，《濠鏡》1986年第1期。
8 楊允中：《澳門與現代經濟增長》（澳門：澳門經濟學會出版社，1992年），頁71。

一九八四年增長11.4%；一九八五年增長0.2%；一九八六年增長20.18%；一九八七年增長30.16%；一九九〇年增長3.37%。[9]

　　製衣業是當時澳門工業之首。無論是產值還是出口值，均居澳門製造業的第一位。其產品包括各種纖維的針織布、梭織布服裝、胸圍、頭巾、手帕、圍裙、枱布、床套、被褥等。在製衣業出口產品中，以牛仔褲及恤衫最受國外市場歡迎，其中長牛仔褲出口值佔製衣業出口值百分之十五至二十左右。毛針織業是澳門工業的第二根支柱。其工廠數量及出口貨值約佔澳門工業的第二位，舉足輕重。

　　澳門出口製造業的特點，一是產品百分之九十以上銷往海外；二是紡織品成衣佔出口的產品比重大，多年來保守百分之七十左右；三是外銷市場以歐洲及美國為主；四是產品以勞動密集為主。[10]

　　進入八十年代，澳門經濟獲得了全面的發展。全澳的加工製造業、旅遊業、房地產業、金融業空前發展，人口激增，一九八八年人口近五十萬。一九八〇年澳門共有各種工廠一三八四家，整個國民經濟高速度發展。據聯合國經濟合作與發展組織統計，一九七六至一九八一年，澳門的生產總值平均年增長率為百分之十六點七，是當時世界經濟增長率最高的地區之一。一九八四年，澳門的國民生產總值（GNP）達到七十八億元，相當於十億美元；一九八三至一九八四年澳門的按人口平均國民生產總值（GNP）為二八〇〇美元，在全世界一八〇個國家和地區中排列第五十二位，在東南亞排第五位，僅次於文萊、新加坡、香港和臺灣。一九八六年人均國民生產總值上升至三八六〇美元，一九九〇年人均國民生產總值達到六三〇〇美元，一九九一年突破萬元大關，達到一一七〇〇美元。一九

9　黃啓臣、鄭煒明：《澳門經濟四百年》第十三章第一節（澳門：澳門基金會，1994年），頁數缺。

10　鄧開頌、謝后和：《澳門歷史與社會發展》（珠海：珠海出版社，1999年），頁198。

九二年又增至一一三〇〇美元，居世界第十四位。[11]可以說是澳門經濟騰飛的年代。

不同時期澳門生產總值的增長率%表

年期	實際增長率
1983-1992	7.73
1993-1995	4.45
1996-1998	−1.55
1983-1995	6.97
1983-1998	5.31

根據澳門統計暨普查司《本地生產總值估計1982-1998》計算。

（四）澳門在九十年代的經濟下降

到九十年，基本形成了旅遊博彩業為主導，旅遊博彩業、出口加工業、金融保險業、建築地產業四大經濟支柱齊頭並進的經濟格局。博彩業稅仍然是澳門政府主要稅收來源。

一九八八至一九九七年博彩稅與財政收入的對比關係（單位：百萬澳門元）

年份	財政收入	博彩專營稅收入	博彩專營稅收入佔財政收入%
1988	2941.35	945	32
1989	3866.15	1432	37
1990	5997.82	1936	32
1991	7661.73	2533	33
1992	10699.82	3427	32

---

11 《廣州日報》，1992年12月6日。

年份	財政收入	博彩專營稅收入	博彩專營稅收入佔財政收入%
1993	12202..36	4223	35
1994	12811.23	4619	36
1995	16172.48	5341	33
1996	14711.26	5035	34
1997	15000.60	6124	40.83

郭小東：《澳門財政研究》（廣州：廣東經濟出版社，2002年），頁183。

　　但一九九三年之後，澳門經濟增長開始放緩，本地生產總值的增長率逐年回落，一九九六年、一九九七年分別出現0.5%和0.1%的負增長，一九九八年，經濟衰退的幅度擴大至負百分之四。一九九九年的經濟形勢也未見樂觀。澳門經濟衰退的原因，大概有下列幾種說法：（1）香港回歸所造成的不穩定性；（2）亞太金融風暴；（3）中國大陸的宏觀調控；（4）澳門治安惡化。這四項說法都有一定的理據，但是觀點不夠全面。

　　從經濟角度出發，比較全面的分析卻是第（5）點，澳門經濟陷於低潮的根源是推動經濟增長的力量下降。

　　第一個下降的力量來自出口加工業。出口加工業喪失了優惠，依賴配額和普惠制的出口加工業的發展模式已經受到挑戰。一九九六年澳門與最大的出口輸出國美國就紡織品及成衣出口問題發生貿易糾紛，部份毛針織類產品被削減配額。一九九八年，美國海關澳門輸美的成衣，採取了新的限制做法，並實施新的產地來源證規例。一九九九年美國海關又對提出了連串措施，包括對十個類別的產品的產地來源嚴加甄別等。玩具出口也因輸入國轉移加工基地或實行零關稅失去關稅優惠而下跌。

　　第二個下降力量來自旅遊博彩業。這行業的高速增長潛力也發揮到極限，繼續保持前幾年的增長勢頭已不可能，作為澳門經濟支柱的博彩業繼續快速增長的空間收窄。從來澳旅客數量與博彩業收益的關係看，開始出

現博彩業收益與旅客數量增長背道而馳的情況。一九九六年來澳旅客數量達八一五萬人次，比一九九五年增加5.1%，但博彩業收益不僅沒有增加，反而下降9%。一九九七年由於亞洲金融風暴，入境旅客比一九九六年急降14.12%，僅為七百萬人次。[12]從周邊地區博彩業發展的態勢看，澳門賭業在亞太地區一支獨秀的局面已不可能再現，亞太地區的南韓、馬來西亞、菲律賓、澳大利亞等地已經開設賭場，臺灣及東南亞其他地區要求開設賭場的呼聲越來越高，澳門博彩業面臨的競爭會越來越大。一九九八年博彩業收益下降19%。[13]從社會效果看，博彩業雖然已成為澳門經濟中不可或缺的重要組成部份，但也成了澳門眾多社會矛盾和衝突的焦點，如果博彩業不變革，不僅其自身的發展機會受抑，而且可能成為澳門經濟進一步發展的障礙。

第三個下降力量來自人口和外來投資。當時外來投資的增長也出現了一些限制。從人口看，雖然澳門的人均本地生產總值較高，但總體經濟實力和經濟規模仍很小，澳門經濟當時的規模對於人口的承載力也極為有限，增加人口的可能性不大。從投資環境看，澳門的比較利益優勢已日漸減少，外資投資澳門的動力下降。這些情況表明，澳門經濟增長的動力在衰退，如一九九三年開始的增長放緩，一九九六年、一九九七年、一九九九年連續三年的負增長，並不是偶然因素造成。

有些學者則指出，其實澳門的經濟衰退早在亞洲金融危機前就已經出現，本澳經濟衰退的的主因源於宏觀經濟結構的轉變，中國大陸的宏觀調控、澳門治安不靖只是引發衰退的導火線，亞洲金融風暴使依賴外部因素的澳門經濟受到嚴重打擊，其結果是使澳門衰退持續化、擴大化。[14]

---

12 郭小東：《澳門財政研究》（廣州：廣東經濟出版社，2002年），頁114。

13 郭小東：《澳門財政研究》（廣州：廣東經濟出版社，2002年），頁114。

14 徐永勝：《澳門經濟概論》，澳門：澳門基金會，2000年。

三 澳門經濟發展對教育的影響

(一)政府加大對教育的投資

從一九七八至一九八六年間,澳葡政府開始執行《澳門組織章程》,建立行政、經濟、財政、立法及司法等重要法規制度。在教育方面,澳葡政府逐步把私立學校納入正軌管理,例如成立私立學校輔導處,以津貼方式資助私校的營運及師生,並與民間黨團體合作,盡量提高教師的專業水平及生活待遇等。澳葡政府正式著重澳門的華人教育,時間可以由一九七七年十月二十二號,《第11／77M號法律——給予不牟利教育事業以適當扶助》正式出臺說起,提出:(1)可豁免不牟利學校的各種稅款,(2)對不牟利學校給予補助金及對學生給予助學金的相應原則。並在次年二月二十八日對這一原則具體化,規定根據各學校收取的學費比例,並向小學每班發放津貼一千至一千五百澳門元,中學每班二千至三千澳門元。儘管這些規定與同時期政府對官校資源的投入相比只屬九牛一毛,但這種資助方式的開展,在某程度上還是能反映澳門私立學校與政府的關係開始出現轉折。這種政策上的改變,除了中葡建交的政治因素外,澳門的經濟表現,如一九七六至一九八一年,澳門的生產總值平均年增長率為百分之十六點七,成為當時世界經濟增長率最高的地區之一,這也是促使政府有條件進行扶助不牟利學校的因素。

澳門歷年公共支出和教育經費(MOP 千元計)

年度	公共總支出	教育經費	佔百分比
1985	2400871	84675	3.52%
1986	2182214	100159	4.59%
1987	2390771	131909	5.52%
1988	2827016	174445	6.175

年度	公共總支出	教育經費	佔百分比
1989	3448780	221862	6.43%
1990	6489908	355690	6.48%

資料來源：澳門統計暨普查司「統計月刊」。

從表中數字來看，政府在教育方面的開支是按年增加。不過，在開支上，教育團體批評政府在教育資源的分配是極不合理的，教育當局的行政費、學生活動費以及官校的經費已佔了教育經費的百分之九十了，而佔全澳學生人數十分之九的不牟利私校學生，只得十分之一的教育經費，實在極不公平。

在經濟增長和教育需求的情況下，人們對高等教育的要求增加，一九八一年私立的東亞大學在澳門成立，澳門政府在一九八七年通過澳門基金會以三億一千萬收購東亞大學，並於一九九一年改名澳門大學。[15]澳門大學設有六個學院共二十三個學士學位課程，學科涵蓋人文社會、工商管理、科技、教育及語言和法學領域，其中以工商管理學院和科技學院發展最快，兩所學院在1991-1992學年至1996-1997學年，五年內學生規模擴大一倍，開展了本地高等教育新的一頁。[16]

（二）學校規模擴張

自七十年代開始，澳門經濟快速發展，使一般家庭經濟條件改善，讓子女接受教育的機會增加。雖然澳門人口，經過六十年代的增長後，到了七十年代，出生率下降。如一九六〇年澳門出生人口5,330人，到一九七五

---

15 施白蒂著，思磊譯：《澳門編年史》（1950-1988）（澳門：澳門基金會，1999年），頁132、181。

16 馮增俊主編：《澳門教育概論》（廣州：廣東教育出版社，1999年），頁209。

年只有2,583人。[17]全澳學生人數由一九六九年的59,438人，降至一九七七年的33,935人，八年間減少43%。[18]

　　不過，到了一九七九年，情況有所變化。澳門的經濟發展及社會環境對移民具有一定的吸引力，而中國的改革開放政策使大量居民移入，學生激增，學位需求大，使八十年代中，不少學校的班級人數升至六、七十人，學校規模擴張。以澳門濠江中學為例，校長杜嵐說出當時情況：「以我校中、小、幼三部為例，學生的增長數字分別約為每年中學一百八十人左右、小學約二百人、幼稚園約三百人，總人數由二千多人增至現在的四千四百多人，為了滿足需求，我們一方面請求政府支助，另方面依靠校董、家長和校友們大力支持以及社會賢達、熱心人士的支持；不斷擴建校舍、增加學位，但仍未能滿足實際需要，論中、小、幼新生均只能取錄部份。」[19]

一九五〇至一九八〇年澳門學生人數

年份	學生數（人）	全澳人口（人）
1950	17,596	187,772
1960	43,127	169,299
1970	57,648	248,636
1980	44,917	268,300

資料來源：劉羨冰編著：《澳門教育史》（2002年版），頁243。

　　一九九一年五月，澳葡政府又再表示關注學額不足問題，研究讓私立

---

17 鄭天祥、黃就順、張桂霞、鄧漢增：《澳門人口》（澳門：澳門基金會，1994年），頁45表5-1。

18 劉羨冰編著：《澳門教育史》（北京：人民教育出版社，2002年），頁23。

19 杜嵐：《澳門教育改革問題的淺見》黃潔琳編：《六十春秋苦耕耘——澳門濠江中學杜嵐校長專集》（澳門：出版社缺，1995年），頁110-111。

學校多擴展地方，並鼓勵團體辦學，以容納更多學童。為了配合校舍的興建，澳葡政府按年向私立學校發放津貼，以增添教學設施和維護校舍運作，一九九八年向私立學校發放的教學設備和校舍建設津貼（包括擴校津貼）約為五千萬元。

為了達到擴校增加學額的目標，澳葡政府在一九九三年正式宣佈有系統地批地，讓私人辦學團體建校。預計一九九三至一九九五年為第一期，建校十六所，一九九六至一九九八年為第二期，建校十所。就整體工程進度而言來說，除了第一期批地建校有所延誤，至一九九六年初纔完成最後一所校舍的開幕禮外，其餘的二十六所新校均能按計劃依期完成，共增加了一萬八千個學位。

（三）免費教育的推行

根據一九八九年的統計，澳門就業人口普遍存在學歷偏低的情況（見下表），初中以下教育水平的勞動人口佔就業人數43.5%，如果把初中程度也算在內，就共佔66.3%。一九九一年推行的教育法規，就是針對這種情況，希望藉此提高澳門人口的教育素質，配合社會經濟發展，也為回歸培養高素質的人才。

統計普查司一九八九年就業調查

學歷	人數 （勞動人口231,399人）	佔就業總人數的百份比（%） （就業人口222,800人）
未入學／基本教育完成前	44,166	19.8
基本教育完成	52,856	23.7
初中	50,781	22.8
高中	62,778	28.2
專業／高等教育	12,257	5.5

資料來源：《澳門日報》1990年5月26日

　　因為八十年代經濟快速增長，使澳葡政府有條件實行免費教育。一九九一年八月二十九日正式頒佈的第11／91／M號法律《澳門教育制度》開始。第一次明確提出澳門「應該」推行十年免費普及教育，又處理了各教育參與主體（包括政府、辦學實體、學校、教師、學生、家長等）的關係、促進學校及整個教育系統的發展、規範教育行政的運作、保障教育資源的投入和教育民主的實現。

　　雖然條文內沒有訂定免費教育的日程，不過，教育界祈望政府可以在1992-1993學年開始實施。可是，政府不久就表示未能在1992-1993學年推行免費教育，主要是上屆政府濫用公帑，因缺乏經費被迫暫時擱置，在財政預算案內，教育經費較部門原來提出的計劃削減九千七百萬，只可維持對學生津貼不變，沒經費開展免費教育。[20]到了一九九三年教委會負責免費教育工作小組才擬定具體的四個方案，建議依法先推行七年免費教育，（即幼高至小學六年），下步是十年（至初三）。小組並計算教育成本，以預計推實施免費教育的經費，大概官校小學生每位教育成本超過一萬元，私校平均每位三千元。到了一九九五年一月，政府正式公佈將在1995-1996年度實施免費教育，並提出具體措施，又確定開始逐步實行十年普及免費教育。第一階段幼稚園小學預備班至小學六年共七年，不採用政府買位和學券方式。具體方式是各校願意接受納入免費教育網絡，將向政府提申報計劃，簽協議書，政府按該校學生人數來資助免費金額，受資助的學校不能收學生學費。資助金額以澳門各學校某年級的學費平均數值來定。[21]

　　一九九五年六月，政府公佈第29／95／M號法令《逐步推行普及免費教育的法規》，列出七條，分別是適用範圍、受益人、津貼之給予、私立教育機構之義務、行政當局之義務、與其他津貼之不相容性、最後及過渡

20　〈原明年實施小學費教育因缺乏經費被迫暫時擱置〉，《澳門日報》（澳門），1991年11月28日及〈明年不能推行義務教育〉，《華僑報》（澳門），1991年11月28日。

21　〈免費教育方案已遞教委會徵詢意見〉，《華僑報》（澳門），1995年1月26日。

規定。規定於1995-1996學年第一階段幼稚園小學預備班至小學六年共七年實施。首四十五名學生，每位津貼四千八百元其後遞減，第六十六名不予津貼。學校可收雜費，但總金額不超過津貼總金額百分之二十。[22]這方法公佈出來，教育界表示歡迎。

（四）推動職業技術教育

澳門職業技術教育最早可說一九〇六年天主教慈幼會在澳門創辦的「聖母無原罪工藝學校」，開設縫紉、木工、革履、印刷、裝訂等科。發展至六十年代，成為慈幼中學，把舊式學科淘汰，增加了新式學科如電機、機械，成為一間具規模的工業中學。

隨著七十及八十年代澳門經濟繁榮，出口工業興盛，不單對工業技術人才，甚至對商業人才的需求亦相繼增加。早在一九四七年，澳門商會就創立了商訓夜中學，培養一批中等財務會計方面的人才。到七十年代，澳門一些中學在高中課程內安排了商程，如打字、會計、商業英語等。而一些以專門職業課程為主的中學，亦應社會發展需要建立起來。如一九八六年的三育書院，主要開設英語、電腦等實用科目，培養職業技術人才。一九八五年雷鳴道學校成立，開設機械和商科職業先修班的課程。工會聯合會創辦的澳門工聯職業技術中學和中葡職業中學也在此時期先後創辦，一定程度滿足工商業對技術人才的需求。

整體而言，澳門中學技術教育在八十至九十年代，發展呈上升趨勢。如1988-1989至1992-1993學年，慈幼中學學生數由546人增加至672人，增長23%；同期商訓夜中學由351人增加至462人，增長了三成多。[23]職業技術學校中開設的實用科大多是商業、秘書、打字、電腦、會計、經濟及金融等商業技術類課程。從中葡職業技術學校課程來看，可知澳門正規職業

---

22 〈逐步普及免費教育即將推行〉，《華澳報》（澳門），1995年6月28日。
23 馮增俊主編：《澳門教育概論》（廣州：廣東教育出版社，1999年），頁265。

學校很注意普通文化基礎教育，該校高中日間班分電腦和旅遊兩個專業課程，與初中相同，都是由社會文化、專業技術與實踐和專業實習三部份，高中總課時為3600個課時，普通教育的內容就佔1440個課時，而專業技術與實踐才佔1240個課時。（見下表）

中葡職業技術學校課程（1998-1999）

	初中課程		高中電腦資訊專業課程		高中旅遊專業課程	
培訓領域	培訓內容	課時	培訓內容	課時	培訓內容	課時
社會文化	中國語言及文化	480	中國語言及文化	400	中國語言及文化	400
	葡萄牙語言及文化	360	葡萄牙語言及文化	240	葡萄牙語言及文化	240
	個人及社會發展	120	個人及社會發展	80	個人及社會發展	80
	數學	360	數學	320	數學	240
	社會人文科學	240	自然科學	240	社會科學	320
	體育	240	體育	160	體育	160
專業技術與實踐	外語	240	專業外語	240	旅遊英語	240
	電腦及資訊概念	160	邏輯入門及組織方法	80	酒店業概論	80
	自然科學	240	資訊管理系統	80	電腦概論	80
	家政	160	電腦資訊概念及軟件應用	200	接待、房務、餐廳與烹飪實務	240
	工藝／商業	400	程式語言設計	240	旅遊業概論	80
			資料結構	80	溝通技巧與公共關係	80
			網絡系統	120	境內旅遊	80
			電腦結構及基本維修	120	境外旅遊	80

		初中課程	高中電腦資訊專業課程		高中旅遊專業課程
			自動控制系統	80	
專業實習		600		920	1200
總計		3600		3600	3600

資料來源：馮增俊主編《澳門教育概論》（廣州：廣東教育出版社，1999年），頁267-269。

　　進入九十年代，澳門社會經濟進入結構轉型，技術升級的時期，開展高等職業技術成為重要的教育議題之一。澳葡政府在經濟條件日漸成熟下，開始注重投資高等職業教育。一九九二年，澳門大學理工學院正式脫離澳門大學，成為獨立的理工學院，主力開展職業技術教育。從1990-1991學年到1996-1997學年，七年間學生增長七倍以上。而澳門大學科技學院也由1991-1992學年的178人，增至1996-1997學年度363人，六年間增長兩倍。為了配合社會經濟發展，澳門理工學院在1990-1991學年開設的主要課程有酒店管理、旅遊類管理、電腦學管理和社工課程等四類，其後又增加了商貿管理、翻譯、平面設計、統計組織、運動課程、行政秘書和公共關係課程。[24]

（五）教學語言

　　澳門的經濟結構以工業出口及旅遊博彩業為主，而就業人數，也以這兩個行業最多。一九八四年全澳門主要就業人口為十七至十八萬人，佔總人口的百分之四十四。其中從事製造者約八萬人，佔就業者的百分之四十四；旅遊博彩業九萬五千人，佔百分之五十二，所以，這兩個行業需要的語言，與學生就業的關係非常密切，這就影響了教學語言運用。

　　澳門的出口加工業很多來自香港廠家，製衣廠和紡織廠有百分之七十為香港人所有。而產品出口主要是歐美地區，所以工作上大部份是運用中

24　馮增俊主編：《澳門教育概論》（廣州：廣東教育出版社，1999年），頁271-273。

文和英文。至於旅遊博彩業方面，在中國改革開放，經濟發展之前，澳門
的旅遊以香港人為主。根據澳門政府統計，一九九〇年由香港來澳門的遊
客總數為5,942,210人次，其中香港居民佔4,803,745人次，即佔總人數百分
之八十，形成來澳遊客結構的一個特點。而中國方面自一九八四年開始放
寬內地居民探親旅遊的限制，到一九九一年內地遊客達十六萬人次之多。[25]
從旅遊的來源結構看來，中文和英文的使用，已足可以應付工作需要。所
以，澳門大多數的學校，都是以中文和英文為教學語言。（見下表）

一九八八至一九八九年澳門初級中學科目、時數及學生選讀分佈

選讀學生的百分率	中學一年級		中學二年級		中學三年級	
	科目	每年上課時間中位數	科目	每年上課時間中位數	科目	每年上課時間中位數
100%	英文 中文 數學	210 163 163	英文 中文 數學	210 163 163	英文 數學中文 物理 歷史	210 184 163 70 47
90%-99%	歷史 科學 體育 地理 音樂	47 70 47 47 23	歷史 體育 地理 物理 化學	47 47 47 47 47	化學 體育	70 47
75%-89%	美勞	23			地理	47
50%-74%			音樂 美勞 生物	23 23 47	生物	47

25 曾澤瑤：《淺淡澳門與鄰近地區旅遊業的關係》，劉本立主編：《澳門經濟研究文選（1990-2010）》（澳門：澳門經濟學會，2010年），頁325、326。

選讀學生的百分率	中學一年級		中學二年級		中學三年級	
	科目	每年上課時間中位數	科目	每年上課時間中位數	科目	每年上課時間中位數
50%-74%	葡文 宗教 電腦 化學	47 47 23 47	 美勞 生物	 23 47	美勞 宗教 音樂 衛生	23 26 23 47

　　過渡期間，澳葡政府曾意圖推行葡語，希望在退出澳門管治前留下其文化勢力，增強葡國日後在澳門的影響力。一九八八年二月，前教育司副司長施綺蓮向記者表示：「當局計劃統一目前澳門中小學的學制……除年制外，亦會統一課程內容……一定是以中葡兩種語言為主，澳督亦多次強調推廣葡語。」而接見教育團體負責人時，亦徵詢可否在小學推廣葡語。[26] 這種言論受到澳門中華教育會和澳門天主教聯會的大力反對，認為佔學生百分之八十的中文學校，其課程負擔已很重，不宜強行增設葡語科，何況教育界和家長也沒有統一學制和運用葡語教學的要求。澳葡政府在推行葡語教學上遇到阻力，便轉而提出學習第二語言的概念，主張小學生「掌握所選擇之教學語言之閱讀與書寫能力後，可以開始學習一種第二語言」。[27] 雖然澳葡政府並沒有言明此第二語言是葡語，但教育界從其之前提出的主張判斷，所謂學習第二語言是推動葡語教學，因此群起反對，其理據主要有：一、澳門的教育政策向來讓學校教學自主，不宜隨意更改，對教學語言所出規限；二、學校原來的課程已重，如加上葡語教學，會使學生負擔更重，恐怕接受不了，而且課程時間不足，學習效果難以保證；三、以學習第二外語來看，英語較葡語更有國際地位，更具經濟效益，如要學習第二語言，不應強制以葡語作為第二語言學習對象。

26　〈中華教育會發表三年來關於教育問題爭議回顧〉，《大眾報》（澳門）1990年12月6日。
27　第11／91／M號法律《澳門教育制度》，第8條2B。

（六）品德教育

澳門由於經濟起飛帶動居民生活水平提高，價值觀亦隨之起了變化，新的道德觀未完全建立。特別是旅遊博彩業經濟特出，各式娛樂場所因應而生，青少年出於好奇，很容易受到吸引，墮入陷阱，使行為出現偏差，甚至走上犯罪的道路。一九九四年，在囚禁的三百名犯人中，年齡在十五至二十五歲的囚犯佔總數一半，一九九七比一九九六年增加二點三五倍。一九九八年涉及青少年參與的重大案件就有二十九多件。[28]

澳門學生十大偏差行為一覽表

小學	%	初中	%	高中	%	整體	%
粗言穢語	61.7	粗言穢語	68.0	作弊	64.7	粗言穢語	64.8
高空擲物	47.1	高空擲物	55.0	粗言穢語	60.9	高空擲物	54.3
隨地吐痰	38.2	看暴力電影	51.8	看暴力電影	60.8	作弊	50.3
與父母爭吵	34.1	作弊	44.6	與父母爭吵	48.6	與父母爭吵	42.4
調戲路人	31.4	與父母爭吵	41.7	高空擲物	46.8	看暴力電影	40.0
塗污公物	28.0	飲酒	33.0	午夜遊蕩	46.2	飲酒	35.7
流連遊戲機店	27.8	調戲路人	32.0	飲酒	42.0	午夜遊蕩	33.9
作弊	24.7	午夜遊蕩	30.6	看色情電影	35.4	調戲路人	30.2
飲酒	23.3	塗污公物	30.0	流連遊戲機店	29.8	流連遊戲機店	27.7
家中偷竊	23.3	流連遊戲機店	28.8	看色情刊物	28.9	隨地吐痰	27.0

資料來源：馮增俊主編《澳門教育概論》（廣州：廣東教育出版社，1999年），頁379。

---

28 馮增俊主編：《澳門教育概論》（廣州：廣東教育出版社，1999年），頁380。

教育界針對這種情況，除了加強學校道德教育，推動合適的道德公民教育課程外，還主張（1）增加學額，推行免費教育，減少青少年失學；（2）提高師資教育水平，加強教師職責，提升待遇來吸引人才投身教育；（3）進行教育改革，包括通過教材設計，提升學生對國家及澳門的歸屬感，改變教學方法技巧，增加學生學習的興趣；（4）增加課外活動，為學生在餘暇時間提供正當的活動，減少染上不良習慣的機會；（5）加強學校輔導及家校合作，以提前發現學生行為問題，並早日找出解決方法。[29]

（七）教師流失

澳門學校以私立為主，學校規模及財力十分參差，教師待遇各校不同，不過整體偏低。當八十年代社會經濟起飛，一些教師轉向工資較高的私校或公立學校外，也會投向其他行業，以改善生活。據當時教青司私立教師輔助處統計，一九八九年有近二百名教師流失。此前四年新入行教師有一千一百多人；一九八五年私立教師有一千八百多人，一九八九年增加至二千一百多人。[30]

澳門中華教育學會於一九九○年向各校發出的一項問卷調查，在調查統計的入職教師三七五人之中，至今仍在原校擔任教席的，有二○二人，佔百分之五十四，已先後離職的一七三人，達百分之四十六，差不多各佔一半，仍在原校任教的二○二人之中，入校時年齡在四十一歲以上的，佔了百分之六十三；而小於二十五歲入職的二十九人中，有二十二人已流失；二十六歲至二十歲的四十四人之中，也有二十七人離去。兩年輕組合計，即入校年齡在三十歲以下的，流失率高達百分之六十七，超過了三分之二。因而可以推論說：澳門私立中學教師的流失層，主要是青年教師層。從數字中顯示，中、老年教師隊伍近三分之二是穩定的，而剛好相反，青年教師隊伍卻流失了近三分之二對離職的一七三人，問卷調查結果：

---

29 馮增俊主編：《澳門教育概論》（廣州：廣東教育出版社，1999年），頁396-398。
30 〈去年近二百名教師流失具高等學歷流失量最大〉，《大眾報》（澳門），1990年8月23日。

（1）轉私校的六十九人，即在澳門二十五所私校之間流動，佔離職的一七三人中的百分之四十。在澳門二十五所私立中學之中，薪金各異，差距甚至高達一倍，福利也各不相同，此外，工作環境、人際關係、專業等物質待遇和精神待遇，也會成為教師轉校的原因，還有少部份可能是校方解聘的。

（2）轉官校的十六人，比率為百分之九，其中年齡在三十歲以下的共九人，佔百分之五十六。薪金待遇與私校比，官中薪金是私校的倍多至三倍，不能不承認其對青年教師吸引力的存在。已知有個別中學師資轉官小或待遇高的私校當小學教師。

（3）轉官職的五人；

（4）轉行的二十四人；

（5）繼續深造的四人；

（6）去向不明的，作「其他類」共五十五人。由於澳門地區小，如屬轉校的，大多可以了解，這五十五人（佔32%）屬二至五項的可能性較大一點。

早在一九八四年，澳葡政府便向教師發放直接津貼，但教師仍然流失，教育工作者協會認為，按學歷訂定教師職程和最低薪酬，方可解決師資流失的問題，而當時的教師津貼中學每人每月為五百元，任教滿五年、十年，附加五十元、一百元（見下表）。一九七八年，澳葡政府開始津貼不牟利私立學校，1993／1994年度預計發放教師津貼三九五〇萬。澳葡政府把津貼分為直接津貼及年資津貼二部份。[31]一九九五年，教委會小組討論《教師章程》文本，就教師入職資格及基本起薪點達成共識。最低薪酬

31　〈教育司發放教師津貼撥款本年度較上年度增二百萬〉，《澳門日報》（澳門），1994年3月20日。

為五千六百元，幼師及小學教師必須接受兩年以上的職業培訓課程，中學教師必須有大專以上或相等學歷。澳門每名教師津貼，由每月七百至一千八百元不等[32]，教師待遇日漸提高（見下表）。

1985／1986 教師津貼

1985／1986年度	中學教師（具師範學歷）	中學教師（不具師範學歷）	小學教師（具師範學歷）	小學教師（不具師範學歷）
每月津貼（元）	600	500	500	400

注：教學十年或以上年資獎金每月50元，教學二十年或以上年資獎金每月100元。

1999／2000 年教師津貼

1999／2000年度	中學教師（具高等及師範學歷）	中學教師（具高等學歷）沒有師範	中學教師（不具高等學歷）	小學教師（具學前及小學師範學歷）	小學教師（不具師範學歷）
每月津貼（元）	1,980	1,584	990	1,320	792

注：教學五至九年年資獎金每月70元，教學十至十四年年資獎金每月140元，教學十五至十九年年資獎金每月210元，教學二十至二十四年年資獎金每月280元，教學二十五年或以上年資獎金每月420元。

一九九〇年代開始，由於教師待遇的提高，培訓人員的數量增加，教師隊伍顯得較為穩定。在收入方面，私立學校教師的薪酬在內有理想的升幅，教學人員還可免繳職業稅。總括而言，澳葡政府對教育人力資源的關注和資源投放增多，一方面加強了教師培訓，專業教育隊伍日益強大，師

---

32 〈教師章程建議文本〉，《星報》（澳門）1995年3月28；〈保障教師權益及義務〉，《華澳日報》（澳門），1995年3月28；〈發放逾四千二萬元受惠教師二千七百〉，《華僑報》（澳門），1995年8月21。

範教育渠道多元化;[33]另一方面是教師待遇提升,增加了每月津貼,澳門教育專業化隊伍的建立和發展,便是由這個時期開始。

四 結語

　　教育發展與地方經濟有密切的關係,澳門近現代經濟發展過程中,以旅遊博彩業及工業為主要推動力。當年,旅遊博彩業主要以賭博為主,對象是香港旅客,一般對高素質的服務人才需求不大。而澳門出口製造業產品的特點是以勞動密集為主,對高素質技術的本地人才也需求不大。一九七六年以來,澳門人口增至近五十萬,淨增十萬。這十萬淨增的勞動力,多是中國內地移民的青壯年。為澳門提供了充足而廉價的勞動力,形成了低工資的優勢。九十年代,澳門每小時的勞工價格為0.64美元,比香港的1.40美元低二分之一多,比南韓、臺灣也低。它使得澳門的產品成本相對減低,從而增強了在國際市場上的競爭能力,使其產品易於傾銷。[34]

　　隨著經濟發展,高學歷的職位日多,為了迎接高質素的旅客及跨國公司進駐,本地具有高學歷的專業人員需求日增。因此,政府必須大力加強開展本地高等教育,積極培訓人才。到今天,澳門發展有長足進步,就以旅遊博彩業來說,賭權開放使這行業走向國際化,人才素質的需求亦日漸提高,澳門的教育亦隨著經濟需求而日漸加強,面向世界。

33　馮增俊主編:《澳門教育概論》(廣州:廣東教育出版社,1999年),頁247。

34　鄧開頌、謝后和:《澳門歷史與社會發展》(珠海:珠海出版社,1999年),頁198。

參

歷史教學篇

澳門歷史教育的回顧與近況

一　前言

　　澳門在特殊的時空下，形成一種中西共處和滲透，殊路同歸的文化交融現象。就教育而言，亦造成一種具有澳門特色的教育情況。一些澳門的教育界學者，把澳門的教育特色歸納為六項：包括一、強烈的民族性和有限度的融合，二、拼盤式多元性和靈活性的適應性，三、民間的主動性和社群福利性，四、個別的超前性和普遍的滯後性，五、條件的差異性和良性的競爭性，六、較多的自主性和較少的規範性。[1]這是因為澳門曾經有一段頗長的時間受到葡萄牙人管治，而葡人並沒有對澳門的教育施行嚴格控制所致。葡人與華人的教育，是兩個各自發展的不同系統。早在十六世紀中業，澳門已開始出現西式教育，不過，澳葡的教育政策，重點是推動葡文教育或葡制學校。在一九七五年之前，對華人的教育，基本上採取放任政策。[2]

　　一九七四年，葡國發生政變，走上民主國家的道路。一九七六年公佈葡萄牙共和國憲法，不再認為澳門是葡國領土，同年頒佈《澳門組織章程》規定，確認澳門是由葡國管理的中國領土，領土主權屬於中國。一九七九年，中國和葡國發表建交公佈，正式建立外交關係，澳門的政治開始較大的轉變，而澳門教育亦跟隨發生變化，進入現代化的階段。

　　中國在這時期的政治轉變，也改變了澳門教育界對中國教育的看法。

1　劉羨冰編著：《澳門教育史》（北京：人民教育出版社，2000年），頁29。
2　馮增俊主編：《澳門教育概論》（廣州：廣東教育出版社，1999年），頁74。

自從一九七八年中國提出四個現代化的口號，推行改革開放政策，新建高校接近二百所，並且擴大對外招生。隨著中國改革開放取得成功，人們對中國的發展的信心日增。

歷史教育的發展，在一九八七年之後使人感到樂觀。因為該年三月《中華人民共和國和葡萄牙共和國政府關於澳門問題的聯合聲明》的草簽儀式在北京舉行。次年，《中葡聯合聲明》宣佈正式生效。由此至一九九九年十二月十九日，是澳門回歸中國的過渡期。其後在一九八九年十二月十日澳總督頒佈的11／89／M號法令，在一九九一年十二月三十一日葡國外交部頒佈的455／91號法令，明確強調中文在澳門官方的地位。在中文地位提升的過程中，以中文為主要教學語言的學校，特別是與中國關係密切的學校，發展相對有利，中文與歷史的學科聯繫緊密，間接為歷史教育營造出較佳的環境。

為了迎合時代的變化，很多地區都進行政策革新，教育改革成為不可或缺的一環。新的課程內容，成為教育界所關注的課題。澳門也有這種情況出現，早在一九八九年教育改革技術委員會成立，教育改革便隨即展開，一九九一年八月，由澳門總督頒佈的澳門教育制度法（第11／91／m號法律），訂定《澳門教育制度總綱》，澳門教育制度的基本原則，共十章，五十六條。這標誌著澳門教育的一大轉變，政府由放任、不理會轉為加強對學校的規範與支援。

跟隨而來的是一系列補充法例，有關課程方面的，例如：政府在一九九四年七月十八日頒行〈幼兒教育、小學教育預備班、小學教育課程組織〉（第38／94／m號法令）和〈初中教育課程組織〉（第39／94／m號法令），規定初中、小學及幼兒教育之課程指導框架。一九九七年頒佈〈高中教學課程組織〉（第46／97／m號法令），對澳門學校開設的科目、相應的學時，以及每週學時的上下限都作出規範。早在一九九五年，負責教育事務的教育暨青年司已在內部成立課程改革小組，負責制訂澳門課程的教

學大綱。至一九九七年十二月為止，各科大綱及各年級的教學——學習組織計劃基本設計完成，並分送至澳門各官私立教育機構諮詢意見。

歷史課程方面，一九九九年四月教青局公佈《高中中國歷史試行大綱》，六月教青局公佈制定《歷史初中大綱》及《世界歷史教學大綱》，但由於澳門教育的歷史因素，使政府在說服私立學校採用這套大綱時卻碰到很大的困難。一般學校，在初中時期，還可依據這個大綱來安排教學，但到了高中階段，各校為了照顧學生升讀高等院校的需要，教學的內容便因應目標地區的院校要求加以配合，未能完全依據教青局的教學大綱，各自發展出以學校為本的課程。

自回歸中國之後，政府與辦學團體之間的關係日趨緊密，相互為提升澳門的教育而努力。一向以來，研究澳門教育史的出版不多，主要有劉羨冰編著《澳門教育史》（北京：人民教育出版社，2000年）、馮增俊主編《澳門教育概論》（廣州：廣東教育出版社，1999年）、吳福光《港澳教育剖析》（廣州：中山大學出版社，1992年）。以澳門歷史教育為研究對象的，出版更少。主要的有收在二○○○年澳門大學教育學院編《跨世紀學科教育——中國語文、歷史與地理》的霍啟昌〈澳門史教研的重要價值〉、陳子良〈澳門中學歷史教學現狀與培正中學歷史科的改革路向〉。另外是陳岡的〈中學歷史課程〉，內中對澳門三所不同性質的中學歷史科，進行課程、課本及教學上的調查，並與香港的一些學校作對比分析。[3]此外，劉羨冰著《從教議教》（澳門：澳門出版協會，2005年）及《學史檻史》（澳門：澳門出版協會，2005年），對澳門教育的事件、政策、學校發展、教育現象等都有精彩而豐富的論述。不過，以上的作品，並沒有集中對澳門歷史學科變化作整體回顧。以歷史學科來說，有必要對過去的情況作一回顧，方便日後釐定發展政策，推行相關的教學工作。故此，本文便

3　陳岡：〈中學歷史課程〉，收入貝磊、古鼎儀主編、賈文浩、賈文淵譯：《香港與澳門的教育與社會》（香港：香港大學比較研究中心，2002年），頁189-210。

試從澳門歷史發展角度，回顧澳門歷史教育，並探討澳門歷史教育日後的
發展概況。

二 澳門歷史教育的回顧

（一）明清時期

　　「澳門」之名在明代已出現，當時還稱為蠔鏡澳、濠鏡澳、香山澳。
明代嘉靖三十二年（1553）葡人入居澳門之前，[4]澳門地區居民不多。葡人
入居澳門之後，主要著眼在貿易的發展。隨著葡人及外來者日多，宗教活
動日趨熱鬧起來，天主教堂都設立要理班，兼授語文和文法，推行宗教教
育。一五九四年，耶穌會在澳門成立了聖保祿學院，培養準備進入中國、
日本、越南等地傳教的神職人員。這所大學成為東西文化的橋樑，一方面
把西方技術、藝術等知識引入中國，另方面把中國的典籍如《四書》、《五
經》、《易經概說》甚至《本草綱目》等翻譯，讓歐洲學者學習。葡人在澳
門的發展，無論是貿易經濟或日常生活物資供應，完全受制於明清政府的
政策和態度。為了生存的需要，澳葡的自治會採用雙重效忠政策[5]。澳門葡
人名義上接受葡萄牙王室和法律的管治，實質上則受明清政府的嚴格制
約，而重點關注在經濟利益方面，所以沒多理會華人的教育。

　　澳門的華人方面，明清時代，跟中國其他地區的教育情況一樣，都是
以通過科舉考試，獲得一官半職為榮。澳門望廈村村民趙元略、趙允菁父
子先後在乾隆丁酉科（1777）及嘉慶辛酉科（1801）中舉，趙家大屋高懸
「父子登科」的橫匾，成為澳門讀書人的美談便是例證。一般平民子弟，

4　葡人入居澳門的年份，有1535年、1553年及1557年三種說法，中國學者認為1535年的說
　　法不可信，1553年及1557年兩種說法沒錯，只是著眼在建居及入住的時間先後。見黃啟
　　臣《澳門通史》（廣州：廣東教育出版社，1999年），頁29-30。
5　吳志良：《澳門政治發展史》（上海：上海社會科學院出版社，1999年），頁59。

受的教育不多，只是在廟宇、公祠開辦的學塾、社學教育。澳葡發展的西式教育，居民並不關心和重視。一八九四年澳葡的官立中學正式成立。而一九一〇年葡國革命後，開始出現可供華人子弟入學的官校，但華童入讀極少。[6]

這時期的歷史教育，承接明清時期的傳統學習模式，年幼的時候通過一些蒙學如《三字經》、《千字文》、《幼學詩》等「三簿紅皮書」[7]來吸收歷史知識，長大後通過學習四書五經，或是經史子集等內容來認識歷史。課程的內容主要是灌輸一套忠君愛國，維護大統一的思想。一般的讀書人，在這種學習過程中，主要增加了對歷史事件的認知，以及應付科舉考試，並沒有培養學生對歷史事件思考及批判的概念。

到了晚清時期，情況才開始轉變。清政府先後在鴉片戰爭與英法聯軍戰爭兩役敗在外國人手中，知識份子如魏源、馮桂芬等先後提出改革主張，及至一八九四年甲午戰爭，清朝給日本打敗，要求變革的呼聲更高。維新變法時，革新的內容已不再局限在船堅炮利，而是擴闊到政治、教育等各層面。在這種革新的風氣下，澳門方面亦有陳子褒（1862-1922）提倡改革教育作為救國之本。

陳子褒是廣東新會人，清光緒十九年（1893）鄉試中舉，後入萬木草堂，成為康有為的入室弟子，曾參加維新運動。戊戌政變失敗後，逃亡日本，順道考察日本教育。他把教育視為救國的主要方法，教育的目標在培養新國民。一八九九年在澳門荷蘭園正街創辦一所小學[8]，初名蒙學書塾，後改名為灌根書塾。他致力於婦女及兒童教育，是開辦平民教育的第一

6　劉羨冰編著：《澳門教育史》（北京：人民教育出版社，2002年），頁8。

7　盧湘父：〈舊式教育的習慣和風氣〉見陸鴻基編：《中國近世的教育發展》（香港：華風書局，1983年），頁52。

8　據夏泉、徐天舒〈陳子褒與清末民初澳門教育〉註6，以陳子褒自己文章所述為依據，指出劉羨冰〈澳門教育四百年〉所載的1899年有誤，子褒學塾的創辦的時間當為1901年。澳門大學澳門研究中心編：《澳門研究》第22期，2004年6月。

人。他廢除讀經，意識到傳統蒙學缺乏啟發性，不適合應付時代變化，所以先後編輯婦孺教材四五十種。他從教材改革入手，所編的教材具有以下特點，一是圖文並茂、通俗易懂，二是內容廣博、由淺入深，三是與時並進，不斷更新，開課程改革的先河。

在歷史教育方面，他為了配合培養學生愛國愛鄉的思想，開設了小學中國歷史課程，先後編寫了《婦孺中國史問題》、《小學中國歷史歌》、《史記小識》、《左傳小識》、《左傳小識教授法》、《前後漢書小識》、《少年趣味史教學法》等[9]，盡量以淺顯易明，生動有趣的文筆及內容來教授歷史，目的讓學生建立對中國歷史的基本概念，可說是近代歷史教學的一個轉變。到了一九〇五年九月清廷宣佈在次年停止科舉，鼓勵官紳多建學堂。澳門的學塾便受到直接影響，紛紛易名學堂。[10]教育的發展進入新的方向。

（二）中華民國成立後

在這個時期，人口變化是影響澳門教育的一個重要因素。自一八九〇年，受義和團運動的影響，澳門人口由一八七八年的59,959人增至一九一〇年的74,866人[11]，內地有數以千計的居民逃到澳門。不過，直到二十世紀二十年代以前，澳門的經濟變化不大，人口仍徘徊在七、八萬人之間。

一九四二年，廣州發生商團叛亂，導致大批居民避居澳門，澳門人口突增至193,175人，首次突破十萬大關，比較一九二〇年的83,894人，增加了一倍有多。但產業經濟沒有藉此機會加以發展，仍然保持一個消費性城

9　邱捷、顏遠志：〈陳子褒的教育思想〉，宋柏年、趙永新主編：《中外文化交流與澳門語言文化國際研討會論文集》，澳門：澳門理工學院，2002年。何文平、顏遠志：〈平民教育家陳子褒與澳門〉，澳門特別行政區政府新聞局：《澳門雜誌》，2004年10月。

10　劉美冰：《世紀留痕——二十世紀澳門教育大事誌》（澳門：劉美冰出版，2002年），頁63。

11　鄭天祥、黃就順、張桂霞、鄧漢增著：〈表3-1，四百多年來澳門人口變化〉，《澳門人口》（澳門：澳門基金會，1994年），頁25，。

市的特徵。而這個時期，正當的傳統經濟活動是以漁業為主。一九二一年漁業的發展很快，漁民約有六萬多人，幾乎佔全市人口的七成。平定商團叛亂以後，避居澳門的難民，大部份又返回廣州，澳門人口逐漸下降，在一九三七年抗戰開始時，約有164,528人[12]。

　　隨著中華民國的成立，晚清時期提出的教育制度、目標和方向等，自然要因應作出改變。一九一二年一月中華民國教育部發佈《普通教育暫行辦法通令》和《普通教育暫行課程之標準》及課程表，廢止以忠君、尊孔、讀經為要旨的教育精神。九月頒佈《學校系統令》，學校分為小學校、中學校、大學、專門學校、師範學校和實業學校，稱為「壬子學制」。在小學高小課程開設本國歷史科，中學校設立歷史科。[13]澳門方面，由於人口日漸增長，居民對教育的需求亦日增。葡國雖然在一九一〇年革命後對澳門教育態度有所改變，例如設立為華童開辦的義學和可供華人入讀的官立學校，但兩者都以服務葡童為主，所以華童極少入讀。整體來說，澳葡仍依照以往不干預的原則，對華人的教育實行放任政策。一般華童，多以接受私校中文教育為主。自一九一一年，澳門天主教會開始注重中文教育，在已開辦的教會學校中加設中文部，並在南京註冊立案，遵從中國的學制、學規和教法。此外，部份華童因為經濟問題，失去受教育的機會。有鑑及此，一些慈善團體便本著興學育才的宗旨，致力中華文化的延續來辦學。例如鏡湖義學便收容了不少失學兒童。後來校方依據「壬子學制」的規定，改義學為初小四年，高小三年的兩等小學堂，並在中國教育部正式立案易名為「鏡湖小學」，由於辦學良好，成為二十年代最有名望的學校。[14]

---

12 鄭天祥、黃就順、張桂霞、鄧漢增著：《澳門人口》（澳門：澳門基金會出版，1994年），頁25。

13 王炳照、郭齊家、劉德華等編：《簡明中國教育史》（北京：北京師範大學出版社，1998年），頁286。

14 劉羨冰編著：《澳門教育史》（北京：人民教育出版社，2002年），頁10-11、141-142。

　　二次大戰使澳門地區的教育起了很大的變化。因為葡國對日本侵華及太平洋戰爭都宣佈中立，很多逃避戰禍的人都躲進澳門，使澳門人口大增，由一九三七年的164,528人升至一九四〇年的400,000人。[15]適合入學的華童亦由八千人增至萬三。廣東省不少學校都遷來澳門，自一九三七至一九三九年遷到澳門的中學有十七所。[16]這些新來的人口，文化素質較高，遷來的學校中更不乏廣東的名校。大批優良的師質，不但使澳門的教學水平大幅提高，更令澳門人口文化素質提高，人口思想素質飛躍。[17]雖然在戰後很多學校都遷回大陸，而澳門人口亦下降至一九四五年的150,000，[18]但整體人口素質，確是藉此得以提升。

　　這時期的中文教育是向中國立案，無論課程及教材基本上跟隨中國的規定，所以歷史教育也不例外。當時，隨著中國政治變化，學制亦因應而改變。中國的全國教育會聯合會多次討論修改學制系統，最後提出了一九二二年的「壬戌學制」。在一九三六年，在這學制的基礎上，又修正了課程標準。高小及初中設有歷史科，高中設有本國歷史及外國歷史科。[19]整體來說，在歷史教學內容方面，除了在戰時日本佔領區，其他地區，差別並不太大，教學目的都是以認識中國民族、中國文化演進，培養學生愛護國家民族感情，與及認識各國重要民族，各國社會文化為主。[20]

---

15 鄭天祥、黃就順、張桂霞、鄧漢增著：《澳門人口》（澳門：澳門基金會，1994年），頁25。

16 劉羨冰：《世紀留痕——二十世紀澳門教育大事誌》（澳門：劉羨冰出版，2002年），頁81。

17 劉羨冰編著：《澳門教育史》（北京：人民教育出版社，2002年），頁156-157。

18 鄭天祥、黃就順、張桂霞、鄧漢增著：《澳門人口》（澳門：澳門基金會，1994年），頁25。

19 王炳照、郭齊家、劉德華等編：《簡明中國教育史》（北京：北京師範大學出版社，1998年），頁331-333。

20 課程教材研究所編：《20世紀中國中小學課程標準、教學大綱匯編——歷史卷》（北京：人民教育出版社，2001年），頁50-67。

（三）一九四九至一九七八年的政治環境與歷史教育

一九四九年中華人民共和國成立，國民政府退守臺灣，雙方都試圖加強在香港及澳門的影響力，使澳門政治環境產生變化。在教育方面，大量人口由大陸遷至澳門，加上戰後經濟的殘破，造成大批學生失學，澳門的教育也因此起了改變。

一是官方、民間系統正式形成。即葡式、中式兩種教育並存，各自獨立，自成系統。官立教育方面，仍然按著以往不干預華人教育的方針，在抗日戰爭後只逐步恢復了官立學校的中、小學和幼稚園系統，又新成立「官立何東中葡小學」，另外又由公帑承擔一所葡人團體辦的學校等。由於入讀的人數少，只佔全澳學生不足百分之一[21]，但卻資源充足。而民間系統也像以往一樣，在缺乏政府的支援下為教育事業努力。

二是為了解決失學華童的問題，私人辦學的風氣再度活躍起來，開始澳門教育史上的第三次大辦義學的高潮。辦學的團體，一些是支持中國政府的團體組織，他們組成了「澳門勞工教育協進會」，推動不同工會組織開辦學校，例如海員工會辦的「海員小學」、菜農合群社的「菜農子弟學校」、中華總商會把屬下商業訓練班擴辦為「商訓夜中學」。一些是宗教團體開辦的學校。跟以往不同，這時期天主教和基督教開辦的，都是面向平民，收費低廉的學校。例如聖德蘭小學、庇道學校、海星學校、宣道實用小學等。部份獲美國等外來援助的學校，還向學生派發救濟品。此外，也有由親臺灣的工會社團開辦免費學校，例如：難胞中學、自由工人子弟學校、德明中學等。一九六七年，全澳學生四萬一千多人，不收費和低收費的中小學共五十一所，學生人數二萬四千人，佔學生總數百分之六十。[22]由於私人團體辦學，資源缺乏，學校面臨生存競爭，在汰弱留強的情況

---

21 劉羨冰編著：《澳門教育史》（北京：人民教育出版社，2002年），頁22。

22 劉羨冰編著：《澳門教育史》（北京：人民教育出版社，2002年），頁131-132。

下，一些辦學有成績的學校，延續至今。

　　進入五十年代，中國政府在澳門的一些事件中表現出強大的影響力。其中包括一九五二年在關閘發生的衝突事件，澳葡賠償中方人民幣44,373.3元。一九五五年澳葡取消澳門開埠四百年的慶典。一九六三年宣佈取締在澳門的反華活動。一九六五年關閉臺灣政府在澳門的「專員公署」，取締臺灣政府在澳門設立的工會、團體等。[23]一九六六年年底，在中國進行的文化大革命蔓延下來，澳門發生「一二·三」事件。離島一間小學的裝修工人被葡警打傷，採訪的記者及辦校代表亦先後被拘捕。事件導致澳門社團、工會請願遊行。澳葡官員當時營私舞弊，警方亦經常欺壓華人，雙方常有衝突。事件發生後，澳葡起初採取一貫的高壓手段，出動軍隊武力，最後在全澳華人抗爭，中國政府支持下，澳葡簽認罪書，無條件接受廣東省外事處和澳門華人的要求，並取締一切臺灣政府支持的組織。[24]

　　不過，澳門與臺灣在教育上的聯繫並沒有因此而終止。高等教育方面，大量留學臺灣的學生使兩地維持一定關係，而為了配合中學生的升學需要，兩地密切的聯繫直至今天。早在國民政府退守臺灣前，便已開始加強在澳門的影響力。中國國民黨中央改造委員會一九五〇年八月三十一日提出「本黨現階段政治主張」，要強化與華僑的聯繫，認為要合理解決僑胞子弟教育。臺灣行政院發表《1951年度施政計劃》鼓勵華僑子弟回國升學。教育部進一步落實政策，訂定港澳來臺中等以上學校升學的學生有二十分給加，使來臺升學人數顯著增加，由一九五一年的八十五人增至一九五三年的三〇四人。到了一九五三年美國副總統尼克森訪臺，更決定利用

23　黃啟臣：《澳門通史》（廣州：廣東教育出版社，1999年），頁496-503。

24　鄧開頌、黃鴻釗、吳志良、陸曉敏主編：《澳門歷史新說》（石家莊：花山文藝出版社，2000年），頁456-458。謝均才：〈公民教育和政治教育〉收入貝磊、古鼎儀主編：《香港與澳門的教育與社會：從比較角度看延續與變化》（香港：香港大學比較研究中心，2002年），頁141。

擴大僑生對付共黨的方針。在美國支援下，開始一九五四至一九六五年美援僑校階段。前往臺灣升學的港澳學生人數，一九六一年有五二四人，一九七一年有六七二人，一九八一年有七四八人，除了受到一九七一年臺灣退出聯合國和一九七九年與美國斷交的影響外，基本的趨勢是增多[25]。

　　澳門與臺灣這種聯繫，主要得力於一些認同臺灣的民間辦學團體，而天主教團體，更是其中的有力支持者。在第二次大戰結束後，澳門教會提供了教育及社會救濟等服務，代替澳門政府承擔部份社會服務，例如在一九四九至一九五九年間，擴建了十二所中小學，總計天主教名下的有六十八所教育機構，[26]應付當時的社會需要。這些承擔，使教會受到民眾一定程度的接納和尊敬。隨著新中國的局勢穩定下來，教會與中國政府的衝突便日漸浮現。其實兩者在思想理論上是存在基本矛盾，包括一、無神論的馬列思想；二、充滿民族感情的胸襟；三、在「反洋」的社會下孕育的思想。思想上的不協調使大陸上的天主教一九五〇年前後與中國政府正面衝突，中國與梵蒂岡關係破裂。這形勢下，加上一些人士嫉妒澳門教會從十六世紀積聚的物業，使教會在「一二‧三事件」中備受攻擊。[27]事件中部份親台教會學校被襲，學校負責人避走香港而終。[28]事件的結果使澳門社會出現動盪的現象，經濟發展要面對更大的困難。澳葡在教育上仍本著一向不干預的政策，只維持著官校系統的運作。親中團體雖然得到中國政府支持，開辦更多學校，加強在教育方面的影響力，但仍不能完全取代教會

---

25 周正偉：〈香港地區學生赴兩岸升讀專上校院之分析研究〉，珠海書院亞洲研究中心：《亞洲研究》第27期，1998年7月。

26 張碧蓮：〈學校自主與政府管理之間關係〉，黃漢強編：《澳門教育改革》（澳門：東亞大學澳門研究中心，1991年），頁27-29。

27 梁潔芬：〈過渡時期的政教（天主教）關係〉，余振編：《澳門：超越九九》（香港：廣角鏡出版社，1993年），頁271、276-277。

28 梁潔芬：〈過渡時期的政教（天主教）關係〉。據文中註釋21載：青洲聖若瑟中學的校史室收藏事件有關資料。當年教區聖若瑟中學被貼大字報，校舍被襲，校長神父流徙香港，一九九二年十月旅逝當地。

在教育事業的地位。以九十年代初為例，澳門的學生人數比例中，就讀官立學校的佔6.5%，其餘的絕大多數（93.5%）人數就讀於私校。天主教學校學生佔52%，而親中團體的佔22%。[29]

　　親中教育團體發展受制，與中國教育當時實行的巨大變化有關。被視為教育上的大躍進，在一九五八年便開始。工人、農民、工農速成中學畢業生以及幹部，可以不經任何書面入學考試，憑推薦保送進入大學。高等院校內，工、農出身的學生比重逐年上升，由一九五一年的19%升至一九六〇年的50%[30]。而文化大革命的教育政策內容，例如進入高等學校之前要到公社和工廠勞動、取消以考試為基礎的記分制度，縮短學制、課堂理論要與工廠實際訓練相結合等，都不會造就高質素、現代化所需要的技術人材和科學家。[31]這些改革加上政治動盪，使人們當時對中國教育失去信心。文革結束，中國大陸在一九七七年恢復高等教育統一考試，並同時開始大規模招收僑生，起初效果不佳，人們仍然存有懷疑心理，澳門學生只有十多人前往珠海參加考試，其中一人為廣州中山大學錄取。[32]

　　這種政治的環境下，澳門的歷史教育開始出現不同的路向。一是官立學校系統，歷史教科書由葡萄牙進口，用葡人的觀點來學習亞洲歷史。二是親中團體學校，選擇的教材內容以配合中國教育部門的歷史課程為主，在教授學生時，是以馬克思列寧主義、毛澤東思想為主要觀點。[33]三是親

---

29 羅成達：〈澳門過渡時期的教育現狀與前景〉，黃漢強編：《澳門教育改革》（澳門：東亞大學澳門研究中心，1991年），頁37-47。

30 費正清主編，王建朗等譯：《劍橋中華人民共和國史1949-1965》（*Cambridge History of China: the people's Republic*）（上海：上海人民出版社，1991年），頁448。

31 蘭比爾・沃拉著，廖七一等譯：《中國前現代化的陣痛》（*China's Path to Modernization*）（瀋陽：遼寧人民出版社，1989年），頁370-371。

32 劉羨冰：《世紀留痕——二十世紀澳門教育大事誌》（澳門：劉羨冰出版，2002年），頁106。

33 見一九七八年全日制學校中學歷史教學大綱（試行草案），課程教材研究所編：《20世紀中國中小學課程標準、教學大綱匯編——歷史卷》。

臺灣的團體學校，為了學生升讀臺灣準備，加上對臺灣主張的歷史觀認同，所以主要採用配合這方面的課程來教學。此外，也有一些學校因為了配合學生前往外國，特別是英國升學的需要，在採用英式學制時，歷史教學方面亦主要採用香港編寫的課本，形成多元化的歷史課程。[34]這種情況，延至今天。

（四）澳門教育現代化下的歷史教育

　　一九七九年開始，中國和葡國發表建交公佈，正式建立外交關係，澳門的政治開始較大的轉變，而澳門教育亦跟隨發生變化，進入現代化的階段。[35]早在一九七四年，葡國發生政變，走上民主國家的道路。一九七六年公佈葡萄牙共和國憲法，不再認為澳門是葡國領土，同年頒佈《澳門組織章程》規定，確認澳門的地位，是中國的領土，由葡國管理。

　　中國在這時期的政治轉變，也改變了澳門教育界對中國教育的看法。自從一九七八年中國提出四個現代化的口號，推行改革開放政策。一九七八年新建將近二百所高校並且擴大招生，計劃在一九八五年學生可到達二百五十萬至三百萬人。整體來說，是把文革時期教育的不合理情況改正過來。學習年限延長了，恢復入學考試，確定給予八十八所重點大學支持。階級出身，政治純潔性及勞動表現對入學再起不了作用。這些政策使人們對中國教育的信心日漸恢復。[36]一九八三年北京教育部及文化部宣佈《1983年全日制高等教育招考新生的規定》暨南大學大及華僑大學在香港及澳門設考場。澳門中華教育會代辦內國內大學在澳門招生工作。一九八

---

34 陳岡：〈中學歷史課程〉收入貝磊、古鼎儀主編：《香港與澳門的教育與社會：從比較角度看延續與變化》（香港：香港大學比較研究中心，2002年），頁165-170。

35 劉羨冰編著：《澳門教育史》（北京：人民教育出版社，2002年），2002年，頁23。

36 吉爾伯特‧羅茲曼編，比較現代化課題組譯：《中國的現代化》（*The Modernization of China*）（南京：江蘇人民出版社，1988年），頁550。

五年北京大學，復旦大學、中山大學、華南理工學院，深圳大學，中山醫學院擴大招生，一九八六年共招港澳區八百多人。暨南大學及華僑大學招港澳生2,300多人。1989年開始，分普通高校、暨大及華僑大學兩次考試。澳門報考人數，分別是163人及314人。到了2000年，報考人數分別增至1,034人及1,224人。[37]前往中國大陸升學人數增加，單是前往暨大及華僑大學的升學人數，已漸漸超過臺灣。（見下表）[38]

	港澳地區升學暨大華僑		港澳地區升學臺灣	
	報名人數	錄取人數	報名人數	錄取人數
1990	584	328	1499	553
1996	1,448	830	432	432
1997	1,586	773	331	331

隨著中國改革開放取得成功，澳門回歸日近，人們對中國的信心亦日增。中國相應推出多項措施為澳門培養人材，例如每年中國的重點大學，都接受澳門各中學免試推薦的優秀畢業生。而臺灣方面，仍然對澳門高中畢業生提供升學機會，由一九九二年至今，澳門每年高中畢業生成功進入高等學校的超過百分之八十。[39]

一九八七年開始，歷史教育的發展前景，使人感到樂觀。因為該年三月《中華人民共和國和葡萄牙共和國政府關於澳門問題的聯合聲明》的草簽儀式在北京舉行。次年，《中葡聯合聲明》宣佈正式生效。由此至一九九九年十二月十九日，是澳門回歸中國的過渡期。兩國確認澳門是中國領

---

37 劉羨冰：《世紀留痕——二十世紀澳門教育大事誌》（澳門：劉羨冰出版，2002年），頁110。

38 周正偉前引文，頁94-95。

39 鄧開頌、黃鴻釗、吳志良、陸曉敏主編：《澳門歷史新說》（石家莊：花山文藝出版社，2000年），頁827。

土，將在本世紀結束之前回歸中國。在過渡期，澳門仍由澳葡進行管治。為了澳門的治權可以順利過渡，當時希望盡快推行「三化」政策，即中文成為官方語言，公務員本地化和法律本地化。[40]其後在一九八九年十二月十日澳總督頒佈的11／89／M號法令，在一九九一年十二月三十一日葡外交部頒佈的455／91號法令明確強調中文在澳門官方的地位。在這樣的歷史背景及中文地位提升的過程，以中文做主要教學語言的學校，特別是與中國關密切的學校，發展相對有利，中文與歷史的學科聯繫緊密，這就為歷史教育營造出較佳的環境。

在過渡期間，澳葡曾經意圖在中小學推行葡語和統一學制，增強葡國在日後在澳門的影響力。一九八八年二月，澳葡教育司副司長施綺蓮向記者表示：「當局計劃統一目前澳門中小學的學制，……除年制外，亦會統一課程內容，……」、「一定是以中葡兩種語言為主，澳督亦多次強調推廣葡語。」[41]這種言論受到中華教育會和澳門天主教聯會大力反對，認為佔學生百分之八十的中文學校課程負擔已重，不宜強行增強葡語科，而教育界和家長也沒有統一學制的要求。

在兩大教育團體的大力反對下，統一學制的政策沒有取得成功，到了二〇〇〇年，澳門教育發展仍然保持著學制多樣化，辦學各自為政的情形。澳門中小學教育分別存在三種系統：即中文系統、葡文系統和英文系統。學制有四：一是中國學制，小學六年，中學六年（初中三年、高中三年），共十二年，佔全澳學生86.05%。

二是港英學制，小學六年、中學七年（初中三年、高中二年、預科二年），共十三年。澳門的英文學校採用，佔全澳學生6.59%。

三是葡國學制，中小學有十二年，包括小學四年，兩年預備中學，中

---

40 黃鴻釗：《澳門簡史》（香港：三聯書店，1999年），頁331、332、341。
41 劉羨冰：《世紀留痕——二十世紀澳門教育大事誌》（澳門：劉羨冰出版，2002年），頁115。

學六年（初三3年、高中二年、預科一年），佔全澳學生1.08%。

四是中葡學制，六年小學，五年中學。是本世紀開始提供華人就讀的官校，教授中葡雙語，佔全澳學生6.28%。由於澳葡政府以往採用不干預政策，學校向來是校政自主，所以政府在一九九一年八月二十九日頒佈第11／91／M號法令，訂定《澳門教育制度總綱》，公佈澳門教育制度的基本原則，共十章，五十六條，希望藉此加強監管，但各校仍然保持學習年限不同，課程不同，教學大綱不一，教材不一的特殊情況。[42]

（五）九十年代回歸初期，澳門歷史教育的情況

歷史教育雖然只在中學設立學科，不過，小學方面仍是有些關於歷史知識的課程，只有極少數的小學仍設立歷史科。一般的學校，歷史教材通常放在常識科中，與地理教材合為同一單元。以二〇〇一年現代教育研究社《現代澳門常識》為例，有關澳門和中國的歷史內容，都收編在四年級《單元三：澳門的地理環境與歷史》內的第十六項〈昔日的澳門〉和五年級第三冊《單元一：澳門特別行政區與中國內地地理、歷史》內的第四到五項〈影響澳門近代發展的歷史事件一〉〈影響澳門近代發展的歷史事件二〉。由於受課程與課時的限制，故學生獲得的歷史知識不多。歷史教育的重心，主要是在中學方面。整體而言，回歸前後，澳門歷史教育的現況如下：

1 教科書

有課程大綱，卻沒有教科書配合。二〇〇七年，澳門人口超過五十萬，二〇〇五至二〇〇六年度，非高等教育學校共有八十六所，學生人數

---

42 劉羨冰：《世紀留痕——二十世紀澳門教育大事誌》（澳門：劉羨冰出版，2002年），頁48。

共九五四八五人[43]，二〇〇三至二〇〇四年度，中學生人數共四三二五一人[44]，相對於香港的教科書市場而言，實在較少，所以一般出版社都不大願意出版一些專門供給澳門用的教科書。

對於澳門教科書的制度，據方炳隆的研究指出：制度的特色是分權，學校有教學及行政規定，官立及私立學校均有教科書選用自由。近年，因為香港一些小型出版商興起，為了擴大市場，有意在澳門出版教科書，而較具規模的例如教育出版社，便搶先出版一些具澳門內容特色的教科書，只是由於缺乏同業競爭的推動，內容仍有不足的地方。[45]

2 課程推行方面

有課程大綱，但不能強制推行。一九九九年澳門回歸中國之前，澳門政府的教育政策是「葡語官辦，放任私校」，政府只對官立學校給予財政支持和監管。一九七七年，澳門政府才決定向私校及其學生和老師提供部份財政資助，但並未干預私校的課程與教學。一九八七年中葡《聯合聲明》簽訂後，政府才開始考慮改變放任政策。一九九五年，政府開始對私校的經常費用及設備費用提供援助。後來，因為經濟好轉，政府對學校的支助增加。二〇〇七至二〇〇八學年，教青局將開展及深化各項教育工作計劃，正式實施十五年全面性免費教育制度，資源投入將達十億元，約八成學生受惠。學費津貼資助金額亦有所提升，預計學年總開支為九千八百萬元。但長期以來形成的多元化格局，直至今天，仍沒有太大的改變。

為確保新課程具有質量和可行性，教育暨青年司採取了以下的措施：

---

43 《2004年教育暨青年局年刊》，教育暨青年局出版，2005年。及教育局網頁http://www2.dsej.gov.mo/~webdsej

44 澳門統計普查局，2005年資料。

45 方炳隆：〈澳門地區教科書選用制度〉2002年。見教青局網頁http://www2.dsej.gov.mo/~webdsej

（1）自95／96學年開始，在以中文為教學語言的官立學校（即中葡學校）試行課程大綱（參見法令第9／96／M號）；（2）與澳門大學簽定了合作協議：為已編製的課程大綱及教學－學習組織計劃進行分析，跟進中葡學校新課程的試驗，並安排適當的培訓課程；（3）在課程改革工作小組內安排人手，了解試驗新課程教師的困難，就教師實施新課程時安排短期專業培訓課程；（4）透過學校督導員訪校及教學視導，優化已編製課程及增進教師的教學效能；（5）一九九六年起舉辦教學設計比賽，鼓勵官私立學校教師根據已編製課程探討及發展實務教學工作；（6）一九九八年二月成立技術暨教學輔助部門，對非高等教育範圍內學校教師的培訓工作進行規劃、協調及評核（參見法令第41／97／M號）；（7）繼續學校網建設工作，並收集和整理現存學校校舍空間及設備的資料，方便落實教學設施與教學大綱內的建議活動配合；（8）修訂已編製小學教育、初中教育，以及新編製高中教育各科大綱，以基礎教育為大原則，彈性安排為前提，在建議應該教授的基礎部份之外，教師配合學校各科所設定的每週上課節數及學生吸收能力，可以按較高層次的目標選取相應的教學內容教授。[46]但無論怎樣，各校仍可按自己的要求來決定是否依從政府的教學大綱。

3 課程大綱應用方面

初中階段因為受到升學的影響較少，所以跟隨初中歷史大綱課程來教學的學校較多。到了高中階段，學生的升大學率與學校的收生量有很大關係，是學校能否生存的關鍵，很多學校不一定依從本地課程大綱來安排教學，所以高中的中國歷史試行大綱的序言，明確寫出「由於澳門學校的特殊環境，各校課本不一，故在課程計劃編排上，可以有較大的彈性。執行本大綱時，可按各校實際情形加以調整。」

---

46 教育局：〈課程改革——回顧與前瞻研討會報告〉http://www2.dsej.gov.mo/~webdsej。

一九九九年，當時教育暨青年副司長蘇朝暉回顧過往十年的教育改革，強調一方面尊重現有的活力和教學自由，另方面要吸納現代化的成分並具備改善教學質量的條件。對於教育制度，他表示期望教育機構在修改就學階段時，也能因應個別因素，保留其特點。[47]這種情況，到了今天仍沒有多大改變。

此外，從學校的課時來看，大綱在實際的應用上也有困難的地方。一般學校的初中把中西史合稱歷史課，每週由二至四堂不等，差別很大。以每週二堂來算，根本沒時間完全跟足大綱要求教授中西史內容。就是高中設有四堂，如果全面教授中西史，也有時間不足之感，只能因應主要升學目標地區的考試大綱作重點教導。

4 課程與學制

回歸後不久，澳門教育發展仍然保持著學制多樣化，辦學各自為政的情形。澳門中小學教育分別存在中文、葡文和英文三種系統。中國制、港英學制、葡國制、中葡制，四種學制。由於澳葡政府採用不干預政策，學校向來是校政自主，所以政府雖然訂定《澳門教育制度總綱》，公佈澳門教育制度的基本原則，但各校仍然保持學習年限不同，課程不同，教學大綱不一，教材不一的特殊情況。[48]學校要依從政府的歷史大綱，實行上也不一定配合。因為大綱是以主流的六年制為對象，一些五年制的學校，配合上便出現問題，需要在高中和預科的階段，把大綱重新整編，發展校本課程。

---

47 蘇朝暉：〈教育改革十年回顧〉，收入吳志良、楊允中、馮少榮編：《澳門1999》（澳門：澳門基金會，1999年），頁196-202。

48 劉羨冰：《世紀留痕——二十世紀澳門教育大事誌》（澳門：劉羨冰出版，2002年），頁48。

5 鄉土歷史課程

隨著澳門回歸日近,讓學生多認識當地歷史文化的呼聲日高。一九九九年六月的《歷史初中大綱》中,便把澳門歷史列入中學課程,內容分為歷史發展、文化特色、經濟社會發展、回歸中國。澳門成為中國特別行政區後,更多學者在公開場合表示支持。例如:霍啟昌指出:學習澳門史的價值,可以為中國現代化作出貢獻。通過對澳門歷史及發展過程了解,可以創造良好氣氛。而認識澳門是中國唯一未關閉過的開放窗口,具有中西文化橋樑的特色,可以協助特區政府發展特有的文化事業。此外,澳門市民由歷史中更可了解政制發展過程,從中養成樂於履行公民責任。[49]

雖然如此,但由於缺乏教科書及合適的公開教材,所以實行起來仍然沒有具體內容和一致方法,被教育工作者稱為是一項空無課程。[50]在學者劉羨冰的調查中,可以知道這課程的施行現況。她在二〇〇三年三月向澳門七十九所中文、英文、中葡學校發出推行澳門史教育的問卷,回收率為百分之六十九點六二,大多數學校都希望有效推行澳門地方史教學。正在推行的學校,運用了不同形式,有把內容加入公民科中,有加入中史科,有加入常識科,有加入語文、地理科中,亦有些是利用早會、課外活動時間來推行。一般的總課時是全學期八至十四節之間。[51]

6 師資方面

據澳門資深歷史教育工作者陳子良對十四間中學不完全的統計,全澳

---

49 霍啟昌:〈澳門史教研的重要價值〉,澳門大學教育學院編:《跨世紀學科教育——中國語文、歷史與地理研討會論文集》(澳門:澳門大學出版中心,2000年),頁121-126。

50 林發欽:〈中學澳門鄉土歷史課程設計芻議〉,梁成安主編:《教與學的改革和創新教育研討會論文集》,澳門大學、澳門特別行政區教育暨青年局,2003年,頁30-36。

51 劉羨冰:〈澳門地方史的教與學〉,梁成安主編:《教與學的改革和創新教育研討會論文集》,頁11-16。

專任歷史教師不足二十人，而兼任教師則多達百人，即百分之九十以上的歷史不是本科出身，只是兼任，其中以語文教師兼任為多。總之在課程編排方面，誰的課不足，便用歷史課來補充。[52]此外，據陳岡指出一種現象，澳門的學校喜歡聘用相同政治背景的老師來任教歷史科。如葡萄牙語的公立學校，所有歷史科教師來自葡萄牙。一所有五十年歷史的親中學校，受過培訓的教師全部來自中國。另一所親臺灣的學校，畢業生都參加臺灣入學試，校內的歷史科教師，四位中便有三位在臺灣受過培訓。[53]這情況下，由於教師並非在大學修讀歷史，對歷史內容的了解不深，在缺乏全面理解及把握整個課程史事脈絡之下，往往難以在教學上營造最佳效果。

7 課程與史觀

歷史科與其他科目最大不同的地方，是有史觀上的差異。特別是中國近現代史方面，因為政治立場的不同，大家對史事的取捨及看法差異很大。各校既然不須跟隨政府設定的課程大綱，在選取教科書時，自然受到出版教科書地方的課程影響，造成學生在史觀上的差異。一些學校，在初、高中兩階段選用不同地區的教科書，同一件史實，學生在兩階段的學習中接觸到不同的評價，會產生疑惑的感覺。例如：中國古代史，對朝代後期地方出現的反政府行動，便有「動亂」與「起義」兩種不同價值觀的稱號。雖然學校多聘用相同政治背景的老師，只減少了校內的分歧，但分歧仍然存在。

---

52 陳子良：〈澳門中學歷史教學的現狀與培正中學歷史科的改革路向〉，澳門大學教育學院編：《跨世紀學科教育——中國語文、歷史與地理》，頁167。

53 陳岡：〈中學歷史課程〉收入貝磊、古鼎儀主編，單文經校閱：《香港與澳門的教育與社會》（香港：香港大學比較研究中心；臺北：師大書苑，2005年），頁199-207。

三 影響澳門歷史教育的主要因素

澳門中小學的歷史教學變化，是無可避免。而課程的變化，正受著兩個重要因素的影響：一是鄰近地區歷史課程的改革，另一是澳門經濟大幅增長。歷史課程的未來發展，在多元辦學的歷史背景和政策下，政府亦難以強制各校依從統一的課程。受到條件限制，再發展下去的機會不大，效益亦不明顯。反而鄰近地區，如中國內地及香港的課程的改革，對澳門學生用書及升學的影響較大，對日後的澳門課程發展具決定性的影響。

(一) 中國的歷史課程改革

二〇〇一年中國教育部制定《基礎教育課程改革綱要（試行）》內中提出具體的改革思路包括：一、改變課程過於注重知識傳授的傾向，二、改變課程結構過於強調學科本位，三、改變課程內容「繁、難、偏、舊」和過於著重書本知識的現狀，四、改變課程實施過於強調接受學習、死記硬背、機械訓練的現狀，五、改變課程評價過分強調甄別與選拔功能的傾向，六、改變課程管理過於集中的狀況。

在這思路下，歷史課程改革的方向逐漸建立起來。基本是依著綱要的構思而行，內容可分為一、明確課程性質，二、轉變課程功能，三、改革課程內容，四、轉變學生的學習方式，五、改進教師的教學方法，六、建立科學的課程評價機制[54]。二〇〇一年，中國教育部制定的《全日制義務教育歷史課程標準（實驗稿）》，便是落實《綱要》的具體課程，按《標準》的內容，歷史分為中國古代史，中國近代史，中國現代史，世界古代史，世界近代史，世界現代史六個學習板塊。每個學習板塊，又分為若干學習主題。這些學習主題和板塊，構建了新的初中歷史課程體系。歷史主

---

54 歷史課程標準研制組編寫《歷史課程標準解讀》（北京：北京師範大學出版社，2004年），頁5-14。

線清晰，學習主題明確，基本取消「繁、難、偏、舊」的現象。

高中歷史課程方面，二○○三年《普通高中新課程方案（實驗）》及十五個學科課程標準正式頒佈，其中包括《普通高中歷史課程標準（實驗）》，並在二○○四年九月進行高中新課程實驗。高中課程在課程目標上，改變過於著重知識的傾向，強調培養學生人文素養，引導學生掌握知識，能力培養及學會學習。課程分主修與選修，選修又分選修一及二，一是國家課程，二是地方和校本課程。在課程學習上，以「模塊」加「專題」的形式，構建重基礎，多樣化，有層次的課程。包括必修的歷史1-3，共三個學習「模塊」，選修的有六個「模塊」，包括：歷史上重大改革回眸、近代社會的民主思想與實踐、二十世紀的戰爭與和平、探索歷史的奧秘、世界文化遺產薈萃。採用「主題」設計，沒有次序先後之分。在課程內容上，避免與初中歷史課程的簡單重複。[55]

（二）香港歷史課程的改革

小學方面：香港小學已在2004-2005年度開始全面推行新的常識科課程，有關歷史的課程集中在第二學習階段（小四至小六）。主要目標是了解本地社會、中國歷史文化、認識自己在社會中擔當的角色和國民身份。

核心學習分兩階段，第一階段的課程內容，包括：一、我的祖國，內容有：國旗、國徽、國歌、首都及重要都市等。二、中華民族，內容有：中華文化，如姓氏、重要歷史人物等。第二階段的課程內容，包括：中國歷史朝代、文化遺產、具影響力的人物（如秦始皇、漢武帝）、歷史重大事件、有趣的國家時事等。學習模式亦作出較大的改變，建議採用專題研習方法，配合廣泛閱讀計劃和網上資訊科技來進行，不再局限在課堂上的學習模式。

---

55 教育部基礎教育司：《歷史課程標準研修》（高等教育出版社），頁19-20。及張廷凱：《高中新課程的內容結構和內》（天津：天津教育出版社，2005年），頁66-68。

中學方面：以二〇〇四年香港教育圖書公司出版的《新理念中國歷史》為例，教學方面已進行革新，從原來著重學習史實為主，轉為幫助學生變成主動學習者，以鼓勵探索式學習為目標。二〇〇九年，更施行三三學制，即三年初中，三年高中，配合國家的教育制度。取代現行三年初中，二年高中，二年預科的英國式制度。而在歷史課程上，也作出很大的改革。

新高中的中國歷史科課程，分成必修與選修兩部份。必修以「歷代發展」為主，側重時序設計，分為「上古至十九世紀中葉」及「十九世紀中葉至二十世紀末」兩大時段。選修以「歷史專題」形式編排，採用主題式教學。提供「二十世紀中國傳統文化的發展：承傳與轉變」、「地域與資源運用」、「時代與知識份子」、「制度與政治演變」、「宗教與文化傳播」、「女性社會地位：傳統與變遷」六個單元來進行教學活動，突破以往以朝代為依歸的設計，從人物、地理、制度、性別、宗教等多角度來學習歷史，理解歷史的變化。[56]澳門很多選用香港出版教科書的學校，在課程方面不得不隨著而改變。

（三）澳門的經濟

澳門經濟近年急速勃興，二〇〇四年澳門經濟實質增長率達28.0%，以當年價格計算，二〇〇四年全年本地生產總值為826.9億澳門元。人均本地生產總值為180,965澳門元，相當於22,620美元，約為香港的97%。生產總值的實質增長，在二〇〇六年第一季的增幅為19.2%，第二季為16.3%，整體上半年為17.7%。在二〇〇八年人均本地生產總值為31,3091澳門元。[57]

迅速發展的旅遊業及服務業是澳門最重要的外匯來源，九十年代以來，澳門旅遊業進入蓬勃發展的階段，自一九九二年起，旅遊業的收入已

---

56 香港新高中中國歷史課程第二次諮詢稿。

57 統計暨統查局統計資料。

經超過出口產值。特區政府成立後，旅遊業發展步伐更為迅速。而近十年來，博彩業在澳門產業結構中的比重一直維持在30%左右，特區成立後，治安穩定，博彩業亦重拾穩定增長的軌跡，至二〇〇二年，上升至澳門整體產業的33.3%。到了二〇〇六年，澳門的博彩業收益更超越美國拉斯維加斯。據美國內華達州博彩監控委員會最新公佈數據，拉斯維加斯金光大道（Las Vegas Strip）八月份博彩收入為44.5億元（5.56億美元），較澳門同月的46.7億少逾兩億。[58]在二〇〇六年，澳門整體博彩收益總額五百七十五億二千一百萬元，其中五百六十六億二千三百萬元是幸運博彩收益。只需三季時間，賭業的毛收入已經超過去年全年水平。[59]到了二〇〇八年，雖然遇上金融海嘯，但博彩稅總收益仍達三百九十多億元。[60]

經濟興盛的結果，使政府樂於投放資源在教育上，改善學校教學環境，推行教育改革。一些教育措施及計劃先後推行，例如優化學校資助計劃，目的在提升非高等教育的整體素質，鼓勵學校利用各種資源制訂發展計劃，包括小班教學、創思教學、課程研究、藝術及品德教育等。校本培訓計劃，目標是提升學校質素，促進學校發展。非高等教育的整體開支，由二〇〇二年的1,007百萬澳門元增至二〇〇三年的1,083百萬澳門元。非高等教育的公共開支佔政府總開支，在二〇〇二年為9.8%，二〇〇三年為8.9%。[61]2007-2008學年度更進一步，將開展及深化各項教育工作計劃，正式實施十五年全面性免費教育制度，學生除免繳學費外，亦不需繳交補充服務費。

資源投入將達十億元，約八成學生受惠。學費津貼資助金額亦有所提升，預計學年總開支為九千八百萬元。對各教育階段的免費教育津貼額亦

58 澳門日報2007年10月12日。
59 澳門日報2007年10月19日。
60 統計暨統查局統計資料。
61 教育暨青年局《教育數字2004／2005》

作出相應的調整現時，幼兒教育至小學教育階段每學年每班的津貼金額為四十萬元、初中教育階段為六十萬元，較上學年增加超過百分之七，高中教育階段的津貼金額訂定為七十萬元。預計政府於本學年對免費教育的投入將達十億元。[62]

（四）澳門申報世界歷史遺產成功

澳門歷史建築群早在二〇〇四年被中國確定為翌年申報世界遺產的項目。在二〇〇四年九月，負責世遺評估工作的國際古蹟遺址理事會已派遣地區專家來澳門實地考察，探究澳門歷史建築物的歷史價值、建築風格及對城市影響力等因素。澳門歷史建築群在二〇〇五年二月在巴黎舉行的國際古蹟遺址理事會世遺專家會議上獲正式通過評估，同意澳門歷史建築群申報列入世遺名錄。二〇〇五年七月十至十六日，第廿九屆世界遺產委員會在南非舉行，中國向聯合國教科文組織申報世界文化遺產的澳門歷史建築群，結果成功。

澳門申報世遺的成功，中國及澳門政府的努力，不容忽視。而澳門具備古建築物存在的條件，更是其中的關鍵。學者何啟海指出，澳門古建築存在的條件，包括一、澳門具有四百五十年的歷史；二、長期的中西文化交匯，宗教信仰自由；三、長期處於和平狀態，沒有遭受戰爭破壞；四、長久以來，各宗教團體、社會熱心人士及政府，重視保護文化遺產。五、市民發揚愛澳精神，對古蹟文物倍加愛護。[63]這裡的第一至第三項，屬於外在的社會環境因素，並不是個別地區的人力所能控制。而第四及五項，則以人的因素為主，只要教育適宜，保護文化遺產的精神便可以持續下去。而其中與歷史教育關係較深的，便是第五項。如果市民愛護文物的精

---

62 澳門日報2007年10月17日。

63 何啟海：〈古建築物的存在條件與特點〉，王國強主編：《澳門歷史文化名城學術研討會論文集》，澳門：澳門社會科學學會，2004年。

神消失，就算是能夠申報世遺成功，時間一久，古物必定日漸失色，慢慢失去吸引力。澳門政府非常了解，只有推行澳門鄉土歷史教育，才可以避免出現這種情形[64]，所以對於澳門史的推廣，特別是列入世遺的古建築物，尤其關心。

四　澳門歷史教育的近況

小學方面，因為受到課程及學時的限制，變動的機會不大。以往在社會科的範圍內，有關歷史的知識還有空間可以多放一些。現在把社會科納入常識科課程內，為了符合學科的要求，擴闊學生的知識面，歷史知識所佔的比例只會減少，不會增多。

中學方面，在二〇〇六年五月二日，澳門第102／2006號行政長官批示，規定設立《課程改革及發展委員會》，旨在按照教育範疇既定的總目標，構思、規劃、執行及評估非高等教育各級別的課程組織新總框架及其相關標準。教育暨青年局局長蘇朝暉表示：課程改革是教育改革重要一環，過去課程改革工作只在教青局內部進行，但有關工作應進一步推展，因此設立課程改革委員會，並邀請香港、內地及臺灣的專家學者任委員會顧問，透過此機構開展全澳非高等教育課程改革工作。

這情形下，澳門教育改革自然日漸開展，而由於受到上文所述的四個主要因素的影響，澳門歷史教育的發展可能出下列幾種情況：

（一）改變各校自主的課程模式

基於歷史的各種因素，回歸初期，澳門以私立學校為主的教育模式，不會輕易改變。澳門特區的管治，向以穩定見稱，任何太大的變動，把現

---

64 鄭潤培：〈澳門申報世界文化遺產與鄉土歷史教育〉（澳門：澳門社會科學學會：《濠鏡》，2006年4月）。

存有效的運行方式更改的政策，都會遇到很大的阻力。其後，政府為了提高澳門教育素質，向學校施行全面的評鑑，對學校的運作、課程和教學上提出意見，無形中加強了對學校的監測，但也沒有改變各校自主課程的模式。

到了二〇一四年，澳門教育為了要配合本地發展需要，特區政府頒佈第15／2014號行政法規《本地學制正規教育課程框架》，以期促進學生全面發展，培養終身學習能力。該法規對課程內容作出了優化，包括設立學習領域，重視課程的綜合性、培養學生基本的人文素養和科學素養，規定高中教育階段必須文理兼修等。二〇一五年教育暨青年局制定《本地學制正規教育基本學力要求》行政法規，並於2015／2016學年度開始，先從幼兒教育階段實施。

「基本學力要求」指的是學生在完成幼兒、小學、初中及高中各教育階段的學習後，所應具備的基本素養，既包括基本的知識、技能、能力；亦涵蓋情感、態度及價值觀的發展。它一方面指導著學校、教師組織和實施教育教學，設計各學習領域及科目的課程，另一方面也保障了學生獲得基礎性和全面性的培養，提升人才培養的素質。

根據「課程框架」，學校可自主開發其課程，學校可按年級、班別、學習領域、科目或課程進度安排及組織教師。初及高中歷史教育方面，學校可設置綜合的「社會與人文」科目，亦可設置獨立的歷史科目。不過，無論學校方面採用什麼課程，學生須達到的「基本學力要求」的標準。一般情況下，學校仍然依據在一九九九年由負責教育事務的教青局公佈制定的《初中歷史大綱》、《高中中國歷史大綱》及《高中世界歷史大綱》作為施教參考。

（二）本地教科書出版

因為編製背景的不同，國內及香港出版的教科書未能完全配合「基本

學力要求」，故此，教青局就自行出版澳門本地教材。歷史科方面，《澳門歷史教材・試行版》初中部份二〇一八年出版，共六冊，包括中國歷史四冊和世界歷史二冊。它是幫助同學了解歷史、認識歷史的有效門徑。教材按照時序，主要講述了世界古代史和世界近代史，內容涉及政治、經濟、文化、科技等方方面面。

《澳門教材試行版歷史》高中部份也從二〇一八年秋季起在澳門使用，是根據澳門特別行政區政府頒佈的《高中教育階段社會與人文基本學力要求》編寫。這套教材共六冊：必修兩冊，上冊為中國歷史，下冊為世界歷史，供高一學生使用；選修四冊，供高二、高三學生使用。

中國歷史方面，主要講述了中國統一多民族國家建立、鞏固與發展的歷程，近代以來中國人民反抗外來侵略、爭取民族獨立與和平民主的過程，以及中華人民共和國進行現代化建設的探索經歷，力圖為學生展現中華民族多元一體的發展趨勢和近現代中國人為救亡圖存和實現現代化而不懈努力的恢弘歷史畫卷，提升學生的歷史認知水平和人文科學素養，養成以國家強盛、民族自強和人類社會進步為使命的家國情懷。

世界歷史方面，主要講述了人類文明的產生、演變過程和不同文明之間的交往、衝突，涵蓋了政治、經濟、思想文化、社會生活、國際關係等多方面內容，以拓寬學生的國際視野，培養學生的本土情懷。

四冊的選修主題設定為（1）博大精深的中國文化、（2）異彩紛呈的世界文化、（3）國際關係與全球化、區域合作、（4）經濟與社會生活，內容廣泛，包含政治、社會、經濟、思想、文化、藝術與科技等，有助於拓寬學生視野，培養學生的反思精神。

（三）探究式主題課程學習成為大趨勢

用探究式研習歷史，可以讓學生主動建構知識，強化學生的歸納、比較、分析和判斷等能力，建立個人對史事的識見，是教學上的進步表現。

以往無論在初中或高中的階段，都著重對史事的學習認知，以點線面的記憶聯繫為主，而現在則以強化學生的學習能力做出發，所以採用不同的歷史主題來教學，便成為新的課程編排及學習模式。

中國自澳門回歸之後，影響力日增，而經濟繁榮增長，使澳門與中國的關係更加密切。前往中國升學的澳門學生日益增加，學校為了照顧學生升學所需，課程盡量配合。中國歷史課程改革既以學習板塊、主題模式為主，以減少過往「繁、難、偏、舊」的現象為目標，澳門的歷史科自然會跟隨而變化。就是一些以升學香港為目標，採用五年制模式的中學，隨著香港轉向三三制，實行六年中學，與國際主流學制包括中國教育系統接軌，教科書亦會跟著來改寫，需要記憶的程度減到最低。換言之，無論是採用中國內地或香港出版的教科書，課程的趨向相若，所以整體課程儘管有差異，但總的趨勢自會一致。無論如何變化，在有限的課堂時間內，只有選取重點的史實教學，靈活多變的方法來教導學生，才能打破歷史教學被視為「沉悶」學科的困境。

（四）澳門史教材增多

現行的歷史課程中，澳門史只是列入課程，建議在中三級施教，但教科書根本不會配合。一向以來，各校都是按實際的情況自編教材，這些教材多是自用為主。一九九八年，當時的澳門教育暨青年司曾資助學者霍啟昌、蘇慶彬、鄭德華編寫《澳門歷史實驗教材》，內容分為九章，包括：史前澳門、葡萄牙人來華前的澳門、抵華前的葡萄牙人、葡萄牙人抵澳前的中國航海事業、明代的對外貿易政策、葡萄牙人來華、倭寇之患與葡萄牙人問題、選擇濠鏡的原因、澳門模式——特殊的外貿政策。可是，流通量不但極少，而且內容較為單薄，又沒有包涵澳門回歸中國前後的史事，採用來做教材的學校極少。二〇〇六年，教育暨青年局出版了《澳門歷史初中補充教材》，把澳門歷史分為六章講授，分別是：葡萄牙人租居澳

門、澳門港與海上絲綢之路、明清政府對澳門的管轄、二十世紀澳門的進步、澳門歷史文化名人、澳門回歸祖國。同時出版了《澳門歷史初中補充教材——教師用書》，方便老師使用。

　　隨著教育經費投放增加，澳門特區回歸成功，管治順利，經濟地位提升，各界對澳門史的重視增加，先後出版了大量史料，例如：澳門基金會在一九九八年出版黃鴻釗編《中葡澳門交涉史料》；二〇〇〇年出版中國第一歷史檔案館編的《澳門問題明清珍檔薈萃》；二〇〇二年湯開建、吳志良主編《澳門憲報中文資料輯錄1850-1911》。而在一九九九年，人民出版社亦出版由澳門基金會與中國第一歷史檔案館、暨南大學古籍研究所合編《明清時期澳門問題檔案文獻匯編》一至六冊。此外，包括社團史、行業史、人物家族史、重大歷史事件和澳門世遺介紹等五個內容的（澳門文史資料書系）徵集澳門文史資料的工作，亦已展開。首輯《澳門回歸歷程紀事編》，已在二〇〇六年五月面世。由澳門基金會出版，包涵澳門歷史、社會、文化、宗教、教育、文學等各方面，總共四冊的《澳門史新編》亦在二〇〇八面世。對澳門的研究資料的增加，有助推廣本地歷史研究的風氣，也方便教師編製歷史教材。

　　就以學校來說，一些歷史悠久的澳門學校，已有組織學生深入了解澳門本地歷史的傳統，並且成書出版，著名的，例如：培正史地學會編的《紅藍史地》雜誌，在一九九八年出版的《澳門百業》，一九九九年的《澳門百業續編》。培道中學歷史學會二〇〇四年出版的《澳門街道的故事》，二〇〇五年的《澳門歷史建築的故事》。在地方歷史文獻相對不足的條件下，口述歷史的研究方式為探究本地歷史開展新方向，二〇〇八年，林發欽編《澳門老街坊故事系列之情繫新橋坊》成為澳門口述歷史叢書的第一本，一系列的口述歷史研究相繼展開。在政府支持，社會重視的條件下，為了推廣澳門本地歷史教育，各種形式的教學研究活動，自編鄉土歷史教材等必然日漸增多。

（五）全方位學習機會增加

學習歷史已不再受書本的限制，網上學習已是十分平常的事。拓展學習空間，善於利用社區資源，通過文物及人物的研究，可以增進歷史意識和「現場感」，是現今的一種學習歷史方式。這種教學方式，最容易落實在第二課堂上，成為一種合適的教學活動。第二課堂的形式多樣，內容廣泛，收穫顯著。其中則以參觀活動，最易施行，最具效果。在參觀活動中，也可以結合訪問、調查、搜集等活動一起進行。

澳門成功申請世界文化遺產之前，以澳門景物作為歷史第二課堂活動，也是常有安排的。成為世遺之後，政府為推廣旅遊業，自然希望澳門人多明瞭世遺的景物特色，而為了配合澳門發展的提升，亦會希望通過這些景物，更進一步增強居民的自信心。這兩個因素之下，加上經濟實力增長，政府投放資源增多，第二課堂的活動經費資助較易取得。曾有一些學校，舉辦前往中國參觀考察，或是畢業旅行，也可得到政府的支助。而學校因為經費較前充裕，亦會樂於多舉辦第二課堂活動，提升教學效益，達到全方位教學的目標。

（六）歷史教師專業隊伍的加強

無論課程如何編排，教科書如何配合，如果沒具有相關修養的教師，不能把握整體課程的要求和核心，根本發揮不出應有的效果。澳門很多學校，多以中文教師兼教歷史科。雖然過去有文、史、哲不分的說法，在學習三者的過程中有共通之處。但時至今天，三門學科的內容已十分繁複，要精通一門亦不容易，無論教學方法的要求與教學內容的編排處理，也日趨專業化。如果只採用「業餘」的態度，只會阻礙學生的學習。澳門的政府學校，已做到專科專教的安排，隨著政府對私立學校的支助增加，要求亦會相應加多。澳門大學教育學院便在二〇〇三年開辦了歷史教學副修課

程，讓職前的學生修讀。二〇〇七年開設了歷史教學補充課程，讓一些並非修讀歷史而正在中學任教歷史科的老師進修。課程內容包括：中學歷史教學與評鑑、歷史課外活動設計與教學、中國歷史課程與教學、世界歷史課程與教學、澳門歷史課程與教學設計、歷史科教學實習六科。這樣一來，教師雖然在大學並非主修歷史，至少也副修一些歷史科目，才有任教的資格。教學質素日後定可提高。

五　總結

歷史與其他學科最大不同的地方，是較著重培養愛護國家，愛護社會的精神。澳門近年能夠穩定和諧地發展，愛國愛澳精神所產生的社會凝聚力，實在功不可沒。要繼續維繫這種精神，把這種精神發揚開去，是社會及政府的共識。如果沒有歷史教育，單靠一般公民社會教育的推動，效果自然大打折扣。所以，有需要對歷史教育繼續重視和維持。

隨著社會的改變，課程有必要作出調整與修訂，才不會脫離學習的需要。近年，經濟大幅進展，外資湧入，本地人材供不應求，教育素質的要求自然提升。包括歷史科在內的原有課程，已有些不合時宜，加上教育改革已在鄰近地區開展起來，新的課程，新的教學安排與內涵，有必要重新規劃。澳門教育體制受在外來文化的衝擊下，增加資源在其他實用學科，或是新的學科上，是很自然的事。相對來說，投放在歷史科的資源可能相對沒那麼多。不過，澳門面積不大，歷史景物集中，居民對國家歷史文化的熱情，對施行以全方位的學習模式來配合歷史教學，十分有利。整體來說，澳門本地的歷史教學效果，不久定有較大的提升，開拓一套更具效益的地區教學課程與方法。

澳門中學歷史課程、教科書與教學

一　前言

　　在新科技發展及教學理論的支持下，有教育工作者提出以電腦、電視等電化工具取代教科書。不過，由於經濟條件及社會環境仍未完全配合，這些電化工具只是以輔助的性質出現，配合教學設計活動，並未能取代教科書的使用，教科書仍然是有效及主流的教學工具。有論者認為教科書是最有效的教學工具，同時是最能貼近學生需要的工具，也是多種教學手段之中最經濟的一種。好的教科書，不單可以組織學生的學習，同時亦能夠促成教師教學技能的改進。

　　澳門教育的條件與鄰近地方並不完全不同，本身具有地區的特殊性，暫時仍然保持著學制多樣化，辦學各自為政的情形。以中學歷史教學來說，在課程與教學上，一方面受著國內及香港的影響，另方面也受本地歷史文化影響，從而建立起自己的教學系統。在教科書的使用上，澳門地區並不存在統一的教科書選用制度，從教育制度法律來說，學校擁有教與學的自主權，有教科書選用權。

　　教科書的編寫出版，一定是以課程為依據。在九十年代或之前，澳門教育界已指澳門缺乏與本地相關題材的教學書，一九九一年〈澳門教育制度〉（第11／91／Ｍ）法律通過前後，教育工作者提出編印本地教科書的要求，特別是歷史、地理及公民三科，認為必需要讓學生認識澳門本地的歷史文化。政府亦同意這個觀點，有意編製本地的史地及公民教材，可是，澳門當時缺乏一個教育界認同的課程大綱，於是課程大綱的編印計劃

開始,而教科書的編撰亦展開。筆者在澳門從事歷史師資培訓多年,經常到學校視學,從中搜集了不少歷史教學資料。本文試依澳門歷史教科書與課程的現況及發展來檢視澳門歷史教育的情況。

二 澳門中學歷史課程發展

隨著一九七四年葡萄牙政府民主革命成功,在一九七六年頒行的〈葡萄牙憲法〉及〈澳門組織章程〉中確認澳門為葡萄牙管理下的中國領土,澳葡政府才於一九七〇年代後期,逐步推行對私立學校的資助與監管。不過,澳葡對華人的教育,基本上是採取不大干預的態度。一九八七年,中葡聯合聲明簽署以後,由於規定政權在一九九九年移交,澳葡政府有責任為日後的特區政府提供治澳人材,才開始對澳門的教育積極關注,而澳門的教育界亦寄望在政府的支持下,無論在質與量,教育事業都可以有較大的進步。

這情況下,規範澳門教育制度的一份建議案《教育制度綱要》,便在一九九〇年三月推出諮詢,收集市民意見。文件的內容分十章,包括:範圍原則、教育制度的組織、教育輔助與補充、人力資源、物質資源、教育機構、教育投資、教育制度的管理、教育制度的發展和評核、末則和過渡條文。

當時,中華教育會對這份文件提出五項點意見,包括:學制宜多元化、義務教育盡早推行、幼兒教育的目標應跟其他各級一致、教育決策要民主化等,而其中有關教材方面,教育會針對當時澳門缺乏本地編製的教科書的情況,提出日後需要增加本地教材,特別是歷史、地理、公民科,使學生了解澳門本地的歷史發展及獨特的社會發展情況。

經過廣泛的討論,多番修訂文件內容後,立法會一九九一年七月通過

《澳門教育制度》法律第11／91／M全文[1]。而其中對教材方面，議員認為澳門應有本地出版的教材，特別是歷史、地理、社會等科的本地教材，應由澳門教育部門來編製。澳門教育界人士亦贊同，多認為法令頒佈後，應有本地出版教科書，而當時有出版社表示，小學社會科的教科書內容較易處理，可以加入與澳門相關的題材，為澳門教學需要來編寫。[2]

　　為了推動本土史地科的教學，除了推動教科書編寫外，還須加強師資培訓。當時，澳門教育司在暑期設立了「地理科小學教師暑期進修班」及「歷史科小學教師暑期進修班」，方便教師進修。

　　編寫教材前，必要有教學大綱來做依據和規範。一九九一年《澳門教育制度》頒佈後，澳葡政府先後設立了不同科目的課程發展委員會。委員會成員包括公立和私立學校的教師，以及澳門大學的專家，並參照中國、臺灣和香港的模式，起草不同科目的試行教學大綱，並在一九九五至一九九六學年開始在中葡中學試行，以觀察成效。由於香港的教育發展較澳門進步，加上兩地居民背景相若，資料搜集容易，所以課程的大綱內容多以香港課程為參考對象。

　　一九九四年十二月，教育司與全澳私校會議，解釋課程設置細則，設立了一個課程設置籌劃小組，下設多個小組，為幼小及初中編製各學科的課程設置，先在官校內施行，以看成效並為私校提供參考。到了一九九五年，學前教育以至初中各級的教學大綱經已在官立中文學校試行，部份大綱在試行後作出修訂。這時，教育暨青年司內部成立了課程改革小組，負責制訂澳門各科的教學大綱，並向私立學校推廣已修訂好的教學大綱。

　　教育界最初設想，《澳門教育制度》頒佈後，本地教科書便會很快編印出來。可是，從一九九一年《澳門教育制度》頒佈開始，到了一九九六年仍然未能實現。一九九六年，立法會在五月的會議上談論如何編印本地

1　1991年7月26日澳門日報。
2　澳門：中華教育會編製：《教育資訊》1991年第6期，頁8。

教科書時，有議員指出：（1）澳門現行的歷史教科書多是香港出版，現行版並沒有寫入澳門歷史，而香港編印的歷史教科書，在近現代史方面有缺陷，對中國歷史缺乏全面了解。（2）澳門回歸在即，有需要編印本土歷史教科書，編寫要實事求事，特別是有關中葡衝突，以及葡人在本澳的歷史。（3）實施統一歷史教材前要廣泛諮詢。當時，有教育工作者對澳門自行編印史地教科書不表樂觀，因為（1）澳門人口有限，每個學級僅有數千名學生，經濟上難以獨立出版本地教科書。（2）澳門是個小地方，學生應以學好中國史地為先，然後兼學澳門史地知識，不能無限誇大澳門史地知識的重要性。雖然部份本地教材已在中葡學校一至七年級試行，但學生只大概三千多人，全澳共有學生八萬多名，所以政府編撰的本地教科書試行版，內容不一定適合其他學校使用。[3]

當時，各界仍對本地編印史地教科書充滿希望，一九九六年六月，新華社澳門分社副社長宗光耀指出，應使年輕一代認識澳門的過去。政府擬編寫歷史教科書。現代澳門報的如風專欄指出，編纂澳門歷史教科書不愁沒資料，最重要是忠於歷史，力求不偏不倚。[4]

以歷史科來說，到一九九九年六月，負責教育事務的教青局公佈制定的《初中歷史大綱》、《高中中國歷史大綱》及《高中世界歷史大綱》。實施時，澳葡政府在說服私立學校採用這套大綱時卻碰到很大的現實困難。一般學校，在初中時期，還可依據這個大綱來安排教學，但到了高中階段，各校為了學生升讀高等院校的需要，教學內容便因應目標地區院校的要求加以調整，發展出以學校為本的課程，不能完全依照教青局公佈制定的歷史大綱施行教學。政府方面亦了解問題的存在，明白不容易解決。所以《高中中國歷史大綱》的序言內也列明「由於澳門學校的特殊環境，各

3　《大眾報》1996年5月29日。

4　《現代澳門報》1996年6月2日。

校課本不一，故在課程計劃編排上，可以有較大的彈性。執行本大綱時，可按各校實際情形加以調整」。

以現行的《初中歷史大綱》來看，大綱為初中三年歷史科教學而設。內容包括中國歷史、世界歷史和澳門歷史。澳門的中學以中文教學語言為主流，無論中國歷史和世界歷史多是用中文教授，所以在編排上，初中一及中二的大綱內容是中國歷史，初中三的大綱內容則是世界歷史及澳門史。

初中一的大綱內容：

一、1. 傳疑時代之中華民族

2. 商代─信史之開始

3. 周之封建

4. 秦之一統

5. 兩漢國力之發展

6. 魏晉南北朝之分裂與民族融和

7. 隋唐之盛世

8. 宋之積弱

9. 元之高壓統治

10. 明之君主極權

二、1. 中華民族之起源

2. 文字、文具之演進

初中二的大綱內容：

一、1. 清初之統治政策

2. 清室之隆盛與中衰

3. 鴉片戰爭與英法聯軍之役

  4. 太平天國

  5. 洋務運動

  6. 列強侵略之深入

  7. 維新運動

  8. 辛亥革命和清之覆亡

  9. 民初政局與五四運動

 10. 北伐與內戰

 11. 抗日戰爭

 12. 中華人民共和國成立與國民政府遷台

二、1. 農業及科學之演進

  2. 運輸及交通之發展

  3. 商業及工業之發展

  4. 學術思想及宗教概述

初中三的大綱內容：

世界歷史

一、上古時代

1. 尼羅河流域──埃及

2. 古代巴比倫

3. 古代印度

4. 古代希臘

二、中古時代

  1. 西歐主要國家的形成

  2. 西歐的封建制度

3. 歐洲主要國家的發展

4. 朝鮮和日本

5. 阿拉伯國家

6. 新航路的開闢

7. 宗教改革

8. 文藝復興

三、近代

1. 十七世紀的英國革命

2. 工業革命

3. 法國大革命

4. 美國獨立和南北戰爭

四、現代

1. 兩次世界大戰

2. 俄國十月革命

3. 戰後的世界

澳門歷史

一、早期澳門的歷史

二、澳門文化的特色

三、澳門經濟及社會發展

四、澳門的回歸中國

高中歷史分為中國歷史及世界歷史

高中一

第一章：商之社會與文化

第二章：西周之封建

第三章：春秋戰國之政局

第四章：秦漢的統一

第五章：魏晉南北朝的分合

第六章：隋唐盛世與五代的紛擾

第七章：宋、元、明

高中二

第一章：清代

第二章：現代

至當代中國之概況

高中三　乙部課程

第一章：重要制度

第二章：經濟發展

第三章：中外交通

第四章：學術思想與宗教傳播

世界歷史

高中一年級：

一、近代民主政治的誕生

二、工業革命與社會經濟文化的變遷

三、近代民主政治的發展

高中二年級：

四、近代民族主義的勃興

五、第一次世界大戰

六、兩次大戰間主要國家的發展

高中三年級：

七、第二次世界大戰

八、當代世界：國際紛爭與合作

施行課程大綱時，各校的安排情況不同。總括的情況如下：（1）有些學校，如政府的初中歷史大綱，初一、二安排教中史，初中三安排教世史，這類學校佔多數。（2）有些學校，初中每年級都安排中、世史課。（3）有些學校，初中一、二只有中史課，沒有世史，初中三不設歷史課。（4）大多數學校沒有按《初中歷史大綱》教授澳門史。處理澳門歷史的教學，有些安排在暑期，以課外活動的模式進行；有些安排在平日，以專題報告方式進行；少數學校在進行中史教學時，按相關年份加入澳門史的教材施教。

高中階段，各校實施的歷史科課程與教青局的《高中中國歷史大綱》及《高中世界歷史大綱》的內容相差較大。這個階段，除了五年制的中學，沒有高中三的課程外，其他的六年制中學，高中三以升大學為教學目標，教學課程內容要視乎升讀地區的入學考試要求而定。一般來說，以準備學生升讀國內大學的課程較多。有些學校則以升讀臺灣為對象，課程內容以應考臺灣為主。亦有些學校同時兼顧兩個地區考試。整體來說，無論目標是哪個地區，都是採用應試的形式課程，注重試題分析及操練。

高中一、二階段，學校多分為中世史兩部份。因為要配合高中三升學的關係，課程取向以應付日後學生升學為主，課程內容要視採用的教科書

而定。如果堅持學生以升讀國內大學為主，便採用國內歷史教科書，課程就跟國內規範。如果學校對學生的升學沒有明確的要求，多採用香港用教科書，那課程就跟香港的規範。這類學校的課程，雖然與政府的歷史大綱不盡相同，但基本較為接近。不過，亦有學校的安排較為特別，把整年級的課時教授中史或世史，如在高中一教中史，高中二教世史，沒有把課時劃分為中世史兩部份。

各科大綱頒佈後，專責小組著手編著一些屬於空白的教材如澳門歷史、澳門地理、公民教育，編著後試行。關於歷史教材，一九九八年，澳門大學實驗教材編寫組霍啟昌、蘇慶彬、鄭德華編寫，澳門教育暨青年司資助出版了《澳門歷史實驗教材》第一冊，教材共三十二頁，內容分九章，包括：史前的澳門、葡萄牙人來華前的澳門、抵華前的葡萄牙人、葡萄牙人抵華前的中國航海事業、明代對外貿易政策、葡萄牙人來華、倭寇之患與葡萄牙人問題、選擇濠鏡的原因及澳門模式──特殊的外貿政策。可是，這教材的使用率不高，未能成為本地史的教科書。到了二○○一年，教青局雖推出、中、數、歷史、音樂等課程大綱，在歷史科方面，仍有報導說沒有課本等教材配合，要由教師自行裁剪教材[5]。

政府編印的歷史教科書，要到二○○六年才編製出版出來。由劉月蓮、張廷茂、黃曉風編寫的《澳門歷史──初中補充教材》，在二○○六年教育暨青年局出版。全書共一二八頁，內分六章，範圍包括澳門古今歷史，圖文並茂。內容有：葡萄牙人租居澳門、澳門港與海上絲綢之路、明清政府對澳門的管轄、二十世紀澳門社會的進步、澳門歷史文化名人、澳門回歸祖國。不過，《澳門歷史──初中補充教材》教科書的出現，受到學者猛烈批評，指出書中問題多多，包括：（1）內容零散，忽略重大事件、（2）教材訛錯太多、（3）缺乏教學指引。[6]政府未能把該書推廣，整個

5　《澳門日報》2001年2月2日。

6　《澳門日報》2007年5月29日。

編製計劃暫時擱置。

　　二〇一五年情況有所變化，政府鑑於現實狀況，不再局限在在課程大綱內的規限，而是作更高層次的指標。教育暨青年局制定《本地學制正規教育基本學力要求》行政法規，並於2015／2016學年度開始，先從幼兒教育階段實施。「基本學力要求」指的是學生在完成幼兒、小學、初中及高中各教育階段的學習後，所應具備的基本素養。

　　以初中基本學歷要求為例，歷史方面各學習範疇基本學力要求的具體內容如下：

　　　學習範疇A：人與時間
　　　學習組別A-1：歷史演變
　　　學習組別A-2：制度更迭
　　　學習組別A-3：人物評析
　　　學習組別A-4：重要史事
　　　學習範疇B：文化淵源與社會發展
　　　學習組別B-1：文明起源
　　　學習組別B-2：民族與宗教
　　　學習組別B-3：思想與文藝
　　　學習組別B-4：科學與技術

三　澳門中學歷史教科書情況

（一）來源

　　教科書的使用與教學語言有很密切的關係，澳門的學校，絕大部份是以中文為教學語言，根據澳門教育暨青年局統計資料顯示，2012／2013學年，按發出學校執照計算，澳門共有七十八所學校，其中公立學校十一

所，私立學校六十七所；只提供正規教育的學校有六十六間，只提供回歸教育的學校有三所，同時提供正規教育和回歸教育的學校有九所。據二〇一二年的統計數字，中文為授課語言的有二十六校，以英文為授課語言的有二校，以葡文為教學語言的有二校。[7]

根據澳門教育學院研究，澳門使用國內及香港出版的教科書最多。[8]據該研究頁164，表.6.6〈**貴校主要使用哪一地區出版的教科書？**〉（見下表）所載的數字，澳門多使用國內教科書，佔41.3%，其次是香港，佔37%。該表的調查對象並不限於歷史科，但歷史科的情況也包含在內。

「貴校主要使用哪一地區出版的教科書？」的回答情形

	頻率	百分比
澳門	7	15.2
國內	19	41.3
臺灣	0	0.0
香港	17	37.0
其他	3	6.5
缺漏	0	0.0
總數	46	100.0

中文學校一般稱為歷史科，不再細分中國歷史和世界歷史，只在編課時才把節數分為中國歷史和世界歷史。初中階段，一般是每週上課都分有中史和世史不同節數，也有些學校是集中在一學年內教中史或世史。通常是教授兩學年中史，一學年世史。高中階段，如果是理組的學生，不用唸

7　見教青育暨青年局資料http://portal.dsej.gov.mo/webdsejspace/internet/Inter_main_page.jsp?id=8525&langsel=C

8　澳門特別行政區政府教育暨青年局委託，教育學院受託，單文經主持：〈澳門非高等教育課程的檢視與改革路向專案研究報告書〉，2007年。

歷史，文組的學生，因為歷史科的課時多了，可以安排每週都有中史和世史的課。中文中學的歷史科用書，順理成章是用中文撰寫的教科書。最理想的，當然是本地出版的教科書，因為可以配合本地學生學習上的需要，特別是本地史的教學方面。不過，因為學生人數不多，歷史教科書的市場規模少，吸引不到出版書投資編製澳門本地教科書。根據澳門教育暨青年局統計資料顯示，2012／2013學年，接受非高等教育的正規教育的學生為69,403人，其中中學教育33,921人，佔47.2%。[9]這三萬多中學生，如果再分為六個年級及文理科，假設全部採用本地出版的歷史教科書，數量也是有限，供應不了本地的出版，所以，學校多採用國內或香港出版的歷史教學書，高中階段，由於升學的需要，有些學校加入臺灣出版的教科書。至於英文學校方面，歷史科分為以中文為教學語言的中國歷史以英文為教學語言的世界歷史，中國歷史教科書方面，情況跟中文學校一樣，一般採用香港出版的教科書。至於世界歷史的教科書，因為用書量更少，而且課時少，又是用英語授課，所以老師多自行編筆記課文教學。

（二）學校使用教科書情況

由於各校自主，辦學背景及條件不同的關係，在使用教科書上，出現很多不同的變化。一般來說，可以概括情況如下：

（1）初中及高中階段全用國內出版的教科書

例如某間與國內關係密切的學校，初中中史，用國內出版的中國歷史七年級上下，八年級上下，世史用國內出版的世界歷史，九年級上下。高中一、二年級用國內出版的高中歷史教科書。高中三年級則轉用國內暨南大學出版的歷史書。

9　見教青育暨青年局資料http://portal.dsej.gov.mo/webdsejspace/internet/category/teachorg/Inter_main_page.jsp#Inter_main_page.jsp?id=39133

（2）初中至高中階段用香港出版的教科書

例如某政府學校的中史，初中階段採用香港齡記出版的教科書。高中一、二年級採用齡記出版的教科書（四）上、下，高中三則轉用香港現代教育出版社的中史教科書第五冊。

（3）初中階段採用香港出版教科書，高中階段採用國內版教科書

例如某歷史悠久的學校，初中中史：用香港文達出版的中國史及世史，高中階段用國內人民教育出版社的中國近代現代史及世界近代現代史。

（4）初中至高中一、二階段用香港出版的教科書，高中三轉用國內出版教科書

例如某間普通學校，初中中史，用香港齡記出版的中國史，世史用齡記出版的新編世界史。高中一二年級，中史用香港文達出版的中國史，世史用香港人人書局出版的世界史新編。高中三則轉用國內暨南大學出版的歷史書。

（5）初中至高中一、二階段用香港出版的教科書，高中三轉用臺灣出版教科書

例如某間教會學校，初中中史，用香港文達出版的中國史，世史用文達出版的新編世界史。高中各年級，中史用香港文達出版的中國史，世史用臺灣出版的世界史新編。

整體而言，初中階段以採用香港的教科書較多，高中一、二階段以採用國內出版的教科書較多，其中又以人民教育出版社的最為流行，而高中三階段，則以採用國內暨南大學出版的教科書較多，個別學校的世界歷史科才採用臺灣出版的教科書。

（三）促成現況的因素

1 教學課程自主

一九九一年《澳門教育制度總綱》頒佈後，澳葡政府先後設立了不同科目的課程發展委員會。委員會成員包括公立和私立學校的教師，以及澳門大學的專家，並參照中國、臺灣和香港的模式，起草不同科目的試行教學大綱。一九九五至一九九六學年開始在中葡中學實施。一九九八年，政府成立常設的跨部門的非常設性功能小組課程改革工作小組，由當時的教育研究暨資源廳廳長管轄。一九九九年六月，負責教育事務的教青局公佈制定的《初中歷史大綱》、《高中中國歷史大綱》及《高中世界歷史大綱》。不過，各校為了學生升讀高等院校的需要，教學內容便因應目標地區院校的要求加以調整，發展出以學校為本的課程，不能完全依照教青局公佈制定的歷史大綱施行教學。

政府方面亦了解問題的存在，明白不容易解決。所以高中中國歷史大綱為的序言內也列明「由於澳門學校的特殊環境，各校課本不一，故在課程計劃編排上，可以有較大的彈性。執行本大網時，可按各校實際情形加以調整」。不過，政府並不滿足於這種情況，希望可以進一步把課程完善，所以在二〇〇三年，課程改革工作小組納入教育研究暨教育改革輔助處，課程工作納入教育研究暨教育改革輔助處；二〇〇五年，成立課程改革及發展工作小組，由當時的梁勵副局長領導；二〇〇六年，組成「課程改革及發展委員會」推動各項課程改革及發展的工作。可是，到了二〇一五年教育暨青年局制定《本地學制正規教育基本學力要求》行政法規前，仍未有新的歷史科課程，各校仍舊保持自主狀態。

各校課程自主的一個因素，是澳門沒有統一考試。各校升學目標不同，有些以升讀國內大學為主，有些以前往臺灣升讀大學為主，有些以澳門本地升學為目標，有些以香港為主，各校的高中課程，自然以升學目標

為主要對象，有些更要兼顧多個目標。這情況下，根本沒有意欲來遵行統一課程。

2 學校擁有教科書選用權

從教科書選用制度來看，學校具有自行選用教科書的權力。據澳門教育課程改革協調員方炳隆的研究[10]，在教育制度法律層次，沒有明文規範學校的教科書選用程序和準則，但是，有些條文，包括「教育的基本原則」、「其他物質資源」、「教學自主」及「教育機構的管理」，間接地規範了教科書選用的權限屬於學校，而非教育行政部門。換言之，澳門地區並不存在統一的教科書選用制度。透過教育制度法律賦予所有學校教與學的自主權，學校擁有教科書選用權。

學校選用教科書，主要是由校長及科主任決定。根據澳門教育學院研究，在該研究報告頁172，表6.22「貴校最後是由誰決定教科書的選用？」（見下表）載，中學決定教科書的選用，校長的決定佔32.2%，科主任佔38.8%，兩者的影響最大。[11]

---

10 澳門教育區課程改革協調員，方炳隆：〈澳門地區教科書選用制度〉，臺北：臺北師範學院，教科書研討會資料集，2000年。

11 澳門特別行政區政府教育暨青年局委託，教育學院受託，單文經主持：〈澳門非高等教育課程的檢視與改革路向專案研究報告書〉，2007年。

「貴校最後是由誰決定教科書的選用？」的回答情形

	小幼		中學		總數	
	頻率	百分比	頻率	百分比	頻率	百分比
校長決定	612	55.9	368	32.2	980	43.8
科主任決定	213	19.5	443	38.8	656	29.3
教師決定	119	10.9	199	17.4	318	14.2
其他	130	11.9	95	8.3	225	10.1
缺漏	20	1.8	37	3.2	57	2.5
總數	1094	100.0	1142	100.0	2236	100.0

3 教科書的售價

選用教科書，書的售價和編寫水平也是一個重要的考慮因素。國內的生活指數較港澳低，編印教科書的成本相對較輕，而且市場規模大，所以售價相對便宜。以華中師範大學出版的中國歷史初一年級為例，訂價只是人民幣10.3元，相當澳門元不到15元。香港出版的教科書，由於生活水平不同，編印成本較高，售價自然較貴。以文達出版社初中一年級中國歷史為例，售價約達130元澳門幣。這是造成部份學校採用國內教科書的原因之一。

不過，澳門如果要編製本地出版的歷史教科書，由於本地市場較香港小，如果要編印成具香港教科書般的色彩內容，成本及售價將會更高，如果效法國內教科書的編製模式，以較為平實的編印方式出版，但限於市場規模，售價不可能較國內出版便宜。這樣一來，從經濟角度來看，採用外地出版的教科書，較本地出版，效益較高。

4 教科書的編寫

　　就教科書本身的編寫而言，無論國內版或香港版都適合在澳門施教，而且編印都具有很高水平。有學者通過洋務運動一節的比較，分析國內及香港教科書的特點。國內教科書呈現出的穩定和成熟、淺白易懂的風格、穩中求變的理念。香港教科書對史料、圖片、問題的設計配合教學心理，不僅使教科書適合教師教，而且非常適合學生作為學習材料。[12]

　　通過對現行香港、國內人教版歷史教材的比較分析，可以看出，兩地教材都具有時代特徵，重視學生歷史能力培養，並付諸於實踐。香港注重非智力因素（愉快教育），這是它的顯著特色之一，是以一流的印刷與裝幀來表達。學者曾以洋務運動一節為例比較香港及國內教科書，香港教科書既介紹政治和軍事，也有關於社會生活的史料，圖片多樣化，文字說明較多，還有漫畫（頑固派和洋務派的爭論），另外也有地圖、圖表，較好的兼顧男女生學習特點和學習興趣。國內人教版注重學生歷史思維能力的培養，它以馬列主義毛澤東思想分析敘述史實。教科書較好的運用地圖（洋務運動軍工企業和民用工業的分佈圖）和圖表（洋務運動企業創辦年限、地點、創辦人簡表），盡量做到觀點鮮明，立場正確，把德育發放在首位，著眼於提高學生的素質，注意吸取新成果從而達到思想教育目的，並有利培養學生歷史比較能力，這比香港教材更勝一籌。[13]

12　程曉波：《兩岸三地歷史教科書中「洋務運動」編寫特色比較》（上海：華中師範大學碩士學位論文），頁33。

13　程曉波：《兩岸三地歷史教科書中「洋務運動」編寫特色比較》（上海：華中師範大學碩士學位論文），頁36。

四　歷史教學情況

（一）師資

　　近年，澳門大學才設立歷史系，至今仍沒有畢業生，所以一向以來，任教歷史科的教師，主要來自國內及臺灣。除了與國內密切，特別濃厚的歷史背景，一定聘用國內畢業生任教歷史科外，一般學校，兩地的畢業生都會聘用，而限於聘用人手的工作量，很多學校都是以一、二位歷史系畢業生為主要教學負責人，再安排一二位相關學科──一般是主修中文科或地理科的教師來任教歷史。這種情況並沒有對教學明顯造成不良的效果。較難處理的，一是少數學校以英文教授世史，而國內和臺灣歷史系畢業生且具有良好英語能力的人不多，學校為方便安排，只好聘用任教經濟科或會計科的教師兼教世史。具體例子如下：

（1）某教會學校

　　主要教師二位，一位是華南師範大學歷史系，一位是臺灣暨大歷史系。世史方面，因為要用英語授課，學校安排用主修會計的兼教世史及經濟。

（2）某間與國內關係密切的學校

　　中史方面主要有教師二位，一位是廣州暨南大學歷史系，一位是華南師範大學歷史系。另一位是華南師範大學地理科專業兼教歷史科的教師。

（3）某間由社團開辦的普通學校

　　主要教師三位，一位是臺灣東海大學歷史系，一位是華南師範大學歷史系，一位是廣州暨南大學歷史系。

（二）課時

教授歷史科的課時可分兩個層面，一是每週上課的節數，另一是整個學年上課的時間。

以每週上課的節數來說，初中階段，一般每週每班教授歷史科的節數由二節至3節不等，即總數6至9節不等。有學校因為科目多，感到教節不足分配，便以初中作為一個整體階段，以總數5節來算，初中一每週每班三節，初中二2節。高中階段，各級編排的節數不同，大概由4至6節不等，變相減少歷史科的節數。總的來說，情況概括例子如下：

（1）某間歷史悠久的學校

初中一二三年級每週每班2節，高中一每週每班4節，高中二5節，高中三6節。

（2）某間學科多，教節分配不足的學校

初中一每週每班3節，初中二2節，初中三沒有歷史課，高中一每週每班2節，高中二2節，高中三3節。

（3）某間與國內關係密切的學校

初中歷史科初一至初三每班每週2節，高中歷史科中四每週4節，中五3節，中六4節。

（4）某間由社團開辦的學校

初中歷史科每年級每班每週3節，高中中史：中四每週2節，中五、六各3節，世史每級每班每週2節。

（5）某間教會學校

初中中史，初中一、二、三每週每班各2節，高中沒有課。世史，初中一沒有，初二每週每班2節，初三3節，高中四、五每週每班2節。

以整個學年上課的時間來說，一般可分兩類，一是全年劃分為兩個學期，一是全年劃分為三個學期，其中以前者為多。

每學期結束前一定有考試，學期中亦會安排至少二次測驗，全年來算共有二次考試四次測驗。全年分為三個學期的，每學期測驗二次，考試一次。從以下進度表編排之例子來看，總教學週次有十二週，減除測驗及考試前複習外，算起來只有九至十周的時間用來教學。

某中學教學進度表

第一學段（3個月）		初中二級歷史科	
日期	週次	課題	備註
1/9-11/9	1-2	〈1.1〉隋的一統全國	
13/9-18/9	3	〈1.2〉隋的速亡	
20/9-2/10	4-5	〈2.1〉唐朝建立及貞觀之治	
4/10-9/10	6	〈2.2〉武后代唐與開元之治	測驗一
11/10-16/10	7	〈2.3〉安史之亂與唐的中衰	
18/10-23/10	8	〈2.4〉唐朝後期的憂患與衰亡	
25/10-13/11	9-11	〈3.1〉五代十國的興亡	測驗二
8/11-20/11	12	複習考試	

此外，有一些著重考試的學校，半學年有四次測驗，二次考試，全年共八次大測，四次考試，大約三至四週便要測驗一次。測驗的時間多，教學的時間相對減少了。

（三）教學與評核

澳門的歷史科教師，可能受到課程時間及升學試限制，多採用傳統教學模式，以講授法加上一些問題討論來引導學生學習，啟發學生思考。只有少數老教師追求教學活潑，嘗試運用活動教學模式，利用多種教學活動來引導學生討論和思考歷史問題。

根據澳門教育學院研究，在該研究報告頁175，表6..27「閣下採用什麼方式評核學生的學習成果？（見下表）載，澳門學校無論中小學，都以筆試為主要評鑑方式。[14]

「閣下採用什麼方式評核學生的學習成果？（可選多項）」的回答情形

	小幼		中學		總數	
	頻率	百分比	頻率	百分比	頻率	百分比
筆試	997	91.1	1039	91.0	2036	91.1
作業成績	790	72.2	882	77.2	1672	74.8
專題報告	286	26.1	572	50.1	858	38.4
口頭報告	525	48.0	506	44.3	1031	46.1
作品集	252	23.0	241	21.1	493	22.0
實作評量	258	23.6	306	26.8	564	25.2
其他	33	3.0	69	6.0	102	4.6

從上表中可知，填答問卷的教師表示，在學生評核方面，主要是以筆試為主，佔91.1%，作業成績有74.8%，專題報告有38.4%（但中學和小幼教育比較，中學明顯地比小幼多24%）。在口頭報告方面有46.1%，作品集有22.0%，而實作評量有25.2%。

---

14 澳門特別行政區政府教育暨青年局委託，教育學院受託，單文經主持：〈澳門非高等教育課程的檢視與改革路向專案研究報告書〉，2007年。

　　澳門已推行使用電化教學多年，政府及學校投放了不少資源在資訊科技硬件方面，利用電腦投影片在課堂教學，已是十分普遍的事。不過，很多教師在課堂上增加師生互動之餘，又害怕學生成績下降，仍保持要學生抄錄筆記的學習模式，結果使討論氣氛降低。而教師在運用投影片上課時，本質與抄黑板的安排沒有改變，投影片上滿是文字，學生只是由抄錄黑板上的筆記改為抄錄投影片上的筆記。在這些環境下，從教學與評估的方便來看，教科書自不可少。學校以哪個地區為主要升學目標，便多選用該地的教科書來做教學和評核內容。

　　與學生上討論課的時候，設定的問題平平，一般是開放性問題不足，資料性的佔比例較多，提供學生足夠討論空間不足。而考測卷多未能配合堂上討論的開放性題目，較難引起學生的重視。大部份學生在課堂的學習表現平平，並不積極參與。只有少數學校的教師經常施行活動教學，這些學校的學生，才懂得如何進行討論和做專題報告，具有常規訓練。

　　第二課堂方面，各校因為條件不同，所以差異很大。一些辦學資源較短缺，人力資源不充裕的學校，很少安排第二課堂的活動，甚至沒有。另一些教學資源及人手較充裕，或是傳統名校，對第二課堂的安排較為著重。而且為了鼓勵學生，這些活動都佔有一定的分數比例。

　　以一間教會學校為例，該校活動內容豐富，有專題研習、歷史劇、廣播劇、做報表等。又跟其他學校如旅遊學院合作，舉辦講座、世遺景點導賞等，讓學生跳出課堂學習，得益甚多。

　　以某間歷史悠久的學校為例，第二課堂的學習編排在初中一二，初中一級上學期做澳門建築專題報告，下學期做世遺景點報告。初中二級做街道報告。

　　評分方面，以某間由社團開辦的學校為例，歷史科的評分標準：平時分數佔百分之五十，考試分數佔百分之五十，而平時分數的項目豐富，包括作業、筆記、報告、模型、演講、測驗等。

五 對教學產生的影響

澳門的歷史教學情況，總的來說，一方面是各校自主，因應各自條件來編排教學，保持個別的獨特性，另方面是教學上仍是以傳統講授模式，筆試評核為主。總括上述的各種教學情況，對歷史教育的推行造成了以下的影響。

（一）歷史教育的時間不足

以全學年來說，少則四次測驗，二次考試，多則六次測驗，三次考試，大約三至四週便要測驗一次。一般學校，初中不分中世史，合計每週每班二節，教學的時間有限。如果加上放假或者突發性事件等，教學時間更少。教師應對的方法一是「略古詳今」，一是重點講授，但常感到連基本的歷史知識都教不了。在這個時間限制下，怎有時間進行高層次的歷史教育。

（二）較難培養歷史感和提升能力

歷史教育的目標，總的方向是提高學生認識及運用歷史知識的能力，使學生具有獨立分析、綜合、比較的能力。能力的培養和提升，筆試只是其中的一個方法，現代的教育模式，多主張利用多元化評核方式來提升學生的能力，使學生在學習活動中得到肯定自我價值和能力，從而建構知識。澳門中學的歷史科評核模式，絕大部份仍是傳統筆試模式，而且次數亦多，缺乏多元化評核。個別學校雖有嘗試推行，不過效果並不明顯，整體風氣未開。學生在連續不斷的筆試中容易產生厭倦心理。教師要讓學生保持學習歷史的興趣已不容易，要通過歷史學習來提升學生的分析綜合等能力，那就更加困難。

（三）容易對歷史事件的認知造成混淆

　　每個地區對史事教學的取捨、對史事的分析、對歷史觀念的理解和認知都存在著差異。澳門的中學歷史教學，無論在師資與及在教科書的運用上，就忽視這種情況，把各種的差異混在一起。很多時學生在初中所理解到的史事，到高中時卻有所改變，在不同學歷背景下，教師得到的史觀相差亦很大，對一般中學生而言，那很容易對歷史事件產生認知上的混淆，結果只能停留在基本史事上學習，對推廣歷史教育會產生一定的限制，難以提升。

　　隨著社會發展，近年澳門負責教育的教青局已展開對學校的評鑑，針對學校的各種問題提出改善建議，並且著手編製各科新課程大綱及學力指引，協助學校全面提升教育素質，歷史教學的現存問題，希望日後得以解決，可以順利提高歷史教育的成效和素質。

六　應對上述問題的方法

　　長期依賴引進教科書，最大的弊端是教學內容與本地實際相脫節。如英語科大量介紹香港科學館、地下鐵路、廣九鐵路、新機場等，歷史科著重介紹香港與中國的歷史關係，國文科大量採用香港作家的文章，地理科以香港地理為主，很難使學生把學習與認識澳門社會結合起來，既不利於形成本土意識，也不利於提高教學效率。[15]

　　另外，教科書不可避免會帶上一些隱蔽資訊，傳達意識形態、道德觀念和社會文化方面的資訊，缺乏獨立的教科書，在某些情況下，有可能導致學生認識上的混亂和行為偏差。[16]

15　馮增俊主編：《澳門教育概論》（廣州：廣東教育出版社，1999年），頁297。陳月茹：〈澳門教科書制度——問題與展望〉，《天津師教科院學報》，2009年，頁24。

16　馮增俊主編：《澳門教育概論》（廣州：廣東教育出版社，1999年），頁297。

（一）政府可考慮配合課程標準的制訂──基本學力要求

澳門的教育制度法律規範了教育行政部門不得以任何哲學、美學、政治、意識形態或宗教的方針計劃教育。但是，教科書的編製又不可能迴避上述的問題，教青局在這一點上看似有點處在兩難的困境。政府解決的方法，是安排教青局出錢，以購買服務的方式，將教科書編寫的工作外發給專人完成。但是，由於編寫的質量往往因人而異，而且在成書後，也因教師慣用的教學方法與新編製書本隱含的教學方法不一致，難以跟現有包裝精美的進口教科書比較。[17]

可是，在學校層次上，澳門教育制度對校長的學歷水平要求不高，也沒有要求校長必須具備教學經驗，校長不一定是學校的教學領袖。再者，澳門教育制度亦允許校內教師、學生、家長以不同方式參與學校管理。如果校內教學目標不清楚或欠缺明確，教科書的選用便沒有準則可循，在沒有專業知識作合理判斷基礎的情況下，將教科書選用權下移至學校或教師層次，可能不是澳門學校教育之福。所以，較為可行而容易達標的方法，便是建立教科書審定制度，通過審核把教科書的使用規範化。二〇一五年教育暨青年局制定《本地學制正規教育基本學力要求》行政法規，指的是學生在完成幼兒、小學、初中及高中各教育階段的學習後，所應具備的基本素養，保障了學生獲得基礎性和全面性的培養。

（二）政府考慮資助教科書的出版，甚至成立專責部門自行出版教科書

根據澳門教育學院研究，在教科書出版事宜上，在報告頁244，表6.44「你是否同意本地政府應該資助教科書出版？」（見下表）及6.45「你是否

---

17 澳門教育區課程改革協調員，方炳隆：〈澳門地區教科書選用制度〉，臺北：臺北師範學院，教科書研討會資料集，2000年。

同意本地政府應該成立部門自行出版教科書？」（見下表）中，有關政府的角色的問卷調查的意見。[18]

「你是否同意本地政府應該資助教科書出版？」的回答情形

	頻率	百分比
非常不同意	19	1.9
頗不同意	38	3.8
一般	90	8.9
頗同意	420	41.6
非常同意	416	41.2
沒有意見/不清楚	26	2.6
總數	1009	100.0

「你是否同意本地政府應該成立部門自行出版教科書？」的回答情形

	頻率	百分比
非常不同意	38	3.8
頗不同意	92	9.1
一般	117	11.6
頗同意	408	40.4
非常同意	300	29.7
沒有意見/不清楚	53	5.3
拒絕回答	1	0.1
總數	1009	100.0

若是將上述二表中的「頗同意」和「非常同意」合併計算，可以發現，本澳相當多數的市民認為政府應該資助教科書的出版（82.8%），甚至

---

18 澳門特別行政區政府教育暨青年局委託，教育學院受託，單文經主持：〈澳門非高等教育課程的檢視與改革路向專案研究報告書〉，2007年。

應該成立專責部門自行出版教科書（70.1%）。二〇一六年澳門教育暨青年局及人民出版社編著了小學《品德與公民》教材，本地編製教材日漸成熟。到二〇一八年，《澳門歷史教材·試行版》初中部份出版，共六冊，包括中國歷史四冊和世界歷史二冊，澳門本地出版的歷史教材才得以真正落實發展。

（三）政府鼓勵教師參與研發地方史教材

澳門回歸前後，教育工作者高呼讓學生多認識本地的歷史文化。一九九九年六月的《歷史初中大綱》中，便把澳門歷史列入中學課程，內容分為歷史發展、文化特色、經濟社會發展、回歸中國。很多學者在公開場合表示支持。例如：霍啟昌指出：學習澳門史的價值，可以為中國現代化作出貢獻。通過對澳門歷史及發展過程了解，可以創造良好氣氛。而認識澳門是中國唯一未關閉過的開放窗口，具有中西文化橋樑的特色，可以協助特區政府發展特有的文化事業。此外，澳門市民由歷史中更可了解政制發展過程，從中養成樂於履行公民責任。

學者劉羨冰的調查中，可以知道這課程的施行現況。她在二〇〇三年三月向澳門七十九所中文、英文、中葡學校發出推行澳門史教育的問卷，回收率為百分之六十九點六二，大多數學校都希望有效推行澳門地方史教學。正在推行澳門地方史教學的學校，運用了不同形式，有把內容加入公民科中，有加入中史科，有加入常識科，有加入語文、地理科中，亦有些是利用早會、課外活動時間來推行。為了進一步落實推行，她提出具體建議，不獨立設科，不編教科書，只設教材資料庫。教學方式保持各校自主，盡量利用現有資源。這樣一來，教師多了參與研發教材，以歷史科來說，更日漸增加。

政府亦鼓勵教師參與研發教材，自二〇〇四年開始，教育暨青年局提供「優化學校資助計劃」，由學校自主進行規劃的校本發展計劃，擬成申

請書上報教育暨青年局審批並獲得資助。不少學校請專家學者進行校本發展規劃並由專家學者協助進行有關課程改革的嘗試。此外，各學校還自行組織編製一些校本課程發展的相關教材，例如環境保護（澳門大學附屬應用學校等）、地理教學（培正中學）、藝術創新（教業中學等）、機械人製作（培道中學等）等。政府便以此為基礎，持續的、全面的、有系統的支持各校的教科書和教材發展。

在發展過程中，本澳教師開始參與研發教補充教材，坊間逐漸出現一些本澳教師參與研發的教科書。不少澳門中小學教師嘗試將澳門歷史、地理、文化、時事等編為補充資料，以補充教科書之不足。

四　結語

二〇一二年，澳門《非高等教育私立學校教學人員制度框架》法律經過了多年的諮詢和討論，作出了多次修訂後，於二月二十九日獲立法會通過。內容包括建立學校專業管理團隊、教學人員任職要求、建立教學人員職程制度、保障教學人員薪酬待遇、促進教學人員專業發展、完善教學人員福利制度、建立教學人員評核制度等。其間，教育暨青年局針對現時本澳教育的情況以及未來社會對人才培養的需要，初步擬訂了《澳門非高等教育發展十年規劃（2011-2020年）》的諮詢稿。「十年規劃」提出了五大政策方向，包括「優先發展教育」、「以提高品質為核心任務」、「實現非高等教育各組成部份的協調發展」、「促進教育公平」和「發展多元的學校體系」，並訂定了相應的發展目標和保障措施。這些措施和方向，把以往澳門教育學制多樣化，辦學各自為政的情形打破，逐漸加強管理。

近年，政府自從公佈私框之後，對學校的規範更具體，教育界亦出現統一考試的討論，這些措施，對統一本地教材會有正面作用。政府近年也編製出版了教科書，如德育方面的教科書出版。不過，限於編製教科書的

人力物力，政府資助教科書的出版，甚至成立專責部門自行出版教科書是有一定的困難。尤其是歷史科方面，涉及不同的史觀與資料判斷，很容易出現爭議，影響出版工作。幸好，政府不畏困難，在二〇一五年教育暨青年局制定《本地學制正規教育基本學力要求》行政法規，並於2015／2016學校年度開始分階段實施。所以在二〇一八年，《澳門教材試行版歷史》初中及高中部份得以先後在澳門推行使用。

澳門中學教科書的運用與史觀的建立

一　前言

　　澳門特區政府成立前，澳葡政府因種種因素，對佔大多學生人數的私立教育採取放任態度，教育投資偏重葡人子女，對華人學校提供的支援不多。在這種情況下，澳門學校發展出各自的辦學特色。不單在歷史科，其他學科也一樣，無論在課程和教科書的使用上，各校都有自己的取向，不一定根據政府的教學綱領要求。以中學歷史科來說，出現了一種特殊的情況，就是初中採用香港出版的教科書而高中轉用中國出版的教科書，兩者對歷史陳述的觀點部份有所不同。學生多是通過課堂學習來建構起個人的歷史觀念，教科書的運用在歷史學習上佔有重要地位。澳門學生在學習上會遇到不同觀點的歷史材料，一般來說，學生應會產生一定的疑問，並會尋求解釋，可是澳門學生對這樣的矛盾史事，卻沒有太大的反應，這種特殊的情況，便是本文所要分析的問題。

二　澳門歷史課程與教科書

　　一九九一年八月，澳門特區政府頒佈《澳門教育制度》法律（第11／91／M號法律），對澳門教育作出規範，標誌著政府對澳門教育的關注和支持。二○○六年通過了第9／2006號法律《非高等教育制度綱要法》，訂定了非高等教育的原則和目標，組成、義務教育和免費教育、教學教育輔助等。《澳門教育制度》頒佈後，澳葡政府先後設立了不同科目的課程發展

委員會。委員會成員包括公立和私立學校的教師，以及澳門大學的專家，並參照大陸、臺灣和香港的模式，起草不同科目的試行教學大綱。到了一九九五年，學前教育以至初中各級的教學大綱在公立中文學校試行並作修訂後，逐步向私立學校推廣。

以歷史科來說，到一九九九年六月，負責教育事務的教青局公佈制定的《初中歷史大綱》、《高中中國歷史大綱》及《高中世界歷史大綱》。實施時，澳葡政府在說服私立學校採用這套大綱時卻碰到很大的現實困難。一般學校，在初中時期，還可依據這個大綱來安排教學，但到了高中階段，各校為了學生升讀高等院校的需要，教學內容便因應目標地區院校的要求加以調整，發展出以學校為本的課程，不能完全依照教青局公佈制定的歷史大綱施行教學。政府方面亦了解存在問題，明白不容易解決。所以《高中中國歷史大綱》的序言內也列明「由於澳門學校的特殊環境，各校課本不一，故在課程計劃編排上，可以有較大的彈性。執行本大綱時，可按各校實際情形加以調整」。

到了二〇一四年，澳門教育為了要配合本地發展需要，特區政府頒佈第15／2014號行政法規《本地學制正規教育課程框架》，以期促進學生全面發展，培養終身學習能力。該法規對課程內容作出了優化，包括設立學習領域，重視課程的綜合性、培養學生基本的人文素養和科學素養，規定高中教育階段必須文理兼修等。二〇一五年教育暨青年局制定《本地學制正規教育基本學力要求》行政法規，並於2015／2016學校年度開始，先從幼兒教育階段實施。「基本學力要求」指的是學生在完成幼兒、小學、初中及高中各教育階段的學習後，所應具備的基本素養，既包括基本的知識、技能、能力；亦涵蓋情感、態度及價值觀的發展。它一方面指導著學校、教師組織和實施教育教學，設計各學習領域及科目的課程，另一方面也保障了學生獲得基礎性和全面性的培養，提升人才培養的素質

根據「課程框架」學校可自主開發其課程，學校可按年級、班別、學

習領域、科目或課程進度安排及組織教師。初及高中歷史教育方面，學校可設置綜合的「社會與人文」科目，亦可設置獨立的歷史科目。不過，無論學校方面採用什麼課程，學生須達到的「基本學力要求」的標準。一般情況下，學校仍然依據在一九九九年由負責教育事務的教青局公佈制定的《初中歷史大綱》、《高中中國歷史大綱》及《高中世界歷史大綱》作為施教參考。

　　與之同時，教育界很希望可以本地教科書編印出版。可是，澳門人口有限，以二〇一四年為例，澳門人口只有六十二萬多，中學生總人數只有三萬多人，平均每個年級僅有數千名學生，經濟上難以支持獨立出版本地教科書，於是澳門的學校只好採用外地出版的教科書。根據澳門教育學院研究，澳門使用國內及香港出版的教科書最多，使用國內教科書，約佔百分之四十一點三，其次是香港，佔百分三十七。[1]

　　澳門教科書的制度十分自由，沒有什麼限制，學校具有自行選用教科書的權力。據澳門教育課程改革協調員方炳隆的研究在教育制度法律層次，沒有明文規範學校的教科書選用程序和準則，但是，好些條文，包括「教育的基本原則」、「其他物質資源」、「教學自主」及「教育機構的管理」，間接地規範了教科書選用的權限屬於學校，而非教育行政部門。換言之，澳門地區並不存在統一的教科書選用制度，公立及私立學校都同樣自由選用教科書。[2]歷史科的教科書使用情況，主要有三種模式。一是初中及高中年級全用香港版書，二是初中及高中全用大陸版書，三是初中用香港版書而高中轉用大陸版書。這樣，不同學校的學生，由於採用不同的教科書，對史事的理解和觀念差異很大，就是同一所學校，因為採用不同出版地的教科書，對歷史事件的看法亦有分歧。

1　澳門特別行政區政府教育暨青年局委託，教育學院受託，單文經主持：《澳門非高等教育課程的檢視與改革路向專案研究報告書》，2007。

2　澳門教育區課程改革協調員，方炳隆：《澳門地區教科書選用制度》，臺北：臺北師範學院，教科書研討會資料集，2000。

三　教科書的重要性和運用

　　歷史教學原則是要輔助學生建立具批評理念的歷史價值觀，教學過程中，教科書不應該是單一的教學工具及知識的來源，教師應採用多元的教學方法，讓學生通過批判性思考來建構起歷史觀念知識。

　　雖然澳門沒有本地出版的教科書，但從歷史教學大綱中亦可見到這個理念。澳門的《初中歷史大綱》的內容與香港的其實差不多，明確把知識、技能、態度三類列成總目標。而澳門是把中國歷史和世界歷史合為一科，所以在認知目標上，包括了認識世界歷史、中國歷史和澳門歷史。技能方面，除了培養記憶、觀察、想像、分析、比較、概括和判斷等能力外，還具體地提到歷史地圖、複製實物、參觀古蹟等。態度方面，由於包括世界歷史內容的關係，目標不再是側重學生對中華民族的歸屬感，而是把範圍擴闊，欣賞人類寶貴文化遺產。

　　政府十分鼓勵教師採用活潑互動的、多元化的教學方式來教授歷史。大綱內明確說出，教師應依據課程的目標，考慮到知識、技能、態度三者之間的平衡，再就教材之性質、學生之興趣、教學之環境，採用多元化的教學方法。而文中亦有列出一些常用而有效的方法，供教師參考：包括（1）故事講述、（2）摹擬遊戲、（3）小組討論、（4）單元設計、（5）閱讀研討、（6）參觀訪問、（7）輔助教學。

　　高中方面，從《高中中國歷史大綱》內的教學指引提出「參與和活動模式」。所謂參與，一是指教師和學生以平等的身份參與教學活動，共同討論，共同解決問題；二是指師生共同參與包含了教學活動在內的社會生活。所謂活動，則是學生的主動活動成為教學的主要形式，自己找資料，定課題，做實驗，搞製作，既動腦又動手；既表現課堂教學，更表現於課外活動。

　　此外，該大綱又建議學校建立課外活動組織。主張根據課本內容組織

課外活動，高中學生可組織歷史學會、興趣小組，考察本地歷史遺址、名勝、街道、行業等，以培養學生獨立的學術活動，認為在充分條件下，可以將這些活動寫成報告結集出版。

按照課程大綱的要求，在教學多元化之下，教科書的重視程度必然減低。可是，受到學年時間及課堂時間限制，澳門的歷史教學在實際的施行上仍是以教科書為主要教學內容及工具，以傳統講授為主要教學模式。電化教學雖然是課堂必用的方法，但內容仍然是圍繞著教科書的內容做解說，並未做到真正多元化教學方法及或者所謂「參與和活動模式」。澳門的歷史教學上，教科書仍佔有極重要的地位。

不過，教科書是要依據教學大綱來編寫，香港與內地的教科書都編排得活潑多樣化，香港書中除了課文內容外，設計了各種不同的欄目。「探索起步」這一欄目先讓學生閱讀一些與該課有關的歷史資料和圖片，然後要求學生解答相關問題，藉此來引起學生的學習動機或興趣。接著是穿插在課文中的「資料檔案室」和「讀一讀」欄目，這兩個欄目為學生額外補充了一些課文以外的歷史知識，提升學生研習歷史的能力。

另外在課文的兩側不時會出現「思考一點」欄目，此欄目根據課文的內容提出相關問題去引導學生思想，從而發展學生的思維能力。而「思維訓練坊」則是一個以技能訓練為目的課堂練習欄目。透過讓學生閱讀歷史資料並回答問題，以培養他們的理解力、分析力和判斷力等技能。「讀史修德」欄目通過歷史人物的生平故事，提高學生的是非判斷力，使學生樹立正確的價值觀，並培養良好的品德操守。最後是「多角度思考」欄目，此欄目提供了一些圍繞某一歷史事件的不同方面的觀點，使學生能夠從不同的角度去思考歷史問題，培養他們的批判性思考能力。

內地教材與香港教材一樣，除了課文內容以外，也設計了各種不同的欄目。以人民教育出版社的教科書為例，書本左側的欄目通過歷史圖片介紹的形式，引發學生的學習興趣，然後提出幾個問題，導入新課。「動腦

筋」欄目穿插在課文中，根據課文內容，提出問題，引導學生思考，從而發展學生的思維能力。

課文後的「練一練」則是一個為該課內容設計的習題欄目，學生可據此來檢查是否已經掌握基本知識。而「活動與探究」欄目是根據課文內容而設計的一些活動，有討論、寫作等形式，以培養學生的思維能力、語言表達能力、寫作能力等。最後的「自由閱讀卡」是一個延伸課文內容的欄目，挑選一些具有知識性、趣味性和啟發性的資料供學生閱讀。此外，書中除了課文以外還引用了文獻資料，幫助學生加深對正文的理解，擴充學生的知識面。

就整體結構而言，香港教材和內地教材除了按照相關的課程規定撰寫之外，還設計各種不同的欄目，藉此以培養學生的理解、分析、判斷、反思等多元能力。就欄目內容而言，香港教材明顯比內地教材較為豐富。以課堂練習欄目為例，香港教材中的「思維訓練坊」以資料閱讀、填寫表格和回答問題三種形式去引導學生思考。反觀內地教材的「練一練」欄目，只是單純提出一條問題讓學生回答，缺少了適當的引導，這樣學生可能會面對所提問題束手無策，不知從何下手。在教師的角度出發，香港的教材對於教學會有更大的幫助，好好運用教材上的多元化欄目，亦會取得更好的教學成效。

有學者通過對現行香港、內地人教版歷史教科書的比較分析，結論是可以看出，兩地教材都具有時代特徵，同樣重視學生歷史能力培養，並付諸於實踐。香港顯著特色之一是注重非智力因素（愉快教育），以一流的印刷與裝幀來表達。學者以洋務運動一節為例比較香港及國內教科書，香港教科書既介紹政治和軍事，也有關於社會生活的史料，圖片多樣化，文字說明較多，還有漫畫（頑固派和洋務派的爭論），另外也有地圖、圖表，較好的兼顧男女生學習特點和學習興趣。內地人教版注重學生歷史思維能力的培養，它以馬列主義毛澤東思想分析敘述史實。教科書較好的運

用地圖（洋務運動軍工企業和民用工業的分佈圖）和圖表（洋務運動企業創辦年限、地點、創辦人簡表），盡量做到觀點鮮明，立場正確，把德育發放在首位，著眼於提高學生的素質，注意吸取新成果從而達到思想教育目的，並有利於培養學生歷史比較能力。[3]就教科書本身的編寫而言，無論國內版或香港版都合適在澳門施教，而且編印都具有很高水平。

依據教科書的設計，學生在學習過程中，必然會對歷史事件及問題提出不同的意見，對書中的內容作出思考及批判，尤其是初中及高中接觸到不同地方編製的教科書時，對內容可能出現的差異，觀點上的矛盾，應該會出現爭辯討論的場面。以下是香港和內地出版的歷史教科書對比的一些例子。

四　香港教科書的內容與內地教科書對比

教科書的內容受到教學綱要規範，教學綱要又受到史觀及政策因素所影響。港版書與內地版書由於背後不同的史觀和理念，所以編排取材，部份有所出入。如果地區上只採用單一教科書，那在課堂教學上就很少會出現史觀衝突等問題。可是澳門採用內地及香港版教科書，由於內容取材有所不同，這就容易使學生產生困惑。

（一）以內地人民教育出版，普通高中歷史實驗教科書《歷史》（下稱人教版）和香港齡記出版社《探索中國史》（下稱港版）一些內容作對比。

（1）以國共十年武裝對立／對峙起因為例

人教版（內文）：在國內外反動勢力支持下，蔣介石於一九二七年四

3　程曉波：《兩岸三地歷史教科書中「洋務運動」編寫特色比較》（上海：華中師範大學碩士學位論文），頁36。

月十二日在上海發動反革命政變，大肆捕殺共產黨員和革命群眾。日，蔣介石在南京建立「國民政府」，與汪精衛任主席的武漢國民政府相對抗。

港版（內文）：在一九二七年北伐軍進入上海之前，共產黨曾發動武裝鬥爭，控制了全市局勢。北伐軍開進上海後，蔣中正即著手策劃「清黨」事宜。四月十二日，他下令將上海工人糾察隊三千人繳械，並捕殺共產黨人。不久又在南京另立國民政府。自此，國共關係破裂。

港版書重點在敘述清黨的情況，行文以客觀描述為主，雙方的行動也有簡述。而人教版把這事件定性為反革命政變，又用「大肆捕殺」來表達革命者受害情況，單方面描述蔣介石的行動，並在行文上暗示其不合理。

（2）以國民黨五次圍攻的事件為例

人教版（內文）：紅軍和革命根據地的發展，使國民黨十分恐慌。從一九三〇年十月起，蔣介石接連向各根據地發動三次大規模「圍剿」，毛澤東，朱德領導紅軍粉碎了敵人的「圍剿」，使革命根據地得到鞏固和發展。一九三三年秋，蔣介石調兵百萬對紅軍各根據地發動第五次「圍剿」，以五十萬兵力進攻中央根據地。結果，紅軍苦戰一年，未能粉碎敵人的「圍剿」，被迫實行戰略轉移。

港版（內文）：自一九三〇年至一九三四年，國民黨對江西、福建等地的共產黨根據地發動了前後五次的軍事圍攻，終於打敗紅軍，使共產黨在江西、福建等省的根據地逐漸縮小。

港版書不用「圍剿」，改用「圍攻」只簡單敘述五次圍攻，打敗紅軍。而人教版雖用「圍剿」字眼，但行文強調圍剿給「紅軍粉碎了」，紅軍並沒被打敗，只是「實行戰略轉移」，從正面態度來描述紅軍的行動。

（3）以長征的結果為例

人教版（內文）：一九三五年一月，中共中央在遵義召開政治局擴大

會議，集中全力糾正博古等人的「左」傾軍事路線錯誤，肯定毛澤東的正確軍事主張，選擇毛澤東為政治局常委，取消博古、李德的軍事指揮權。遵義會議結束了「左」傾錯誤在中央的統治，事實上確立了以毛澤東為核心的黨中央的正確領導，成為黨的歷史上一個生死攸關的轉折點。遵義會議後，毛澤東指揮中央紅軍巧妙地衝破敵人的圍追堵截，歷盡艱險，於一九三五年十月，到達陝北吳起鎮，與當地紅軍會師。次年十月，紅二方面軍和紅四方面軍長長征到達甘肅，與前去接應的紅一方面軍會師。長征勝利結束。

港版（內文）：一九三四年十月，紅軍因戰敗而自江西、福建撤退，歷時一年，經十多省而抵陝西北部，是為「二萬五千里長征」。此後毛澤東便成為共產黨主要領導人，以延安為中心，繼續發展根據地。及至一九三六年「西安事變」發生後，國共幾經談判，又再度合作，共同抗日。

港版書簡單解釋什麼是二萬五千里長征，及對其後歷史發展略加說明。而人教版對長征期間的政治變化描述較多，又突出毛澤東的貢獻各地位，最後更強調長征是勝利的本質。

（二）再以內地人民教育出版社的《歷史》與香港齡記出版社《簡明中國史》作出比較，分析兩地對於《新文化運動》之課題在編寫教材時的異同處。

人教版一共只用了「《新青年》的創辦」和「新世紀的曙光」兩個標題去概況全文。文章篇幅較小，只用了四頁概況全文，內容高度濃縮。「《新青年》的創辦」正文共兩段，第一段簡單地介紹了新文化運動的背景，第二段介紹新文化運動的主要提倡者、口號和內容。「新世紀的曙光」也共兩段，第一段交代新文化運動的結果，第二段總結了它的影響，但主要集中在思想方面。就內容結構來看比較含糊，需要學生自行理清史實，或者教師在教學過程中多加指導分析，才可掌握重點。總的來說，課

文內容比較簡單明瞭，使學生容易地認識新文化運動，缺點是內容不夠詳盡，使他們不能更全面地了解新文化運動。

而香港版全篇內容脈絡分為新文化運動產生之背景、經過、主要內容和影響。在各一個脈絡中也編有列點的方式，說出該脈絡的不同方面。第一個標題是背景，明確地寫出不同因素導致新文化運動的發生，如科舉制度的廢除、帝制的推翻等。第二個標題是經過，寫出運動的開始和進程，再有新文化運動與五四運動的關係。第三是從不同方面寫出文化運動的主要內容。最後的部份是影響，就是從文化教育、學術研究、政治運動和社會思想四方面提出新文化運動的成就。總的來說，全篇課文脈絡清晰，而且內容簡單易明，使學生學習課文時不感到困難，有利於學生對全課新文化運動內容有深入的了解。

相較之下，香港版內容非常清晰地表達出新文化運動的起因、經過和結果，學生在學習時更全面地掌握整個歷史事件。相反，人教版只用兩個標題概括全件歷史事件，且文字簡單，因此老師在教授時需要向學生加入課文中沒有的資料，倘若學生一不留神，就很難掌握該歷史的內容。而且對於未曾學過此歷史的學習生來說，學習時可能會感到困惑。

在交代背景方面，兩者側重點不同。香港版在介紹背景時，有提及鴉片戰爭對新文化運動的影響，而人教版並沒有提及鴉片戰爭，香港版又提到「帝制雖被推翻，專制依然故我」，只是一句籠統帶過，但人教版則比較詳細地提到袁世凱的專制是文化運動的爆發原因。香港版書有提到五四運動是愛國運動，分析五四運動的出現與新文化運動的關係，但人教版在這方面，卻著墨不多。

在分析新文化運動的影響方面，人教版只提及到政治和思想方面，而香港版則從文化教育、學術研究、政治運動和社會思想四方面分析，香港版顯然更為全面詳盡。

兩本教科書對新文化運動的看法最大的不同表現在兩方面：第一，人

教版寫「中國的先進分子用馬克思主義作為精神武器，教育和組織人民，將革命推進到一個新時期」；而香港版則說「尤其是馬克思主義，經陳獨秀、李大釗等人的提倡，終於促成了中國共產黨的成立，極大地影響了現代中國歷史的發展」。相比可知，人教版對與新文化運動的看法是讚揚褒義的，因為它的用詞是「中國的先進分子」，其中更強調馬克思主義和共產黨成立，而香港版則用一般敘述方式，直接採用提倡者的人名。另外，在整篇課文內，人教版只提到了與共產黨有關的革命黨人，而香港版就將大量與新文化運動有關的人士都如實寫進課文裡面，讓學生全面地認識他們。人教版的政治立場是站在共產黨那一邊的。

同時，人教版認為新文化運動的作用是將革命推進到一個新的時期，而香港版則提到促進中國共產黨的成立，這是人教版沒有具體提及到的，還認為這影響了現代中國歷史的發展，明顯可以看出人教版是站在中國共產黨的角度看待新文化運動的影響，香港版卻站在整個中國歷史發展進程去分析影響。第二，雖然兩邊教科書都提及到新文化運動促進對人們思想的解放，但人教版比香港版多提出了一個觀點，「新文化運動中也有對東西文化絕對否定或絕對肯定的偏向，這一直影響到後來」，人教版更較深刻地剖視了新文化運動對中國文化傳承的不利的一面，而並非祇有好的一面。

五　澳門應對不同史觀衝擊的方法

澳門的學生在初中及高中接觸到不同地方編製的教科書時，對內容可能出現的差異，觀點上的矛盾，按理應該會出現爭辯討論的場面。可是，這種情況，實際上在學校卻很少出現，主要的原因如下。

（一）辦學團體的背景

澳門的私立辦學團體可分為教會和社團組織兩大類，一般來說，不同

類型的團體在聘用校長及提升核心領導人員如副校長、科主任時，都會考慮他們的背景因素。教會組織除了考慮宗教因素外，一般傾向聘用和提升曾在香港或臺灣大學畢業的本科生，而社團組織就較傾向於聘用和提升大陸畢業的本科生。這種情況，除了是辦學團體的歷史背景及文化不同有關，亦與學生升學相關。在澳門未建立本地高等院校系統時，教會組織的學校，學生多往香港和臺灣升讀大學，而社團組織的學校，學生一般以前往大陸升學為主。

在這種情況下，教科書的選用、教學的要求，以至通過教科書而建立的史觀，便容易有一致性。就算是個別社團，有感於香港出版的教科書，內容編排較為活潑吸引，在初中時採用，到了高中，因為前往大陸升學的需要，多會轉用大陸出版的教科書。但限於辦學社團背景及核心領導的規範，課堂上很少出現為史事觀念爭辯討論的場面。

（二）聘用教師方面

澳門學校有一個傳統，就是喜愛聘用學校自己的畢業生回來任教，或者是聘用一些中學或大學背景相若的老師任教。要是其間聘用一些不同背景畢業的老師，他們都不會被提升為科主任或主任級數，負責主要的行政工作。據陳岡的研究指出，澳門的學校喜歡聘用相同政治背景的老師來任教歷史科。如葡萄牙語的公立學校，所有歷史科教師來自葡萄牙。一所有五十年歷史的親中學校，受過培訓的教師全部來自中國。另一所親臺灣的學校，畢業生都參加臺灣入學試，校內的歷史科教師，四位中便有三位在臺灣受過培訓。[4]

此外，一向以來，歷史科在升大學的作用上比不上中、英、數三科，不打算投放太多資源。據澳門資深歷史教育工作者陳子良對十四間中學不

4　陳岡：《中學歷史課程》收入貝磊、古鼎儀主編，單文經校閱：《香港與澳門的教育與社會》（香港：香港大學比較研究中心，臺北：師大書苑，2005年），頁199-207。

完全的統計，全澳專任歷史教師不足二十人，而兼任教師則多達百人，即百分之九十以上的歷史不是本科出身，只是兼任，其中以語文教師兼任為多。同樣情況，也有不少歷史系出身的教師，兼教語文科。總之在課程編排方面，誰的課不足，便用歷史課來補充。[5]

這種情況，隨著近年政府主張「專科專教」的政策而有所改變。就以歷史本科畢業生來說，澳門任教歷史科的老師都來自臺灣和大陸，正好合乎兩大辦學團體的要求。澳門大學只在二○○八年開始設立歷史系，二○一二年有第一屆的畢業生，不過，由於該系的辦學時間短淺，畢業生不多，加上以英文教學，修讀方向以東南亞史，藝術史、歐洲史、澳門史為主，不大配合本地以中國歷史為主要教學內容的要求，所以在教學領域內的影響力比不上大陸和臺灣畢業生。由於任教歷史科的老師背景大致相同，對教科書的理解、運用及施教時，便不會產生矛盾。就算是初中及高中採用的教科書不一樣，但老師的背景相若，或者是受到領導級的教師背景影響，便會易於統一和規範教學內容，把教材有爭議的地方減到最少。

（三）課堂教學模式

澳門的教育部門及部份歷史教學的老師界都同意，學習歷史不僅為了認識具體史事，也為了明白歷史現象、把握歷史發展的線索和脈絡。所以知識點需要增加，知識面包應拓寬。不能只停留於記誦的層次。必須構建以探究式學習模式發展學生的歷史思維能力，要求學生在理解歷史知識的基礎上，能夠解釋和分析某個歷史現象，以及評價歷史現象和歷史觀點，敢於置疑問難除了加強課堂研討外，並鼓勵參加課外活動，養成課外活動習慣。

可是，現實上，澳門的歷史科教師，多採用傳統教學模式，以講授法

5　陳子良：《澳門中學歷史教學的現狀與培正中學歷史科的改革路向》，澳門大學教育學院編：《跨世紀學科教育──中國語文、歷史與地理》，頁167。

加上一些問題討論來引導學生學習，啟發學生思考。只有少數老教師追求教學活潑，嘗試運用活動教學模式，利用多種教學活動來引導學生討論和思考歷史問題。

澳門學生學習歷史，一般仍是採用聽講模式，教師以根據書本內容講授為主，課堂討論不多。就是進行課堂上的討論時，很多都是受到規範性或指導性的思想所限制。為了增加課堂的規範，有些學校以分數作為工具，如抄錄筆記分數佔百分之十。課堂紀律佔百分之十。學生要抄錄筆記，使討論時時間不足，學生發言機會減少，而課堂紀律又使學生不敢隨便發言，以免影響分數，這就使課堂討論氣氛熱鬧不起來。

（四）教學評鑑

澳門的教育部門及部份老師認同歷史教育的目標，總的方向是提高學生認識及運用歷史知識的能力，使學生具有獨立分析、綜合、比較的能力。能力的培養和提升，筆試只是其中的一個方法。現代的教育模式，多利用多元化評核方式來提升學生的能力，使學生在學習活動中得到肯定自我價值和能力，從而建構知識。

有些學校的確也做到多元化的評核，例如一所學校，該校歷史科的活動內容豐富，有專題研習、歷史劇、廣播劇、做報表等與及跟其他學校如旅遊學院合作，舉辦講座、世遺景點導賞等，讓學生跳出課堂學習。不過，這些學校為數不多，而且這些活動佔分數比例也不太大。一般學校的評核，多是以筆試為主。

一般中學的學生評核，主要是以筆試為主，佔91.0%，作業成績有77.2%，專題報告只有50.1%。有些學校列明，歷史科佔分比例，測考佔85%，習作佔10%，筆記佔5%。

以測考題目類型來看，問答題型不多，一般只是佔20%內，而且也是屬於背誦史事內容方面，一般是一至二題，屬於背誦史事內容方面，讓學

生發揮意見的題目不多。以一所學校為例，分數偏重填充選擇兩項，高二世史卷填充佔40%，選擇佔30%，合共佔全卷70%。另一學校，高一級填充題有多至佔總分66%，而且填充的內容只要求跟書本行文填寫，缺乏選一些重要，有意義的字句。例如初三級考卷有關辛亥革命內容：「全國⋯⋯軍警再逮捕30人」，「各省響應，不足一月，大多數省宣佈獨立。」，兩題所考的數字，對學生沒有意義。這樣的安排，一是為了批改上的方便，畢竟批改選擇、是非、配對等的題目，比問答題省時多了。二是學生對要花腦筋回答的開放型題沒興趣作答，會出現放棄的情況。

這種評鑑模式下，學生根本不用思考分析，主要依據記憶背誦的方法，便可應付考試。在考試主導的情況下，教師沒時間關注學生的史觀，學生亦以考試為尚。教科書就是考試的內容，能記住內容就成，不用理會真實的情況及個人的見解和觀念。初中及高中所學不同內容矛盾之處，根本沒時間理會，亦無需要理會。

（五）時間限制

學校一般以提倡升學為主要學習目標，一些學校，半學年四次測驗二次考試，全年共八次測驗，四次考試，大約三至四週便要測驗一次，整體考核次數過多。而且在測考之前，都安排複習時間，使整體教學的時間減少。為了滿足課程編排需求，只好採用傳統的講授方式，教科書上的矛盾史觀，根本無暇理會。

（六）以教育大方向來調控不同教科書的史觀

在自主及多元化的辦學情況下，歷史意識形態的問題早已存在。不同背景的教科書，對某些史事的解釋會有不同取向。例如葡國出版的教科書，強調澳門對葡萄的忠誠。內地出版的教科書，並不認同北朝鮮在韓戰中應該當作入侵者來指責，書中側重馬克思主義的重要和社會主義的優越

性。香港的教科書，被內地認為是以英國人的觀點來編寫，沒有在鴉片戰爭中指責英國人的侵略。在同一學校的學生，對同一件史事，可以接觸立場不同的解釋。有時在低年級學習時被說成不正當的行為，例如古代史上的「暴亂」，因為教科書的背景不同了，在高年級接觸時可能變為「農民起義」，成為一種正當的行為。這種情況，是其他地區較為少見，可說是澳門教育的一種特色。

這種對同一事件的不同闡述，矛盾的存在，在教育界卻並沒有產生太大的衝激。除了上文的情況外，澳門的教育政策也有關係。澳門的教育政策是對課程原則從「愛國愛澳」的大方向作出規限，而不是著重課程的具體內容。二○○六年通過了第9／2006號法律《非高等教育制度綱要法》內第四條總目標，明確列出「相關實體致力培養及促進受教育者愛國愛澳、厚德盡善、遵紀守法的品格，使其有理想、有文化及具備適應時代需求的知識和技能，並養成其健康的生活方式和強健體魄，尤其應：（1）培養其對國家和澳門的責任感，使其能恰當地行使公民權利，積極履行公民義務。（2）使其能以中華文化為主流，認識、尊重澳門文化的特色，包括歷史、地理、經濟等多元文化的共存，並培養其世界觀……」。

而第九條初中教育列明的目標，（1）培養學生良好的品德和自尊感，使其樂觀進取，關心他人及澳門和國家的發展，熱心參與社會。而高中教育的目標列明第一項是增進學生的國家觀念、全球視野及環境保護意識，加強其對澳門的了解和歸屬感，使其成為有責任感的公民。

近年澳門新建立的基本學力要求，亦可見這種想法。基本學力要求是法律性的文件，教學上必須依據。無論學校採用什麼教材，必須確保學生在學習後達到基本學力所要求的內容及水平。二○一三年初中社會與人文基本學力要求，課程目標的2.10項，列明「增強對本土與國家的歸屬感和責任感」。二○一五年高中社會與人文基本學力要求、課程目標的2.5項，亦列明「透過本土探究的專題活動，發展溝通、表達、合作、解決問題與

建構知識的能力，養成尊重、包容與欣賞的態度，以及對於鄉土、社會與國家的關懷與歸屬感。」

從這點來看，無論學校採用什麼教科書，用什麼的觀點來解釋史事，幫學生建構史觀。總之就是要培養對國家，對本土的歸屬感。

二〇一八年，負責教育事務的教青局已編製本地的歷史教學科書及相關教材，從二〇一八至二〇一九年度向學校推行，計劃由初中一及高中一開始，再按時間推及各級。隨著政府推廣本地教科書，相信不久，港版及國內版教科書的使用率必然下降，在若干年後，澳門使用不同地區的教科書產生的史觀矛盾，會減至最低，甚至漸漸消失。

六　結語

澳門歷史科的教學及評鑑，在課程大綱內雖然寫得多元活潑，但限於教學條件及觀念，實際上仍是以傳統講授，考試主導為多數，就算是加入課堂討論或辯論模式，亦會採取一些條件限制。教科書的內容及運用，一向是學習歷史，建構歷史觀念的重要工具。以澳門採用不同地區編製的教科書，要發生史觀上的衝突，是很自然的事，對史事的疑問，應該十分之多。不過，由於澳門學校的教學傳統文化，包括學校背景、教師背景與及教學條件等，配合政府對愛國愛澳的教學目標堅持，加上澳門社會對向來重視社會和諧的觀念，造成學習時，史觀上的衝突並沒有顯露出來，只流傳學生或師生之間的私下討論中，甚至受到忽視，無人理會。

港澳的教育改革與歷史教育發展

一　香港教育改革的過程

　　一九九七年香港回歸中國後，特區行政長官在《一九九七年施政報告》中要求教育統籌委員會（簡稱「教委會」）對當時的香港教育制度進行全面檢討。一九九八年，教委會分別就「21世紀教育目標」、「改革教育制度的方向和整體構思」與「改革教育制度的方案」等問題進行了檢討。從一九九九年開始，教委會就「教育目標」、「教育改革建議」和「教育改革方案」分別向公眾諮詢。二〇〇〇年五月，在綜合了各方的意見後，教委會發表了《香港教育改革建議》，提出了香港在二十一世紀的整體教育目標是：「讓每個人在德、智、體、群、美各方面都有全面而具個性的發展，能夠一生不斷自學、思考、探索、創新和應變，具充分的自信和合群的精神，願意為社會的繁榮、進步、自由和民主不斷努力，為國家和世界的前途作出貢獻」。教育目標充分表現了此次教育改革「幫助每個人透過終身學習，達至全人發展」的理念。另外，報告中建議採用「三三四」的新學制，即三年初中、三年高中和四年大學，與國際主流學制接軌。

　　不久，香港特區行政長官在其施政報告中表示接受教委會《香港教育改革建議》的內容，並公開了改革日程表，由此正式拉開了香教育改革的序幕。二〇〇一年六月，課程發展議會提交了《學會學習——課程發展路向》報告，將「學生學會學習」作為課程發展的大前提，提出了一個新的課程構架，建議將現有科目（中國語文教育、英國語文教育、數學教育、個人、社會及人文教育、科學教育、科技教育、藝術教育、體育）編入八

個學習領域。到二○○二年《基礎教育課程指引——各盡所能‧發揮所長》公佈，成為初中教學課程的正式依據。

高中方面：二○○四年十月，教委會向公眾進行高中學制改革的首輪諮詢。與此同時，就「新高中課程核心及選修科目架構」，課程發展議會與香港考試及評核局向公眾進行首輪諮詢。二○○五年五月，教委會發表了《高中及高等教育新學制——投資香港未來的行動方案》，該報告書公佈三年高中學制將於二○○九年九月在中四級實施。同時，課程發展議會與香港考試及評核局又聯合發佈了《新高中課程及評估架構建議——第二次諮詢稿》繼續面向公眾諮詢，新高中的課程架構及評核機制已基本成型。二○○六年八月，《策動未來——職業導向教育及特殊學校的新高中學制》公佈。二○○七年《高中課程指引》出臺，同年，高中各科目根據《高中課程指引》及自身的學科特點，發佈了各自的課程及評估指引，出版社則以這份課程及評估指引為標準編寫教科書。二○○九年，課程發展議會編訂了《高中課程指引——立足現在‧創建未來（中四至中六）》，對新高中課程及評核方法作出了全面而詳細的解釋，以配合「三三四」新學制的實施。

新高中課程是寬廣而均衡，包括三個組成部份，分別是核心科目、選修科目和其他學習經歷。核心科目為必修科目，包括中國語文、英國語文、數學和通識教育四科，佔總課時的百分之四十五至五十五；選修科目要求學生從二十個高中科目、一系列的應用學習課程和其他語言中，選擇二至三個科目，佔總課時的百分之二十至三十；其他學習經歷包括德育及公民教育、社會服務、藝術發展、體育發展，以及與工作有關的經驗，佔總課時的百分之十五至三十五。

所有學生都必須修讀通識教育科，該科包含六個單元和獨立專題探究。六個單元分別是個人成長與人際關係、今日香港、現代中國、全球化、公共衛生、能源科技與環境。而二十個高中選修科目中，分屬於七個

學習領域，分別是：一、中國語文教育；二、英國語文；三、個人、社會及人文教育；四、科學教育；五、科技教育；六、藝術；七、體育。應用學習課程涵蓋六個範疇，包括：一、應用科學；二、商業、及法律；三、創意；四、工程及生產；五、媒體及傳意；六、服務。

　　二○一二年開始，香港採用中學文憑考試作為學業評價和高校招生的標準，考試科目分為三類：四個核心科目和二十個選修科目為甲類；應用學習科目（二○一二年暫定科目包括十五組三十科）為乙類；其他語言科目（法語、德語、印地語、日語、西班牙語、烏爾都語）為丙類。考生可從這三個學科類別中挑選，最多可報考八科。考試命題及評核的主要依據來自於高中各科目課程及評估指引。中學文憑考試的特色是加入了校本評核。校本評核是指在學校進行，由學校任課教師評分的評核活動，主要理念是提高整體評核的效度，並能涵蓋無法輕易透過紙筆評核的學習成果。校本評核的成績會被計算入最後的總成績，所佔比例約為百分之十五至二十五。此外，彙報學生的成績採用水準參照的方法，換言之，只要學生達到了某一等級的分數，就能進入該等級。

二　澳門教育改革的過程

　　澳門特區政府成立前，澳葡政府對佔大多學生人數的私立教育採取放任態度，臨近回歸前，才開始加強對教育方面的投資。澳門特區政府成立後，為了社會發展需要，教育方面增加了投放資源及規範。二○○六年通過了第9／2006號法律《非高等教育制度綱要法》，訂定了非高等教育的原則和目標，組成、義務教育和免費教育、教學教育輔助等。到了二○一二年，非高等教育委員會及其「專責小組」作深入討論後，初步擬訂了《澳門非高等教育發展十年規劃（2011-2020年）》。「十年規劃」指出，澳門的非高等教育正處於提高品質、邁向優質教育的關鍵期，未來須按照優先發

展、提高品質、育人為本、促進公平的方針，在十五年免費教育的基礎上，努力加大教育投入。「十年規劃」提出了五大政策方向，包括優先發展教育、以提高品質為核心任務、實現非高等教育各組成部份的協調發展、促進教育公平和發展多元的學校體系，並訂定了相應的發展目標和保障措施。

在課程方面，為落實《非高等教育制度綱要法》的規定，建立符合澳門教育發展需要的課程，特區政府在二〇一四年頒佈第15／2014號行政法規《本地學制正規教育課程框架》（下稱「課程框架」），以期促進學生全面發展，培養終身學習能力。該法規規定，自2014／2015學年開始，所有本地學制的學校須遵守每學校年度教育活動總日數不得少於195學日的規定。與此同時，該法規對課程內容作出了優化，尤其包括（一）設立學習領域，重視課程的綜合性；（二）加強品德與公民教育、體育和藝術教育，確保其在各教育階段必要的課時；（三）培養學生基本的人文素養和科學素養，規定高中教育階段必須文理兼修；（四）把「餘暇活動」納入小學至高中的課程計劃，培養學生的實踐能力；（五）規定在小學至高中每週體育課時間不得少於七十分鐘等。

二〇一五年教育暨青年局制定《本地學制正規教育基本學力要求》行政法規（下稱「基本學力要求」）正式頒佈，並於2015／2016學校年度起，先從幼兒教育階階段實施。「基本學力要求」指的是學生在完成幼兒、小學、初中及高中各教育階段的學習後，所應具備的基本素養，既包括基本的知識、技能、能力；亦涵蓋情感、態度及價值觀的發展。它一方面指導著學校、教師組織和實施教育教學，設計各學習領域及科目的課程，另一方面也保障了學生獲得基礎性和全面性的培養，提升人才培養的素質。

三 教改下的香港歷史教育

在教育改革的潮流下，初中方面，與歷史教育相關是個人、社會及人文教育領域內的中國歷史科及歷史科。高中方面，歷史教育主要也是選修科目內屬於個人、社會及人文教育領域內的中國歷史科及歷史科。

（一）初中方面

新初中課程的宗旨是讓學生認識自己的國民身份，致力貢獻國家和社會。課程發展議會《學會學習——課程發展路向》文件中表示十分重視培養學生對民族及國家的歸屬感。所以無論就讀什麼類別學校，所有學生，均須學習中國歷史及中華文化之內容。

初中的歷史教育可透過多個學科進行，學校在學科編排時，可以像以往一樣，採用獨立學科來學習，如中國歷史科及歷史科分別學習中國歷史及世界歷史，或者改以歷史及文化科來學習中國歷史及世界歷史。[1]與以往不同，無論用什麼模式課程，中國歷史與文化將是個人、社會及人文教育課程架構中的核心學習元素，此外，更要發展共同課題教學，或是策劃聯繫不同科目範圍的專題研習，組織不同科目教師的合作和貢獻。[2]

根據課程發展議會在一九九七年頒佈中一至中三《中學課程——中國歷史科》，課程重點在掌握歷史知識、訓練思維能力和培養良好品德，並希望貫徹「愉快學習」的精神，讓學生愉快學習。具體宗旨而言，在於讓學生認識中國歷代重要史事、人物事蹟及文化知識，及「具有基本史識及處事能力」和「建立優良品德、培養對民族及國家的歸屬感」。[3]

1　課程發展議會：《個人、社會及人文教育學習領域課程指引》（香港：政府印務局，2002年），頁40。

2　課程發展議會：《學會學習——課程發展路向》（香港：政府印務局，2001年），頁43。

3　課程發展議會：《中學課程——中國歷史科》（香港：政府印務局，1997年），頁2、8。

　　教學內容分甲、乙兩部。甲部為政治史，由華夏政治肇始至中華人民共和國的內政外交。主要以通史體例，從「縱」向介紹中國歷代治亂興衰的重大歷史事件、重要歷史人物等，使學生掌握史事的脈絡和每一斷代的發展。乙部為文化史，以專題形式，從「橫」向認識中國社會的面貌與文化特色，內容包括遠古時期的文化、文字的起源與發展、科技發明與重要建設、中外交通的發展、學術思想、宗教等等。此外，課程亦重視香港史教學，教師可藉著中國史事與香港有關的課題，讓學生建立鄉土感情與民族認同感。課程建議採用多元化的教學活動以引發學生的學習興趣，也讓學生有直接參與機會，從而刺激思考，達到愉快、有效學習的目標，建立對民族及國家的認同感及歸屬感。[4]

　　世界歷史方面，根據課程發展議會在一九九六年頒佈中一至中三《中學課程綱要——歷史科》，該課程是配合歷史科教與學的新發展，重視技能與概念的掌握和史料的運用，強調研習本地史的好處，提倡採用新的評核方法。主張教師採用多元化的教學法，激發學生對學習歷史的興趣，適當聯繫歷史科與跨課程主題，讓學生建立正面價值觀和積極態度。[5]

　　教學內容由古代至二十世紀。中一級範圍是古代及中古時代，包括五個專題：歷史研習簡介、香港傳統農村生活、古代主要文化中心生活、古希臘羅馬時代生活、中古時代生活。中二級範圍由中古至近代，也包括五個專題：文藝復興、革命時代、機械時代生活、東西方接觸、直至二十世紀香港的成長和發展。中三級的範圍是二十世紀，包括四個專題：二十世紀國際紛爭及危機、二十世紀的香港成長和發展、二十世紀的主要成就、二十世紀歷史的微型專題研究。[6]

4　課程發展議會：《中學課程——中國歷史科》（香港：政府印務局，1997年），頁4-7。

5　課程發展議會：《中學課程綱要——歷史科》（香港：政府印務局，1996年），頁6、22。

6　課程發展議會：《中學課程綱要——歷史科》（香港：政府印務局，1996年），頁9-11。

（二）高中方面

　　高中的歷史教育主要也是從中國歷史科及歷史科推行。香港從二〇〇九年開始推行新學制，即三年初中、三年高中和四年大學。高中階段，香港中學歷史教育設置了歷史科和中國歷史科兩門獨立課程，歷史科以世界史為主線，中國歷史科則以中國史為主線。香港教育改革後，高中階段的歷史科和中國歷史科同屬於個人、社會及人文教育學習領域，都是選修學科。

1 **中國歷史**

　　高中中國歷史科的課程理念一改過去只注重歷史知識的建構，將關注的重點放在了解學生的學習上，強調掌握歷史研習的方法，培養學生「學會學習」的能力，與整體教育目標相呼應。以高中中國歷史科為例，全新的課程理念有四：一是文化傳承、二是國民教育、三是學會學習、四是持續發展。課程要求學生能對事物作多角度的探究及分析，並具備研習歷史的正面態度和技巧，又以公開考試結合校本評核成為全面評價學生學習過程和學習成果的主要指標。

　　香港考試及評核局與課程發展議會於二〇〇七年聯合編訂了《中國歷史課程及評估指引（中四至中六）》，為香港高中中國歷史課程的實施指明了方向，闡明了課程、教學與評估這三個重要元素之間相互影響的關係。

　　中國歷史科的課程目標由三部份構成。首先要求學生通過課程學習建構歷史知識，掌握歷史發展的主要脈絡以及發展趨勢，這是中國歷史科的學習基礎。進而在學生學習的過程中掌握基本的研習歷史的技能，並且進行知識的遷移，建立起面對社會和人生問題時所需要的綜合能力。最後，發揮中國歷史教育的社會功能，幫助學生培養積極的人生態度與價值觀，

加強學生對中國和中華民族的認同感和歸屬感。[7]

　　中國歷史科的課程架構主要分為「歷代發展」（必修部份）與「歷史專題」（選修部份）兩部份。必修部份以時間為維度縱向分析中國歷史的演變進程，政治史為主。再細分成甲、乙兩部，中國古代史部份（上古至十九世紀中葉）為甲部，中國近現代史（十九世紀中葉至二十世紀末）為乙部。其設計遵從了「點」、「線」、「面」相結合以及「詳近略遠」的原則。所謂「點」、「線」、「面」相結合，即以歷史事件作為基本點，將各個歷史事件串連形成線，進而呈現出整體歷史面貌。採用「詳近略遠」的模式，強調了近現代史的學習，有助於學生了解當代中國及香港社會。[8]

　　選修部份試圖從多個角度以不同視角，橫向探討中國歷史的不同層面，提供了包括《二十世紀中國傳統文化的發展：傳承與轉變》、《地域與資源運用》、《時代與知識份子》、《制度與政治演變》、《宗教傳播與文化交流》和《女性社會地位：傳統與變遷》等六個專題，學生根據自己的興趣只需選擇其中兩個專題進行學習即可。選修部份貫徹「個案研習」的學習模式，充分發揮學生的歷史技能，對所選課題進行深層次的探究。通史與專題史相結合，共同促成中國歷史科在廣度與深度之間的平衡。

　　在課程的實際實施過程中，除了必修部份與選修部份之外，還增加了《中國歷史概論》作為學習內容，使學生在進入正式課程學習之前對中國歷史有一個概括性的認識，對歷史學習方法有一定程度的掌握。這部份內容不列入考試範圍，教師在具體教學安排時，可根據學生的情況和教學內容，靈活作出調整。[9]

7　香港考試及評核局與課程發展議會：《中國歷史課程及評估指引（中四至中六）》（香港：政府印務局，2007年），頁3-4。

8　香港考試及評核局與課程發展議會：《中國歷史課程及評估指引（中四至中六）》（香港：政府印務局，2007年），頁5。

9　香港考試及評核局與課程發展議會：《中國歷史課程及評估指引（中四至中六）》（香港：政府印務局，2007年），頁39。

2 歷史科（世史）

　　歷史科的課程目標是要使學生建構知識並了解基本的歷史概念、陳述和詮釋歷史的不同方式，掌握技巧及培養正面的價值和態度。內容亦分為必修和選修兩部份：必修部份包括引言「現代世界的孕育」、主題甲「二十世紀亞洲的現代化與蛻變」和主題乙「二十世紀世界的衝突與合作」；選修部份旨在讓學生可選修一些更切合其需要、興趣及能力的有關二十世紀歷史的課題。包括三個項目，即一、比較歷史、二、歷史議題研究、三、本地及文化傳統研習，每一個選修項目的設計都依據一種特定的歷史研習方式，能培養學生某一類型的概念與技能。學生須選擇其中一項。[10]

　　課程內有關中國及香港的佔比例也不少，主題甲「二十世紀亞洲的現代化與蛻變」之下的有三個分題：一是香港的現代化與蛻變，學生要探究二十世紀初至一九九七年香港在政治及制度上的轉變；二是中國的現代化與蛻變，學生須識別晚清政府及南京政府的主要改革，由清末新政、辛亥革命、南京政府的現代化努力、共產主義革命與中華人民共和國的成立直至一九七八年以後的改革開放，包括晚清至現代中國歷史的主要發展。三是日本及東南亞。以建議一百小時分配於主題甲來看，有關中國及香港的內容佔了七十小時。[11]

　　選修方面，中國及香港歷史文化相關的佔了三分之二。三個選修項目中「比較歷史」要讓學生探討某些互有關聯的歷史現象，課程內就以香港與上海作為國際城市的發展、蘇聯及中國的共產主義理論、美國在不同時期對中華人民共和國的政策、中國在二十世紀不同時期的人口問題及人口政策作為研習課題舉隅。而「本地及文化傳統研習」學生須以所學的各種

10 香港考試及評核局與課程發展議會：《歷史課程及評估指引（中四至中六）》（香港：政府印務局，2007年），頁2-11。

11 香港第考試及評核局與課程發展議會：《歷史課程及評估指引（中四至中六）》（香港：政府印務局，2007年），頁9、12。

研習方式，探究一個與本地歷史及或文化承傳有關的題目。[12]

四　香港歷史教育的發展

　　無論初中及高中階段，教育當局都強調重視培養學生對民族及國家的歸屬感，而從課程改革內容來看，有關中國及香港的歷史文化的內容增多了，可是，在實際運作上，歷史教育的效果卻好壞參半。

　　（1）**全面評估學生學習**：香港高中中國歷史課程改革較好地把握了進展性評估與總結性評估的關係。香港高中中國歷史課程公開評核的方法，較好地處理了知識、能力和情感態度之間的關係。這種將校本評核與傳統的筆試相結合，規定促進學生學習的校內評估以進展性評估為主，它與公開考核的總結性評估相輔相成，為學生的學習成果構成一份完整的報告。在公開評核時，將公開筆試中甲部與乙部所佔的比例以及校本評估的形式與所佔的比例，均作量化規定，這種評估模式使教、學、評成為有機的整體，更具有可行性和可操作性。更為重要的是，將歷史教師對學生進行的評估納入公開評核的總評分內，令評估工作更為全面，有助於提高學生在公開評核中所獲得等級的準確性。[13]

　　（2）**歷史教育不全面**：改革後的香港高中中國歷史科繼續保持與歷史科分科設置的傳統，雖作了較大的調整，如將甲部為政治史，以通史體例呈現，乙部為制度、經濟、交通、思想及宗教史，以專題形式呈現，調整為甲部、乙部都為政治史，均以專題形式呈現，但是這種調整是謹慎的、可行的，它較好地保持了學科的特點，便於學與教的銜接。可是兩科

---

12 香港考試及評核局與課程發展議會：《歷史課程及評估指引（中四至中六）》（香港：政府印務局，2007年），頁11-12。

13 李莉：〈香港高中中國歷史課程改革探析及啟示〉，收入《高等函授學報（哲學社會科學版）》2007第2期，頁78。

的選修多個項目中，學生只需選其中部份課題，造成學習內容的差異性太大，訓練不夠整全。[14]

（3）**教學模式轉變：**歷史課程改革較好地處理了探究式學習模式與歷史知識之間的關係。香港歷史界認為，學習歷史，不僅為了認識具體史事，也為了明白歷史現象、把握歷史發展的線索和脈絡。所以知識點需要增加，知識面也應拓寬。不能只停留於記誦的層次。必須構建以探究式學習模式發展學生的歷史思維能力，要求學生在理解歷史知識的基礎上，能夠解釋和分析某個歷史現象，以及評價歷史現象和歷史觀點，敢於置疑問難[15]，除了加強課堂研討外，並鼓勵參加課外活動，養成課外活動習慣。[16]

（4）**接受歷史教育的學生人數減少：**課程改革中，把學科縮減，或合併一些類近的學科以集中資源，原意甚佳。可是此舉卻使歷史教育受影響。初中方面，有些學校開設社會人文綜合科而不開設獨立的中史及歷史科。更由於初中及高中，中史科並不是必修科，反之，高中的通識教育科卻是必修。在新學制下，所有學生完成六年中學課程後，可參加評核其學業程度的香港中學文憑考試。通識教育便是考生報考四個核心科目之一。學生要達到通識教育第二級的成績，才符合資格申請修讀大學教育資助委員會（教資會）資助的大學和院校的四年制學士學位課程。因此，學校多集中資源在通識教育科上，加上限制了學生的選修科目，所以被視為要強背硬記的中史及歷史科便成為了停止開辦的對象。通識教育科中雖有現代中國之專題分析，但並不是從歷史觀念出發，沒有受過歷史訓練的老師也可任教。[17]

---

14 周佳榮：〈香港學制改革進程與歷史教育前瞻〉，載於羅永生主編：《二十一世紀華人地區的歷史教育》，頁18-28。香港：香港樹仁大學歷史支援及研究中心，2011年，頁22。

15 李莉：〈香港高中中國歷史課程改革探析及啟示〉，收入《高等函授學報（哲學社會科學版）》2007年第2期，頁78-80。

16 周佳榮：〈香港學制改革進程與歷史教育前瞻〉，載於羅永生主編：《二十一世紀華人地區的歷史教育》，頁18-28，香港：香港樹仁大學歷史支援及研究中心，2011年，頁22。

17 梁炳華：〈香港中學中國歷史教育的危機與前瞻〉，載於羅永生主編：《二十一世紀華人地

五　教改下的澳門歷史教育

澳門特區政府在二○一四年頒佈第15／2014號行政法規《本地學制正規教育課程框架》後，教育改革也落實到歷史科上。根據「課程框架」學校可自主開發其課程，學校可按年級、班別、學習領域、科目或課程進度安排及組織教師。初中及高中歷史教育方面，學校可設置綜合的「社會與人文」科目，亦可設置獨立的歷史科目。不過，無論學校方面採用什麼課程，學生須達到的「基本學力要求」的標準。一般情況下，學校仍然依據在一九九九年由負責教育事務的教青局公佈制定的《初中歷史大綱》、《高中中國歷史大綱》及《高中世界歷史大綱》作為施教參考。

澳門的教育以私立學校為主，由於歷來澳葡政府的放任政策，所以形成各校的課程不一。在這期間，歷史教育的情況可概括如下：

（一）有課程大綱，卻沒有教科書配合：二○一四年，澳門人口只有六十二萬多，二○一四年中學生人數只有三萬多人。相對於香港的教科書市場而言，實在較少，所以一般出版社都不大願意出版一些專門供給澳門用的教科書。澳門的學校按其教學方針分別採用大陸或香港出版的教科書。

（二）鄉土歷史教育的困局：澳門特區政府成立前後，讓學生多認識當地歷史文化的呼聲日高。一九九九年六月的《歷史初中大綱》中，便把澳門歷史列入中學課程，內容分為歷史發展、文化特色、經濟社會發展、回歸中國。學者如霍啟昌更在公開場合表示支持，指出學習澳門史的價值，可以為中國現代化作出貢獻。[18]雖然如此，但由於缺乏教科書及合適

區的歷史教育》，頁243-252（香港：香港樹仁大學歷史支援及研究中心，2011年），頁245-248。

18　霍啟昌：〈澳門史教研的重要價值〉，載於澳門大學教育學院編：《跨世紀學科教育——中國語文、歷史與地理研討會論文集》（澳門：澳門大學出版社，2000年），頁121-126。

的公開教材，所以實行起來仍然沒有具體內容和一致方法。

（三）史觀差別與矛盾：歷史科與其他科目最大不同的地方，是有史觀上的差異。特別是中國近現代史方面，因為政治立場的不同，大家對史事的取捨及看法差異很大。各校既然不須跟從政府設定的課程大綱，在選取教科書時，自然受到出版教科書地方的課程影響，造成學生在史觀上的差異。一些學校，在初、高中兩階段分別選用不同地區的教科書，同一件史實，學生在兩階段的學習中有機會接觸到相異的評價，會產生疑惑的感覺。此外，澳門的學校喜歡聘用相同政治背景的老師來任教歷史科。如葡萄牙語的公立學校，所有歷史科教師來自葡萄牙。一所有五十年歷史的親中學校，受過培訓的教師全部來自中國。另一所親臺灣的學校，畢業生都參加台灣入學試，校內的歷史科教師，四位中便有三位在臺灣受過培訓。[19] 形成學校之間對歷史看法的差異及矛盾很大。

六　澳門歷史教育的發展

隨著教改的落實，澳門的歷史科因應教育工作者的要求，作出一些改革。

1 各校自主的模式繼續存在，但範圍收少

基於歷史的各種因素，澳門以私立學校為主的教育模式，並不會輕易改變。不過，因為政府對學校的支助增加，隨之亦加大對學校的監督。例如近年，政府對學校施行全面的評鑑，對學校的運作、課程和教學上提出意見，無形中加強了對學校的監測。而監督亦建立起法律依據，如《非高

19　陳岡：〈中學歷史課程〉，收入貝磊、古鼎儀主編：《香港與澳門的教育與社會》（香港：香港大學比較研究中心；臺北：師大書苑，2005年），頁189-210。

等教育制度綱要法》，訂定了非高等教育的原則和目標，組成、義務教育和免費教育、教學教育輔助等，又根據「課程框架」學校可自主開發其課程，學生須達到的「基本學力要求」的標準。所以，私校的情況仍然繼續存在，只是政府進行適當的規範化。

2 澳門出版的歷史教科書面世

為了要強化歷史教育，解決澳門缺乏本地教材的問題，教青局與人民教育出版社、課程教材研究所合作，出版教科書。書中主要內容包括中國歷史、世界歷史、澳門歷史及歷史專題。教青局二〇一八年推出歷史科教材，作為澳門初一及高中課程的必修科。二〇一九年九月再推出適合初二及高中的選修科教材，二〇一八年超過一半中學採用。二〇一九年有多所學校在了解教材內容後表示十分樂意選用。

澳門教青局教育研究暨資源廳長黃健武近日表示，新歷史教材包含澳門歷史發展脈絡，已有九成中學採用。黃健武指出，歷史科內容最主要體現澳門歷史內容，過去在其他地區出版的教材未必符合澳門學歷要求所需，特別是沒有包含澳門歷史的部份，導致教師講述澳門歷史時需要花費較多時間蒐集材料。新教材作出改善，當中包含澳門整個歷史發展脈絡，幫助教師更清晰地教學，故受眾多學校及教師歡迎。教青局會審視教材、教學活動，支援老師，幫助師生做好愛國教育。

3 探究式主題課程學習成為大趨勢

中國自澳門回歸之後，影響力日增，而經濟繁榮增長，使澳門與中國的關係更加密切。前往中國升學的澳門學生日益增加，學校為了照顧學生升學所需，課程盡量配合。中國歷史課程改革既以學習板塊、主題模式為主，以減少過往「繁、難、偏、舊」的現象為目標，澳門的歷史科自然會跟隨而變化。就是一些以升學香港為目標，採用五年制模式的中學，隨著

香港轉向三三制，實行六年中學，與國際主流學制包括中國教育系統接軌，教科書亦會跟著來改寫，需要記憶的程度減到最低。換言之，無論是採用中國內地或香港出版的教科書，課程的趨向相若，所以整體課程儘管有差異，但總的趨勢自會一致。無論如何變化，在有限的課堂時間內，只有選取重點的史實教學，靈活多變的方法來教導學生，才能打破歷史教學被視為「沉悶」學科的困境。二〇一三年，澳門公布初中社會與人文基本學力要求，二〇一四年公布高中社會與人文基本學力要求，提出要採用生動靈活的教學方法，多元評核的方式及開展探究與學習，可見這種教學模式日後必成為大趨勢。

4 鄉土歷史教育增多

一向以來，各校都是按實際的情況進行鄉土歷史教育。隨著教育經費投放增加，澳門經濟地位提高，各界對澳門史的重視增加，先後出版了大量史料，例如：二〇〇〇年出版中國第一歷史檔案館編的《澳門問題明清珍檔薈萃》；一九九九年，人民出版社亦出版由澳門基金會與中國第一歷史檔案館、暨南大學古籍研究所合編《明清時期澳門問題檔案文獻匯編》一至六冊。研究資料的增加，有助於推廣本地歷史研究的風氣，也方便教師深化鄉土歷史教育。就以學校來說，一些歷史悠久的澳門學校，已有組織學生深入了解澳門本地歷史的傳統，並且成書出版，著名的，例如：培正史地學會編的《紅藍史地》雜誌，在一九九八年出版的《澳門百業》，一九九九年的《澳門百業續編》。培道中學歷史學會二〇〇四年出版的《澳門街道的故事》，二〇〇五年的《澳門歷史建築的故事》。政府方面，更在財政上支援學校在課餘時間舉辦澳門鄉土史的探訪活動，又舉辦有關地區性歷史教學的設計比賽，以推廣澳門本地歷史教育。

5 全方位學習機會增加

學習歷史已不再受書本的限制。拓展學習空間，善於利用社區資源，通過文物及人物的研究，可以增進歷史意識和「現場感」，是現今的一種學習歷史方式。澳門成功申請世界文化遺產之前，以澳門景物作為歷史第二課堂活動，也是常有安排的。成為世遺之後，政府為推廣旅遊業，自然希望澳門人多明瞭世遺的景物特色，而為了配合澳門發展的提升，亦會希望通過這些景物，更進一步增強居民的自信心。這兩個因素之下，加上經濟實力增長，政府投放資源增多，第二課堂的活動經費資助較易取得。曾有一些學校，舉辦前往中國參觀考察，或是畢業旅行，也可得到政府的支助。而學校亦因為經費較前充裕，亦會樂於多舉辦第二課堂活動，提升教學效益，達到全方位教學的目標。

七　結語

港澳特區政府為了社會發展需要而進行教育改革，這是必然出現的事。在革新的構思過程中，政府並沒有刻意對歷史教育作出壓抑或輔助，只是從人文社會學科的觀念出發，希望減低學生在學習歷史時，對傳統歷史教學模式的抗拒。可是，在課程的實施時，香港因為有公開統一考試，而中史科及歷史科卻不是學生必選，使學生選讀的人數下降，造成歷史教育倒退，反之，澳門沒有公開統一考試，歷史教育仍可維持，甚至得到政府的支持，得以大力推廣。

錢穆與港澳地區的中學歷史教育

　　一九四九年，錢穆跟隨廣州華僑大學遷往香港，一九五〇年創建新亞書院。一九五九年，新亞接受香港政府的建議，改為專上學院，參加統一文憑考試，同時接受香港政府的補助。一九六三年，香港中文大學成立，由崇基學院、新亞書院、聯合書院組成。一九六七年，錢穆前往臺灣正式定居。他在臺灣的教育活動主要以素書樓為中心，擔任過中國文化學院歷史系研究所教席，並在多所學校講學。一九八六年六月九日下午，錢穆在素書樓為學生們上了最後一課，從此告別杏壇，結束了七十五年的教育生涯。錢穆是著名的歷史學家，大約在九十年代以後，對他的關注和研究才逐漸熱烈起來。一般而言，對錢穆的研究，多在國學、史學等方面，本文主要以錢穆對港澳的中學歷史教育為探討對象。

一　錢穆的教育事業

　　一八九五年七月，錢穆出生於江蘇無錫一個五世同堂的大宅內。一九〇一年，錢穆開始入塾讀書，後升入常州中學堂，在辛亥之年肄業於南京鍾英中學。一九二二年，開始在中學擔任國文教師。一九三〇年秋，經顧頡剛推薦，北上任教於燕京大學，這是他在大學任教之始。錢穆在燕京大學執教一年，因不適應教會大學的環境，於是辭職南歸。一九三一年夏，進入北大歷史系任教。一九三七年，全面抗戰爆發後，包括錢穆在內的眾多學人紛紛流轉南下，由此開始了輾轉西南八年的艱辛歷程。抗戰勝利後，未能返回北大任教的錢穆於一九四六年十月初來到昆明五華書院主講中國思想史。

　　一九四九年，錢穆隨廣州華僑大學遷往香港。到港後，他看到許多從大陸來港的青年失業失學，無依無靠，作為一名教育家的理想與抱負，產生了在香港創辦一所大學的想法。當時與國民黨關係較深的學人如張其昀（歷史地理）、崔書琴（政治學）、謝幼偉（哲學）等計劃創辦一所人文社會科學方面的大學，在廣州教育部立案，在香港教育司登記開辦，校名是「亞洲文商學院」。崔、謝兩人先到香港籌建，因錢穆的號召力大，便用他的名字登記為院長。學校經費從一開始便十分拮据，基本上靠少數個人的捐贈。沒有固定校址，只是借用九龍晴偉街華南中學的教室三間，在夜間上課。

　　但崔、謝兩人不久都離港他去，錢穆於是聘請了唐君毅（哲學）和張丕介（經濟）共同維持；他們三位很快便成為新亞書院的創校元老。一九五〇年春季，上海企業家王岳峯敬佩錢穆艱苦辦學的精神，出資在九龍桂林街頂得新樓三棟之三、四兩層，作為校舍，三位創辦人和部份學生都可以住宿其中，校名也改為新亞書院。文史系系主任由錢穆先生兼任，哲教系系主任由唐君毅先生兼任，經濟學系系主任由張丕介先生兼任，而商學系系主任由楊汝梅先生擔任。

　　錢穆和同時期來到香港的一批學者也都抱著和相似的想法，都決定以香港作為保存、傳播和復興中國文化的基地，希望能讓中國文化在這塊土地上紮根成長。他在〈亞洲文商學院開學典禮講詞摘要〉中表達了兩個重要想法：一是中國傳統教育制度，最好莫過於書院制度；二是讀書的目的必須放得遠大，要具備中國文化的知識，同時也要了解世界各種文化。要發揚中國文化，也要溝通中西不同的文化。[1]

　　當時新亞的教授，不乏享負盛名的學者，如曾為國民政府教育部高教司司長的吳俊升先生，是美國著名哲學家和教育家杜威的學生；教經濟的

1　錢穆：《錢賓四先生全集》第50冊（臺北：聯經出版事業公司，1998年），《新亞遺鐸》，頁112。

楊汝梅先生早已譽滿大陸金融界。書法家曾克耑、歷史學家左舜生、甲骨文專家董作賓、國學家饒宗頤、羅香林，等諸先生皆曾在新亞任教。然而新亞教授所領的薪酬極為微薄，僅及當時香港官立小學第二級以下的薪給，而且經常領不到薪水。學生們大多為大陸流亡來港的青年，繳不出學費。學校的物質條件雖極貧乏，但各位創辦人所懷抱的理想與熱情卻極熾盛，而「艱險奮進，困乏多情」的新亞精神也是在當時建立的，也最能表現在當年的師生身上。書院除了正規課程外，又每星期日晚舉行公開文化講座，每次講座俱座無虛席。文化講座持續了四、五年，共舉辦了一百五十五次。講者除錢、唐、張三位創辦人，其他知名的學者有董作賓、夏濟安、左舜生、林仰山、饒宗頤諸教授等，也有西方著名學者蒞校演講。因此這所簡陋的小書院從此聲名遠播，漸漸獲得各方面的推崇。

自一九五二年以後，新亞的教育理想漸獲社會的認同與贊助。其中贊助最有力的是美國雅禮協會。一九五三年，雅禮協會派盧鼎教授來港。他極贊同新亞的教育理想，乃於一九五四年開始與新亞合作。除美國雅禮協會外，還有美國亞洲協會、美國哈佛燕京學社、洛克斐勒基金會、英國文化協會及香港孟氏教育基金會等，都曾對新亞書院的發展提供資助。新亞自獲各方援助後，錢穆為「提倡新學術，培養新人才，以供他日還大陸之用。」[2]於一九五三年秋在九龍太子道成立研究所，購置圖書。翌年，在九龍城嘉林邊道租一校舍，學生分於嘉林邊道及桂林街兩處上課。錢穆、余協中、張丕介、唐君毅四教授參與研究所之研究及指導學生之工作。一九五五年，研究所正式成立招生，錢院長兼任所長，外文系主任張葆恆教授兼任研究所教務長，此外，尚有唐君毅、牟潤孫二位教授為研究所導師。[3]

2　廖伯源：〈錢穆先生與新亞研究所〉ttps://www.facebook.com/newasiaiacs/posts/63837336619 1432.

3　廖伯源：〈錢穆先生與新亞研究所〉ttps://www.facebook.com/newasiaiacs/posts/63837336619 1432.

一九五六年，獲美國福特基金會捐建的農圃道第一期校舍落成，九月，遷入新校址，於是新亞踏入一新階段。

　　一九五二年，很多華人聚居的馬來西亞成立中文大學，引起香港社會關注，香港教育界主張也創辦一所中文大學。一九五七年十一月香港大學教育系主任布里斯教授在英文南華早報發表文章表示反對，遭到新亞書院院長錢穆、崇基學院院長凌道揚及聯合書院院長蔣法賢聯名投函批駁，強調香港有成立中文大學的必要。[4]一九五九年，新亞接受香港政府的建議，改為專上學院，參加統一文憑考試，同時接受香港政府的補助。一九六三年，由崇基學院、新亞書院、聯合書院組成的香港中文大學正式成立。一九六四年，新亞書院併入新成立的香港中文大學，錢穆辭去新亞書院院長一職。一九六七年前往臺灣正式定居。而新亞研究所雖隨新亞書院進入香港中文大學，然大學當局不守當初之約定，大學另辦研究院，招收研究生。大學不負責新亞研究所之經費，大學亦不承認新亞研究所畢業生之學位。一九七四年，新亞研究所脫離新亞書院，成為獨立之私立研究所，在中華民國教育部註冊立案，教育部准許新亞研究所繼續招收碩士研究生。一九七六年政府通過「中文大學法案」控制各學院的財產權與用人權，受到各學院反對。一九七七年一月三日，錢穆、唐君毅、吳俊升等九位新亞書院校董發表辭職聲明，辭去董事職務。[5]

二　錢穆的教育思想

　　錢穆的教育思想主要表現在下列幾方面，即重視傳統文化教育、強調中外匯通教育、提倡經世致用教育。

4　方駿、熊賢君：《香港教育通史》（香港：齡記出版公司，2007年），頁354-356。

5　方駿、熊賢君：《香港教育通史》（香港：齡記出版公司，2007年），頁361-362。

（一）重視傳統文化教育

錢穆致力於本民族的文化研究，是中國文化堅定的守護者和傳承人。他秉持著深厚的民族本位的文化史觀，以闡揚中國文化為己任，而他對中國文化價值和精神的掘取和解釋，是在中西比較的基礎上，通過觀同察異，闡發和宣揚中國優秀傳統文化。錢穆認為治史的終目的在於開發民智，振興國家民族。他曾說：「要做一個真正的中國人，我想唯一的起碼條件，他應該誠心愛護中國」。[6]

他指出：「一民族自身特有的文化，便是其民族生命之靈魂。無文化則民族無靈魂。無文化、無靈魂的民族終將失其存在。欲求民族永生，只有發揚民族自身特有之文化，使之益臻完美。」[7]「民族與文化，乃一而二、二而一之兩面，無此民族，不得產生此文化；無此文化，亦將不成此民族。」[8]不同民族的差別表面上是血統，但其實質上是文化。一個民族的傳統文化是一個民族的靈魂，正如一個人不能沒有自己的靈魂一樣，一個民族也不能沒有自己的傳統文化。錢穆認為中國文化具有鮮明的個性，創造這一鮮明文化的中華民族也是一個具有獨特個性的民族。個人作為民族的一份子，也有其獨特的個性。每個人的個性與特質恰恰體現了他的價值所在。中國人不講中國的傳統文化，中國傳統文化的個性與特質也就不復存在。文化的個性與特質不存在了，民族的個性與特質也就不存在了。

在三十年代，錢穆除了在大學講壇上為中國傳統文化大聲疾呼外，還積極著書立說，用自己的語言文字反駁當時對傳統文化持懷疑態度的人，為中國傳統文化正名。四十年代以後，錢穆在香港創辦新亞書院，繼續在

6　田文麗：《錢穆歷史教育思想探析》（遼寧：曲阜師範大學歷史學碩士論文，2012年），頁12、16。

7　錢穆：《中國歷史精神》（北京：九州出版社，2012年），頁195。

8　錢穆：《政學私言》，《錢賓四先生全集》第40冊（臺北：聯經出版事業公司，1998年），頁279。

傳播傳統文化精神。由此可見，錢穆的整個教育生涯都將中國傳統文化作為其教育思想的中心，將弘揚中國傳統文化當作人生的終極關懷。[9]

（二）強調中外匯通教育

錢穆的教育思想是以中國傳統文化為本位，並且融合中西、中外匯通。錢穆創辦的新亞書院，它以中外匯通的教育思想為指導，將西方大學制度與古代書院制完美結合起來，取得了巨大的成功，可以為中國當代教育提供諸多借鑑。首先，新亞書院有中外匯通的校長和教師。一所大學的校長總管學校的一切事務，可以說是一個學校的舵手，對學校起著至關重要的引導作用。想要辦好一所大學，大學校長不僅要擁有高超的智慧、卓越的見識、果斷和堅毅的品質等，還應該融通中西文化，具有世界性的眼光，以及獨特的教學藝術與個人魅力。錢穆作為一名教育家，在深入了解比較中西文化異同之後，主張在繼承中國傳統文化的基礎上借鑑吸收西方優秀文化。

錢穆在《新亞書院招生簡章》中稱，新亞的教育理念是「上溯宋明書院講學精神，旁採西歐大學導師制度，以人文主義之教育宗旨，溝通世界中西文化」。這短短的一段話為新亞日後的辦學與發展指明了方向。錢穆堅持認為：中國傳統教育中最應該保留的就是書院制度，而西方的導師制也是可以借鑑的。正是得益於建校之初中外匯通辦學理念的引導，新亞書院才在日後培育了眾多具有世界眼光的傑出人才，成為了一所成功的中西結合的大學。[10]

9　張墨農：《錢穆的教育思想與教學風格及其現代啟示》（遼寧：渤海大學教育碩士論文，2016年），頁8-9。

10　張墨農：《錢穆的教育思想與教學風格及其現代啟示》（遼寧：渤海大學教育碩士論文，2016年），頁10。

（三）提倡經世致用教育

　　錢穆認為歷史教育的目的之一就是讓歷史服務於當代，認為歷史具有時間性，即一切歷史都是當代史，「歷史上之過去非過去而依然現在，歷史上之未來而亦儼然現在」，歷史的過去與未來交織於現在的時代，而現代又具有相對穩定性，它不以瞬息變化為標誌，所以錢穆將歷史視為一個包含過去與未來的整體，而歷史研究「其最要宗旨，厥為研究此當前活躍現在一大事，直上直下，無過去、無將來而一囊擴盡，非此不足語夫歷史研究之終極意義而克勝任愉快。」[11]

　　他認為歷史教育應該是經世實用。中國史學淵源流長，自古就有經世致用的優良傳統。立足現實，關心現實，強調史學通今致用，為現實服務。經世致用思想由明清之際思想家王夫之、黃宗羲、顧炎武等提出。「史學所以經世」、無不體現了兩千年來我國歷史學者著筆於往古，立足於當今的治史旨趣。錢穆先生的歷史教育觀就深深的受到中國傳統史學「經世」思想的影響，認為研究歷史不僅僅在於追求歷史事實的本質真實，更應當面向現實，關注社會的需要。[12]

　　錢穆強調的「致用」是建立在「求真」的基礎之上，歷史要講求客觀，歷史教育也要客觀獨立，要「根據以往史實，平心作客觀之尋求，絕不願為一時某一運動、某一勢力之方便而歪曲事實，遷就當前。如是學術始可以獨立，而智識始有真實之價值與效用。」[13]他否認可以根據現實的需要隨意取捨和改造歷史。[14]

---

11 錢穆：《中國今日所需要的新史學與新史學家》，《世界局勢與中國文化》（臺北：東大圖書公司），頁233。

12 趙敏俊：《錢穆歷史教育思想與實踐述論》，上海：華東師範大學教育碩士論文，2008年。

13 錢穆：〈自序二〉，《國史新論》（北京：九州出版社，2012年）。

14 張墨農：《錢穆的教育思想與教學風格及其現代啟示》（遼寧：渤海大學教育碩士論文，2016年），頁10-11。

三　港澳地區的中國歷史教育

（一）香港方面

香港在一八四二年成為英國殖民地後，港英政府為減低中國對香港的影響力，把中國歷史科視為補充課程。當時只有中文中學開設中國歷史科。一九四八年，教育局為增加考試科目，才提出把中國歷史科與中國文學科合併。[15]

自一九六〇年代起，獨立的中國歷史科才出現於香港的中學（初中、高中、預科）教育之中。可是，由於教育當局過去並沒有為學校制訂清晰的教學課程，中國歷史教學內容基本各校自主，由考試主導。直至二十世紀七十年代，情況才有所改變，在一九七五年，政府在初中（中一至中三）推行中國歷史科，有需要建立較為規範的課程。此後的初中中國歷史教育先後經歷了兩個課程：第一個課程於一九八二年正式實施；第二個課程則於一九九七年起推行。

香港的教育向來以應付考試及升讀大學為重要教學目標，主要是政府設立的大學學位很少。一九九一年前，香港政府設立的大學只有香港大學及中文大學這二所，由於入讀困難而出路極佳，學生備受社會尊重，所以中學教育都是以學生應付升讀大學為教學方向。一九八一年，大學學位就只能滿足百分之二的適齡青年，所以中學歷史科與其他學科一樣，受大學收生要求所影響。。

香港大學在一九一二年開學，初期只有醫學院和工學院，一九一三年增設文學院根據《香港大學條例》第十三則的規定，文科須注重教授中國語言文學，是以校方在文學院成立後立即開辦中文課程，當時中文僅作為

15　陳志華、盧柊泠、何泳儀：〈論香港初中中國歷史科校本教材發展方向及其挑戰〉，見李帆、韓子奇、區志堅主編：《知識與認同》（香港：中華書局，2017年），頁545-546。

一年級的選修科目。二次戰後，香港大學逐步復課，新建教學大樓與大量招聘教職員，以解決校舍與師資嚴重短缺的難題。

林仰山教授在一九五二至一九六四年間擔任中文系系主任，十二年期間，積極網羅各方人才，例如專長國學的劉百閔與長於詩詞與甲骨文研究的饒宗頤兩先生任教「中國文學」課程，專長史學的羅香林先生任教「中國歷史」課程，陳君葆任教「翻譯」課程，林仰山任教「中國美術考古與地理發現」課程，而「中國哲學」課程則由新儒家代表人物的唐君毅負責。劉百閔先生還在「中國文學」課程內重設經學科目，並親自講授經學通論、《四書》、《五經》等科目。中文系的課程自是成了「中國文學」、「中國歷史」、「中國哲學」、「翻譯」與「中國美術考古與地理發現」五位一體的新結構。

林仰山還積極發展碩士與博士學位課程，研究生數目因而日增。於一九五二年成立東方文化研究院，並自任院長。由於研究院成立的主要目的在提供研究設施供東西方學者從事有關中國與東方的研究，是以它除了設立語言學校，為英國派駐香港與遠東的人員提供國、粵兩語的訓練外，還成立馮平山博物館。研究院的研究工作除得力於錢穆、唐君毅等名譽研究員外，還倚重簡又文、衛聚賢、董作賓等專任研究員。中文系諸教員亦同時擔任研究院的研究工作。錢穆教授在一九五五年獲香港大學頒授名譽法學博士學位。這正好論證東方文化研究院的重要學術地位。一九五九年時，東方文化研究院劃歸中文系，使研究院得以成為中文系的學術研究基地。

中文大學成立較遲。一九五〇年代開始，香港人口急速的增長，為應付這股壓力，政府迫於無奈邀請不同的國際專家為香港教育作詳細的報告，以計劃擴展中小學。第一份為一九五一年十二月發表對制定殖民地教育政策有重要影響的《菲沙報告書》。報告書建議港府利用當前的中國政治形勢，以教育來加強英國的影響，並加強對教育的控制和管理，以及大力推行英文教學。這份報告書也提出要發展小學和師範教育。政府因應形

勢，在一九五五年八月開始推行《小學擴展的七年計劃》，包括建立五間官立小學，大量增加小學學位[16]。

　　一九六五年六月發表《香港教育政策白皮書》，建議讓百分之八十兒童可以入讀由政府資助的小學，及使約百分之十五的小學畢業生能升讀官立中學、資助中學及若干選定的私立中學。這份報告書奠定了以後十多年的政策走向，即以學位數量為政策發展的目標和以發展由政府資助的學校為主線。一九七三年八月，教育委員會發表《教育委員會對香港未來十年內中等教育擴展計劃報告書》，目標在一九八一年能讓百分之八十的少年獲得資助初中學位。

　　由於港府目標在擴展中小學教育，高中和專上教育的發展在一九九○年代前仍然非常有限，在此時期比較突破性的是香港中文大學的成立。一九五九年，港督柏立基邀請富爾敦（J. S. Fulton）來港考察，提出把當時的新亞書院、崇基學院和聯合書院三所中文專上學院，合併組成中文大學。一九六三年十月十七日正式成立，打破了英國普遍在殖民地只設一所大學的傳統。

（二）澳門方面

　　澳門回歸中國前，澳葡政府採用不干預政策，學校以私立學校為主，向來是校政自主。到了一九九一年八月二十九日，政府頒佈第11／91／M號法令，訂定《澳門教育制度總綱》，公佈澳門教育制度的基本原則，共十章，五十六條，開始對各教育單位作較為明確規範，但各校仍然保持學習年限不同，課程不同，教學大綱不一，教材不一的特殊情況。澳門回歸後，情況才有些變化，到二○○七年，根據第9／2006號，非高等教育制度綱要法律，明確正規教育各教育階段的學習年限，自二○○八至二○○

16　王齊樂：《香港中文教育發展史》（香港：三聯書店，1996年），頁340、342、344。

九學校年度起，高中教育的學習年限為三年，不過仍讓一些學校保留原有學制。澳門教育的條件與其他地方不同，本身具有地區的特殊性，與鄰近地區並不完全相合，暫時仍然保持辦學各自為政的情形。

課程方面，一九九一年《澳門教育制度總綱》頒佈後，澳葡政府才先後設立了不同科目的課程發展委員會。委員會成員包括公立和私立學校的教師，以及澳門大學的專家，並參照中國、臺灣和香港的模式，起草不同科目的試行教學大綱。到一九九九年六月，負責教育事務的教青局公佈制定的《初中歷史大綱》、《高中中國歷史大綱》及《高中世界歷史大綱》，歷史科的教學大綱基本齊備。不過，各學校並不一定採用這套大綱，教學時也不一定跟隨。

影響各校課程自主的主要因素，是澳門沒有統一考試。各校升學目標不同，有些以升讀國內大學為主，有些以去臺灣升讀大學為主，有些以澳門本地，有些以香港為主，各校的高中課程，自然以升學目標為主要對象，有些更要兼顧多個目標。一般學校，在初中時期，還可依據這個大綱來安排教學，但到了高中階段，各校為了學生升讀高等院校的需要，教學內容便因應目標地區院校的要求加以調整，因此發展出以學校為本的課程，不能完全依照教青局公佈制定的歷史大綱施行教學，亦根本沒有意欲來遵行統一課程。

四　錢穆對港澳中學歷史教育的影響

中文大學是香港政府設立的第二所大學，畢業生都是具有社會名望，在各行業具有一定的地位。新亞書院成為中文大學的一部份，在錢穆的教育理念及對中國歷史的學養的影響下，對本地中學歷史教育自然產生極大的影響力。具體的可以從三方面顯示出來。

（一）香港公開考試的範圍及內容

有教育工作者承認，香港的教育考試主導課程、主導教學，考什麼就教什麼、學什麼。[17] 一九六〇至一九七〇年代，香港中學分為中文中學及英文中學。一九六八年，中英文中學會考分別改名為香港英文中學會考（Hong Kong Certificate of Education Examination (English)）及香港中文中學會考（Hong Kong Certificate of Education Examination (Chinese)），科目成績只用等級。考生獲得入讀預科資格後，分別再考香港大學及中文大學的入學試。一九七七年香港考試局成立，翌年才接手統一主辦香港中學會考。

學生考試的目標是為了取得入讀大學的資格，所以大學要求考什麼，學校就教什麼。以一九七四至一九七九年，中學六年級中國歷史科課程內容為例，內容分甲、乙兩組，其中甲組就是歷代治亂因果及歷代重要制度之沿革。到一九八四至二〇〇七年，考試課程進行多次更改，仍然保留考核歷代治亂因果及重要制度。再以重要制度教學內容為例，包括漢代三公九卿、唐代三省六部、宋代相權、清代軍機處、察舉、九品官人法、科舉制。[18] 這些內容，與錢穆講授中國歷史的內容主線吻合，一般考生，都以錢穆著的《中國歷代政治得失》一書作為溫習工具，部份學校老師更參考錢穆的《國史大綱》內容，為學生應考補充內容。而最主要的影響原因，是考試的答案論點及內容，亦是受錢穆學派的影響，以他在兩書中的主要觀點，作為評分準則。換言之，所有應考中國歷史科的學生，都要先學習及了解錢穆對歷史的一些看法，才有把握取得理想的成績。而整個中學課程，亦是受到這個因素主導和影響。在這情況下，錢穆對歷史的一些看法及觀點，就植根在年輕學子的心中。

---

17 楊耀忠（教育工作者聯會會長）：〈課程改革十年大計質疑〉，載於《大公報》（香港），2001年8月21日。

18 梁慶樂：《緣何沉淪——香港中學中國歷史課程研究1990-2005》（教研室出版，2009年），頁201、205。

（二）香港中國歷史科的師資

香港的大學歷史系的學生，畢業後除了繼續升學，從事歷史研究工作外，有些就是投考政府工作，當政府公務員，此外，大部份的畢業生都是從事教育工作。中學歷史科老師，正好是一個歷史系學生的工作出路。當時。香港只有二間政府設立的大學，畢業生進入政府工作或者在學校任教，都能獲得厚待，負責重要的崗位。新亞書院由於錢穆的名氣，歷史系的畢業生往往是學校中國歷史科的教學主流及科主任，而有關中國歷史科的教育部門，也多由歷史系出身的官員負責。

一九六四年，新亞書院併入新成立的香港中文大學，錢穆辭去新亞書院院長一職。錢穆雖然在一九六七年前往臺灣正式定居，可是錢穆的影響力並沒有減退，相反，隨著他的學生成為中文大學老師，把錢穆的史觀及教育思想更發揚光大。例如著名中國歷史學家孫國棟，於一九五五年在新亞研究所師從錢穆治國史，並成為新亞研究所第一屆畢業生。一九六四至一九八三年期間，他曾擔任新亞書院歷史系主任、董事、文學院院長，中文大學歷史系主任兼新亞研究所所長。當時，「中國通史」一科是新亞書院之必修科。到一九七二年改為除中文系和歷史系必修外，其他學系自由選修。[19]其間培育出來的任職中國歷史科老師，或者從事歷史教育相關工作的人士，都深受錢穆歷史理念的影響，錢穆對中國歷史教育的影響是廣泛而深入的。

（三）香港的中國歷史科的教學內容

一九七〇年代以前，香港的中學並未有教授中國歷史科的系統規劃。到了一九七二年，香港課程發展委員會成立，全港中小學的課程才得到統一規劃和發展。不過，課程規劃只是一個教學綱領，而具體落實的，老師

---

19 孫國棟先生專訪，2007年12月8日，www.wangngai.org.hk/46-interview.html。

實際上施教的，就是按著教科書的內容進行。香港的歷史教科書，基本上是按著課程大綱和要求來編寫，再通過教育局的評審，然後向學校推薦使用。

據上文所述，從事中國歷史科規劃的官員，以香港中文大學歷史系畢業的影響力最大，課程的規劃，自必受到錢穆史學的影響。這樣一來，教科書出版方面，以錢穆及其學生在史學界、在中文大學的影響力，當然盡可能找他們編撰教科書。一可以提升出版社的地位和權威性，二則可較容易通過政府相關部門的審批。又以上文所述，課程受著大學入學試影響，中學的課堂教學內容也會如是，這樣，教科書中的論點很自然與錢穆的看法配合。

例如：二〇〇九年，齡記出版的《新探索中國史》之5.4節，府兵制利於防止外來侵略，稱：唐代初年推行府兵制，軍隊質數素甚高，保障了邊境的安定，促進唐朝國威的鼎盛，太宗因此而被各族尊為天可汗。[20]又如：二〇〇九年，現代教育研究社出版的《高中中國歷史》亦稱：初唐的府兵戰鬥力強，大小戰役中立下不少戰功。唐相繼降服北方和西域諸族，府兵在戰事中也同樣扮演重要角色。[21]這個說法，與錢穆在《中國歷代政治得失》及《國史大綱》中所述，同一觀點。而另一史家陳寅恪在一九七五年所講「唐之開國其兵力，本兼府兵、蕃將兩類，世人——誤認太宗之用兵其主力所在，實為府兵，此大謬不然者也。」[22]這論點卻沒有考慮採用，有學者便以此例子指出教科書中內容不符歷史事實的地方。[23]可見大家對錢穆觀點較為了解和接受的程度很高。

---

20 《新探索中國史》（香港：齡記出版公司，2009年），單元四，頁106。

21 《高中中國歷史》（香港：現代教育研究社，2009年），單元四，頁120。

22 陳寅恪：〈論唐代之蕃將與府兵〉，《中山大學學報（社會科學版）》1957年第1期，頁163。

23 許振興：〈二十一世紀香港的高中中國歷史教科書〉，見李帆、韓子奇、區志堅主編：《知識與認同》（香港：中華書局，2017年），頁528-529。

（四）澳門方面，通過教科書影響澳門學生的歷史觀

錢穆史觀的影響主要是在歷史教科書方面。歷史教科書的內容直接影響到學生對歷史的認知和觀念。澳門中文學校不會細分中國歷史和世界歷史，一般統稱歷史科。初中階段，一般是每週上課都分有中史和世史不同節數，也有些學校是集中在一學年內教中史或世史。高中階段，文組的學生，因為歷史科的課時多了，可以安排每週都有中史和世史課。

最理想的教材，當然是本地出版的教科書，因為可以配合本地學生學習上的需要，特別是本地史的教學方面。不過，因為澳門學生人數不多，歷史教科書的市場規模少，吸引不到出版書投資編製澳門本地教科書。根據澳門教育暨青年局統計資料顯示，學校多採用國內或香港出版的歷史教學書，高中階段，由於升學的需要，有些學校加入臺灣出版的教科書。中國歷史教科書方面，一般採用香港出版的教科書，這樣一來，通過採用香港中國歷史教科書作為教材和評核依據，錢穆的史學觀點，就漸漸對學生產生廣泛而深遠的影響。。

此外，從澳門的中學歷史大綱的參考資料中，可見受香港課程的影響。到一九九九年，澳門才開始建立起本地的課程大綱。負責教育事務的教青局公佈制定的《初中歷史大綱》、《高中中國歷史大綱》及《高中世界歷史大綱》，雖然各學校不一定依照教青局公佈制定的歷史大綱施行教學，但從《高中中國歷史大綱》的附錄中的參考資料，其中列出的四個參考資料中，三個是香港出版的教科書，包括：周佳榮、屈啟秋、劉福注編著，香港教育圖書公司出版的《中國歷史》；現代教育出版的《中國歷史》；齡記出版的《簡明中國史》。可見受香港影響最明顯的例子，換言之，錢穆史學，只要仍得到香港的歷史教育界認同，自必對澳門中國歷史教育，產生一定的影響力。

五 結語

　　中學階段的學習，對個人日後的成長有著深遠的影響。錢穆對中國歷史文化的觀念，通過公開試的範圍、師資、教科書、課程等，對香港造成廣泛而深入的影響。再通過香港的區域優勢，進一步影響到澳門地區，使港澳地區的年輕人，建立起尊重自己國家歷史文化，了解歷代政治得失的理念。這種影響重要的地方，是針對了曾接受過中學中國歷史教育的學生，無論日後從事什麼行業工作，中學時代建立起來對中國歷史的印象，是永久存在的，相對於從事研究中國歷史的學者而言，對社會的影響更廣泛而深入。錢穆重視傳統文化教育的思想，以及抱著以香港作為保存、傳播和復興中國文化基地，希望中國文化在這塊土地上紮根成長的看法，通過大學教育為核心，輻射到中學教育，整體而言，更能落實並超出他預期對社會的成效。

肆

雜論

孔聖堂與香港教育

一　孔聖堂的緣起

　　孔教的積極推廣，源於晚清康有為。他在一八九五年的公車上書中，提出設立以孔子為教主的「國教」。這種主張受到海外華僑的認同，以弘揚儒家文化作為自我身份的肯定。香港受英國統治，西方文化流動日廣，部份華人領袖有感於傳統文化日趨萎靡，於是決定振興及推廣儒學。一九〇九年，香港首個尊孔組織──孔聖會成立。孔聖會從多方面來推廣會務，包括文娛及體育活動，力圖在市民日常生活紮根。而在教育方面，尤其用力。一九二六年，孔聖會辦高初兩等小學及義學共三十五間，中學一間，農校兩間，十分興盛。一九二八年，南洋兄弟煙草公司老板簡孔昭先生捐出位於加路連山道十二萬平方英尺地基作建構孔聖講堂之用，曾富、葉蘭泉、雷蔭蓀、盧湘父、馮其焯、區廉泉、鄧肇堅、劉星昶、譚紹康、周竣年、羅文錦、顏成坤、何東等募捐，擬集款二十萬元，由周壽臣負責成立籌備委員會及統籌運用建築費。[1]在多番努力之下，一九三五年，孔聖堂落成開幕。而籌劃此事的辦事處，亦發展成為孔教團體「孔聖堂」。[2]

　　香港孔學的推廣，最得力於留美回國的康有為弟子陳煥章博士。二十世紀一〇年代，陳煥章已成為孔教運動的主將。一九一一年，他用英文寫成博士論文《孔門理財學》(*The Economic Principals of Confucius and His*

1　楊永漢主編：《孔聖堂詩詞集》〈附錄一　孔聖堂小記〉及〈附錄二　孔聖堂宣學史略〉（臺北：萬卷樓圖書公司，2013年），頁342-343。

2　王國華主編：《香港文化導論》（香港：中華書局，2014年），頁81。

School），獲得美國哥倫比亞大學哲學博士學位，[3]更有力地推行孔教。一九三〇年，他以北京孔教總會身份來港，創立孔教學院於港島般含道，設孔教專修科及高初兩級小學，開始以教育活動來推廣孔道。一九三一年，在香港紳商及南洋僑胞支持下，在港島堅道興辦中學。雖然他來港四年即病逝，但其著作學術地位高、著作豐，如《孔教論》、《儒行淺解》甚得好評，又編印孔教書報，著重孔教禮儀，加上他與國內政治及宗教人士關係密切，故能號召在港傳統文士參與支持。[4]其時，港英政府對教育的政策，由「自由放任」轉向加大投入，堅持「重英輕中」，[5]為孔教團體在香港推展教育事業創造出一個條件，被視為「1941年前的階段是儒家對香港教育作出貢獻的時期」。[6]

二　抗戰前後的孔聖堂發展

孔教團體確立從教育和學術兩方面來推廣孔學，加強宣道工作。孔聖堂自不例外，抗戰時期孔聖堂成為香港市民表現愛國情懷，支持抗戰的舞臺。一九三九年國民公約宣誓典禮在此舉行。出席代表學生約一千二百餘人，會上誓言全民抗日，堅持到底，即場高唱《義勇軍進行曲》。典禮召集人、學賑會主席、香港大學代表李政耀講述活動要點：

（1）此次舉行宣誓典禮，是開始從今以後，根據誓言，實行精神總動員，每人確實履行國民公約；（2）作為全港僑胞履行國民公約之先鋒；

3　陳亞群：〈陳煥章的孔教觀及其教育影響〉見田正平、程斯輝主編：《辛亥革命與中國近代中國》（杭州：浙江大學出版社，2012年），頁434-425。

4　王國華主編：《香港文化導論》（香港：中華書局，2014年），頁82-83。

5　方駿、熊賢君：《香港教育通史》（香港：齡記出版社，出版日期缺），頁178。

6　湯恩佳：〈儒家與香港教育〉，見顧明遠、杜祖貽：《香港教育的過去與未來》（北京：人民出版社，2000年），頁613。

（3）不只個人奉行，且要推動各界同胞實行，以達到抗戰建國之目的。[7]一九四一年舉辦「魯迅先生六十誕辰紀念會」主持者包括香港大學中文系主任許地山先生、著名作家蕭紅女士。李景波演〈阿Q正傳〉。教育方面，孔聖堂見大量難童流落香港，成立兒童健康院，免收學費，並提供食宿。

二次戰後，香港的中小學相繼展開復校復課的工作。隨著國共內戰的越演越烈，數以十萬計的百姓從中國各地湧入香港，使全港人口增加四倍多。日軍投降時，香港人口約五十萬，一九五一年全港人口約二百萬。兒童對教育的需求日增。很多社團如宗教團體、東華三院、保良局、博愛醫院、樂善堂等，為了配合社會發展的需要，先後開展辦學活動。孔聖堂當時亦配合社會需要，秉承教育與學術推廣孔道的方針，投向興學傳道的事業，舒緩兒童求學困難的問題，為香港的華人教育及文化教育增添力量。

（一）教育方面，創辦孔聖堂中學。

孔聖會在大坑書館街十二號的孔聖會小學校址，原由當地熱心居民朱洪銓及刁振雲先生捐獻，由劉鑄伯會長接收辦理義學，但於香港淪陷後，校舍被毀。其後孔聖會成員也多加入孔聖堂。

一九四九至一九五〇年雷蔭蓀創辦大成中學出任司理，與孔教學院所辦之大成小學相銜接，雷蔭蓀同時掌管兩校，辦理三年，後因年老退休，由楊永康會長接辦。一九五三年大成中學更名為孔聖堂中學。

（二）學術方面，成立孔道促進會，舉辦經教講座。一九四八年紀念五四運動座談會，著名學者及新文學倡導者郭沫若先生是演講嘉賓。

抗戰時，由雷蔭蓀任會長，乃至一九四六年由黃錫祺任會長，一九五三年為楊永康任會長，他也是孔聖堂中學首任校監。其後在一九六〇至一九八一年由許讓成任校監，一九八二至一九九六年，由張威麟任校監，一九九七至二〇〇八年岑才生任校監、二〇〇九年許耀君任校監至今。楊永

7　陳達明：《香港抗日游擊隊》，香港：環球出版社，2000年。

康任會長和校監，主理孔聖堂期間，從多方面推廣傳統文化活動，使學術活動更趨興隆。

（1）設孔聖堂讀經班：參加學生約四、五十人，多至六十餘人，每週上課兩小時，專人講解，以《論語》為課本，講解務求淺白，適合一般學生程度，並訂有獎勵計劃，考績八十分以上、操行甲等之首列四名學生，酌給予免費及半免費一學段等。

（2）週會講道：中學週會均由宣道委員輪值主持作專題講話，以加強學子對孔道之認識，為將來立身處世之基礎。

（3）週末國學講座：每次約有數百人參加，廣聘名儒學者主講，最先原在孔聖講堂舉行，後為便利聽眾，乃租賃大會堂演講室舉行。自此以後，孔聖堂經常邀請碩學名儒演講及授課，至今仍未間斷，曾在孔聖堂演講的著名學者，包括錢穆先生、吳天任先生、蘇文擢先生、饒宗頤先生、牟宗三先生、何叔惠先生、陳耀南先生、何沛雄先生等，可謂發揚儒家思想之重點地方。

（4）孔道季刊：一九五七年創刊，約二十期，每期貳千伍百本，分別寄贈世界各僑團，以宣揚孔子道理，一時索取者眾，頗受各界歡迎。

（5）發動世界各地尊孔團體召開國際孔學會議，成立「孔學總會」，並申請加入聯合國協會組織，使孔學成為一國際性團體：

一九五八年二月，孔聖堂第五屆第二次常委會議通過林仁超提議，為喚起世界人士實踐孔道，鼓勵各地熱心孔道之士籌組孔學團體案。此消息在報上發表後，獲各方面響應，其中越南孔學會更與臺灣、日本、韓國孔學團體會晤，主張推進孔道國際化運動。[8]

8　楊永漢主編：《孔聖堂詩詞集》（臺北：萬卷樓圖書公司，2013年），頁348。

三　孔聖堂教育在六、七十年代的發展

　　一九六五年，港英政府發表「教育政策白皮書」，提出普及小學義務教育並擴大中學教育，但不主張由政府開辦更多學校來滿足市民需求，而是通過政府資助學校來發展教育。一九七〇年，當局決定進一步大幅擴展中學教育，將中一至中三年齡組別的津貼中學學額增至學生總額的百分之五十。到一九七一年，免費小學全面在官立、補助及津貼三類中文小學推行。[9]政府亦在財政及法律上給予大力支持，一九七五至一九七六年度，香港教育經費開支，由佔生產總值（GDP）3.03%，12.3億港元，增至一九七〇至一九八〇年度的3.5%，25.2億港元。[10]

　　為配合社會需要及政府的教育政策，早在一九六一年，孔聖堂已開始制訂香港孔聖堂各股辦事細則、教育委員會組織綱要、宣道委員會組織綱要、孔聖堂中學校董會組織綱要、孔聖堂中學辦事細則。孔聖堂除了開設中學外，亦開辦了小學。當時，小學與支助中學的學位比例只有十二比一左右，由於受政府資助的中一學位有限，為了分配學位，一九六二年小學設立升中試，考中文、英文、數學三門學科。孔聖堂小學的學生升中試成績也不錯，部份考取了政府資助學位。而部份未能考取政府學位的，多升讀孔聖堂中學。一九六四年孔聖堂中學新校舍動工，於一九六五年正式啟用，為中小學生的上課及活動空間，提供寬敞的條件。

　　同時，孔聖堂除了開辦正規教育外，仍然著力推廣中國傳統文化，在當時港英政府的重英輕中的政策下，深受愛護傳統文化之士的支持和重視。重要課程如下：

9　《香港教育制度全面檢討》香港政府布政司署1981年自刊，頁12。

10　楊奇主編：《香港概論》（北京：中國社會科學出版社，1993年），頁234。

（1）國學研習班

自一九七六年第一屆國學研習班開學，至一九八八年共辦八屆。國學班停辦多年，其後由讓成教育基金贊助重開，舉辦至今。學生於每週末到孔聖堂中學上課，初定一學年為一屆，後改兩學年為一屆，聘國學宿儒主講，課程分為《易經》、《禮記》、《論語》、《孟子》等。

（2）舉辦公開徵文詩詞比賽

為發揚中國傳統文化，提高中文寫作興趣，公開舉辦徵文詩詞比賽。自一九七七至一九八八年共舉辦十一屆。二〇一三年續辦徵文比賽。

（3）出版《孔道專刊》

一九七七年出版首期《孔道專刊》，以後每年一期，共出版十八期，於一九九六年後停版。

（4）設中英文翻譯班

自一九七八至一九八八年共辦七屆中英文翻譯班，學生於每週末在孔聖堂中學上課，聘請著名學者主講，由已退休之港府高級翻譯官沈瑞裕先生等主持，培育翻譯人材，以濟時用。[11]

四　回歸前後的香港教育與孔聖堂

進入二十世紀八十年代，中國改革開放的推行，香港回歸中國的問題，對香港教育的發展造成一定的衝擊。面臨一九九七年的回歸過渡，香

---

11 楊永漢主編：〈附錄三　孔聖堂記事〉，《孔聖堂詩詞集》（臺北：萬卷樓圖書公司，2013年），頁350-351。

港教育作出較大的轉變。一九八四年，港英政府成立了教育統籌委員會，向政府提出政策建議。先後就中小學教育、師資、課程、教育發展、教學語言等各方面提出意見，引起一系列教育變化。

不過，孔聖堂學的辦學方針秉承一貫宗旨，一方面在配合政府政策下開辦中小學，另方面繼續堅持文化教育的推廣。

小學方面，孔聖堂小學仍維持接受政府津貼性貿質。中學方面，因為政府推行九年義務教育，而官立及津貼中學的學額未能滿足需求，政府除了盡快增加津貼中學外，還邀請五十六所私立非牟利學校轉為津貼學校，或向一些私校購買學位。[12]孔聖堂中學屬私校性質，辦學歷史悠久，家長口碑甚佳，在此時，接受政府買位，支持香港義務教育發展。

文化教育方面：一九八二至一九九七年，由張威麟任會長。他致力教育事業，一九八五年，孔聖堂五十週年堂慶，增建造孔子像、書劍軒、觀鳳亭，並將中英版〈禮運‧大同〉篇刻於碑上。八十年代始舉辦國術班、國語班、書畫班。以張觀鳳基金名義撥捐，舉辦國術班、國語班、書畫班，至八十年代末才停辦。

二〇〇〇年之後，情況起了新的變化。香港人口出生率持續低落，香港適齡入學兒童減少。如二〇〇四年，全港小學六年級人數共八點二萬，而小學一年級的人數只有六萬。少了近百分之二十七的學生，很多小學因為收生不足的情況，被迫停辦。孔聖堂小學亦是受到學生人數減少的影響，在二〇〇四年停辦。

孔聖堂中學方面，在二〇〇六年同樣面對收生不足，幾陷關校邊緣。其辦學團體即「落重藥」，注資一千二百萬元予該校推行小班，並自資加班救校，在獲教育局准許保留按額津貼模式運作。[13]小班為孔聖堂中學帶

---

12 方駿、熊賢君：《香港教育通史》（香港：齡記出版社，出版日期缺），頁460。

13 香港文匯報paper.wenweipo.com/。

來救校曙光，但仍未完全脫離「危機」。終於在二〇一一至二〇一二學年起，孔聖堂中學的資助類型，由按位津貼學校轉為直接資助。相比於官立及津貼中學，直資中學可收取學費，有相對高的自主權，可自訂課程、及入學要求，但同時得到政府按合資格學生人數提供的資助。[14]這模式下，校方因為有較大的自主權，可以採用靈活多元的教學方法來配合學生學習需要，建立學校特色，維持學校運作。校方隨即成立法團校董會，學校英文名稱亦由Confucius Hall Middle School，改為Confucius Hall Secondary School。二〇一二至二〇一三學年，古澤芬校長退休，校董會邀得楊永漢博士出任校長。

文化教育方面，孔聖堂仍然堅守宣揚傳統文化的責任：

（1）二〇〇〇年，再辦中國書畫班，由許讓成基金贊助，續辦書畫班。每年學員約有一百多人研習中國書畫和國學。書畫班曾多次假大會堂和中央圖書館舉行書畫展，展出非常成功，深受社會各界讚賞。書畫班至今仍繼續舉辦。

（2）二〇一三年，孔聖堂中學六十週年校慶，是年舉辦多項慶祝活動，包括啟動禮、全港徵文比賽、小學國學常識問答邀請比賽、出版《孔聖堂詩詞集》、名人講座、校友分享、六十週年慶祝晚宴等。

（3）二〇一四年始，國學研習班由何廣棪教授編定課程，內容除傳統儒家經典外，增加文字學、詩詞欣賞、諸子思想等科目，擴闊同學對中國文化的識見。

（4）二〇一三至二〇一四年名人講座

邀請著名學者及名人作公開演講，如丁新豹教授（中文大學）「篳路藍縷的歲月」；杜維明教授（哈佛大學）（北京大學教授）「二十一世紀的

---

14 直資中學，可參考曾榮光：《香港特區政策分析》（香港：三聯書店，2011年），頁59-66。

儒家」；廖舜禧先生（香港大學講師）「從美學走到中國書法」；金榮華教授（文化大學教授）「民間故事與傳統文化」；張萬民教授（城市大學教授）「詩歌與中國文化」；周國良教授（樹仁大學教授）「中庸」；鄧立光教授（中文大學國學中心主任）「知行合一與品德提升」；區志堅教授（樹仁大學教授）「儒家文化在今天社會的意義（中英語演講）」。

（5）在中學教育內系統地推展儒家思想，包括早會分享、論語課／暑期經訓班／弟子規、中國文化週、中華文化博覽、邀請名家到訪、探訪孔子故鄉、探訪文化名城、背誦孔孟金句等。

隨著升小適齡人口穩步上揚，孔聖堂積極復辦孔聖堂小學。不過，這小學與以往不同，是獨立開辦私立中小幼「一條龍」學校，而非與現為直資辦學的孔聖堂中學「結龍」。[15]二〇一五至二〇一六年在校內開辦一條龍的私立小學，名為「晉德書院」。晉德學校小學部校長羅美寶表示，校本課程參考國際多個地方課程而設計，如數學科參考香港、加拿大及新加坡，教授概率；同時融入中華文化，學生會學習《弟子規》等中國典籍，並特設參考古代六藝概念的增潤課程，課程會學「禮」學習孔子、亞里士多德哲學思想，「御」學習操作機械，亦會將儒家思想滲入其他學科，如就消防員救人殉職新聞，思考何為「義」。晉德學校校舍處於銅鑼灣孔聖堂會址及舊孔聖堂小學校址，小學部學生會先於翻新校舍上堂，直至二〇一九年第一期新校舍落成，而整個項目面積不少於十二萬平方尺，二〇二一至二〇二二年完成，最多可容納五百學生。晉德學校會與孔聖堂中學共用操場及孔聖堂。

孔聖堂和晉德教育基金成功地達成融合計劃，晉德教育基金正式加入隸屬孔聖堂成為其中一員。在孔聖堂會長郭少棠教授領導下，進行機構重

15　星島日報https://www.cp1897.com.hk

組分工。晉德教育基金使命是探索及執行建校計劃及創新教育的發展，與世界文化弘揚中心及孔聖堂中學，分別為孔聖堂的（一）國際化創新教育、（二）文化及儒學的承傳、（三）傳統中文教育等的多元化體系願景，三個遠大目標均是一個文化願景，為邁向二十一世紀新世界的使命而一起努力和貢獻。

為進一步在大中華地區及世界各地弘揚世界文化，晉德書院教育基金全力贊助晉德孔聖堂世界文化弘揚中心與世界頂級學府合作進行中國文化研究，當中包括北京大學研究院院長，香港中文大學教授，臺灣華梵大學研究院院長等。晉德孔聖堂世界文化弘揚中心亦跟牛津大學教育系合作進行教育研究，將中國文化精粹融合西方教育，從而在香港傳統教育上凸顯中國有教無類精神。晉德孔聖堂世界文化弘揚中心亦與世界頂尖學府合作推動高質素中國及世界文化教育，並且向中外學生介紹國學文化精粹。[16]

五　結語

自一九三五年孔聖堂落成，一九五三年孔聖堂中學開辦，孔聖堂這個辦學團體，直至現在仍然在香港的教育發展中扮演重要角色。孔聖堂配合香港教育的發展，為學童提供受教育的機會，在港英政府重英輕中的政教育政策下，繼續堅持中文教育，把傳統文化精神融入教育課程中，建立起一套自己的辦學特色。另一方面，孔聖堂能夠經年累月，維持開辦傳統文化的課程，通過教育來發揚傳統文化，為弘揚儒家文化發光發熱。孔聖堂的教育理念與精神，堅持孔門學問，弘揚傳統文化的毅力，在漫長的歲月中，飽受社會外來文化的衝擊下，能夠維持至今，實在不簡單，也是值得欽佩的地方。

---

16 confuciushallhk.org/香港孔聖堂。

從《儒林外史》看傳統的學習觀

　　明清科舉考試，影響深遠。就是現在，科舉考試雖然廢除多時，但人們的學習觀念、學習取向、對教育的態度，或多或少仍然保留一些科舉時代的看法。最明顯的，便是為了應付考試而學習的心態。這種講求「實用」、「應試」的觀念，使學習失去了追求知識的方向。這種觀念，在社會上仍廣泛流傳，甚至成為一般人教育思想的一部份。

　　近年，教育改革的聲音不斷高呼，一浪接一浪的革新政策和措施，使教師應接不暇。講到教育改革，學者多是從外國教育家的理論中，獲取支持。探討傳統的學習心態，從歷史角度來分析學習者的文章不多。這種情況下，一些原意很好的外國學習方式，引入中國之後，因為文化不同，施行方法有異，結果未能合乎期望，一些更出現相反的效果。所以，了解傳統的學習觀念，有其特殊意義及重要性。

　　要了解傳統的學習觀，從明清時期的知識份子入手是最合適的。了解這種傳統的內涵，正史的材料有限，並不能具體而生動地反映一般士人的學習情況。只有民間的作品，以知識份子為描述對象的作品，才能夠生動地、具體地反映明清時期的士人的學習觀念，其中最具代表的，便是《儒林外史》一書。本文試通過《儒林外史》所表現出的士人學習，進一步分析中國人的學習觀念。

一　開始學習的年齡及方法

　　一般來說，兒童大約在七、八歲開學，叫作開蒙。如書中第二回，周

進的學生，開蒙的時候便是七歲。又如第十一回，魯編修因為沒有兒子，就把女兒當作兒子，五、六歲便請老師開蒙。在第十三回，魯小姐頭因為對夫婿的功名失望，全心要栽培兒子，開蒙的時間更早。兒子四歲時，便拘著他在房內講《四書》，讀文章。

一般如果家中經濟能力較好的，便聘請老師在家中教導子弟，希望能讀出成績，日後獲得功名。有些較為富裕宗族，多置有田產收租，便由族內的收入拿出一些金錢來聘請老師，教導族中子弟。這類教學的要求不高，只望族內子弟可以學習文字，提升文化水平，方便日後工作。這類學生自身沒什麼學習目標，對學習要求不高，上課時也不大用心。如第二回周進的學生，「那些孩子，就像蠢牛一般，一時照顧不到，就溜到外邊去打瓦踢球，每日淘氣的不得了」。

學生開蒙之後，接下來便是學習四書五經內容，然後學習撰寫八股文的法則，這些都是為了配合日後的科舉考試。例如第十三回，魯小姐先學的就是《四書》、《五經》，到了十一、二歲就講書、讀文章，先把一部王守溪的稿子讀得滾瓜爛熟。再學習八股文格式，做「破題」、「破承」、「起講」、「題比」、「中比」成篇。

現代各國的教育，一般都是把六歲前歸入學前教育，幼稚園的階段。六至七歲開始進入小學階段，接受正規的義務教育。如美國、加拿大、法國、德國及中國大陸等。中國古代沒有官辦小學的觀念，更談不上義務教育。兒童多是因應條件，個別在不同的環境下學習。不過，從學習的年齡來說，基本上「開蒙」與現代就學的年齡差不多，個別的如魯小姐的兒子在四歲便開始學《四書》，是屬於少數。但這一方面反映傳統對兒童學習的重視，另方面亦可看出兒童開始學習，是沒有規限和準則。

現代的研究顯示，大多數人可以依年齡來劃分發展狀況。二至六歲屬幼兒期，是入讀托兒所及幼稚園階段。四歲兒童在遊戲和探索中學習，效果更好，他們喜歡透過有想像力的遊戲來模仿成人角色。閱讀方面，喜歡

別人唸書給他聽，特別喜看有重複主題的繪本。六歲的兒童喜歡問問題、新遊戲、新想法。圖畫仍然對學習有重要影響，開始創造整個句子。[1]教學時，教師應利用引發兒童興趣的教材，讓孩童自由探索和互助來進行學習。中國的情況則不同，無論四歲或是六歲開始，都是以反覆背誦的方式來學四書五經的內容，與及反覆練習寫作八股文的格式，達到所謂「滾瓜爛熟」。這種機械化的學習方式，對一些重視家教的學生，例如魯小姐，效果明顯。對於一些家庭環境較差的學生，顯示缺乏吸引力，例如周進的學生。此外，一些在家庭壓力下完成學習，因為感受不到學習的喜悅，成效不佳，而且種下日後討厭學習八股文的惡果，成年後轉向追求詩詞學問，解放思想束縛。

二　學習的動機

心理學根據動機的作用，分為近景動機與遠景動機。遠景動機是指活動與社會意義相關，影響範圍大，持續作用時間長。近景動機則與此相對。[2]自隋唐科舉制度確立以來，歷代都是採用這種考試模式來選取人才，只是在考核的內容上作出改變，或是在選取的程序上按實際環境作出調整。對於一般人來說，科舉考試如果高中進士，可以平步青雲，享受富貴榮華，這便是遠景動機的驅使。

就是不能高中，只要考個舉人，也有機會謀求一官半職，如果只取得秀才身份，雖然獲得的經濟效益不大，但至少社會地位提升，可以面見縣官，與一般的農民已有區別，這是近景動機的萌發。例如第三回范進中只中了秀才，胡屠戶已提醒范進注意自己的身份與普通平民百姓不同，舉止

1　Chip Wood著，林合懋譯：《兒童發展指標》（臺北：遠流出版公司，2004年），頁52-58、81-87。賈馥茗著：《教育原理》（臺北：三民書局，1989年），頁267-268。

2　丁家永編著：《現代教育心理學》（廣州：廣東高等教育出版社，2004年）。頁177。

要小心。

> 吩咐女婿道:「你如今既中了相公,凡事要立起個體統來。……若
> 是家門口這些種田的、扒糞的,不過是平頭百姓,你若同他拱手作
> 揖,平起平坐,這就是壞了學校規矩,連我臉上都無光了」。

普通讀書人最重視的,便是應付科舉功名的考試,希望一朝高中,即書中
所說的「舉業」,這是近景與遠景動機的混合作用,驅使士人不怕艱辛,
長時間保持學習動力。其中,外部條件所造成的激發,包括考取功名後得
到的名譽、威望、社會地位、權力,以及家人的獎勵、家族的榮耀,成為
最大的作用力。

　　對於讀書人來說,無論喜不喜歡,科舉考試是謀生的出路,就是考不
上,從事相關的教學工作,保持士人的地位,總比從事其他工作如風水、
算命等受人尊重。所以第三十六回,虞育德跟隨祁太公學習詩文,祁太公
雖然已教了他一些風水、算命等謀生方法,最後也離不開從現實上考慮,
叫他走傳統讀書人的舊路,先去試試應考。

> 祁太公又道:「你還該去買兩本考卷來讀一讀,將來出去應考,進
> 個學,館也好坐些。」

以讀書人來說,功名的路走不上,為求生活,教學也是一個好的選擇。但
要獲得較富裕、有能力的家庭聘用,便要具備一定的名氣和地位,至少要
考得上入學才成。例如第三十六回武書的情況,因為沒有做過八股文,找
不到教學的工作,不做八股文也不成。

> 武書道:「門生並不會作八股文章,因是後來窮之無奈,求個館也

> 沒得做，沒奈何，只得尋兩篇念念，也學做兩篇，隨便去考，就進
> 了學。」

在這情況下，求學的最終目的是為了應付各級的科舉考試。書中所指的
「舉業」，便是這種觀念的反映。能夠考試成功的，代表學問好，愈是考
上高層科舉身份的，學問便是越好，其他的學問，都是次要的，沒有價值
的。例如第十回遇魯編修與婁公子談論楊執中的才學時，說：「他（楊執
中）若果有學問，為甚麼不中了去？只做這兩句詩當得甚麼？」又例如第
十一回魯編修所說：

> 魯編修……便和女兒談說：八股文章若做得好，隨你做甚麼東西，
> 要詩就詩，要賦就賦，都是一鞭一條痕，一摑一掌血。若是八股文
> 章欠講究，任你做出甚麼來，都是野狐禪、邪魔外道！

這裡所講的舉業，便是指科舉考試中最重要的八股文。當時，科舉考
試雖有幾場考試，考的內容包括亦多，但是用來決定取士標準的，只是八
股文。

另外，一些有家庭背景，世家出身的人，因為怕考試困難或失去做八
股文的興趣等種種因素，放棄科舉路上的發展，轉向詩詞方面用功，希望
受人欣賞，成為名士。因為科舉的競爭太大，一些世家子弟，可以用錢捐
過監生，日後再通過人事關係謀得一官半職。由於考取功名的動力不強，
很多都轉向詩詞方面發展，爭取一個名士的身份，接受其他士人稱讚。他
們聚在一起，成為風氣。一些考不上功名的，也來與他們相唱和，形成一
股社會風氣，與著意於科舉者不同。例如第八回，從蘧太守對孫兒的要求
可看出來：

> 蘧太守知道了，成事不說，也就此常教他做些詩詞，寫斗方同眾名
> 士贈答。……你表兄在日，自己教他讀些經史；自你表兄去後，我
> 心裏更加憐惜他，已替他捐了個監生，學業也不曾十分講究。近年
> 我在林下，倒常教他做幾首詩，吟詠性情，要他知道樂天知命的道
> 理，在我膝下承歡就好了。

一些本來不懂做詩，為了要做名士，好讓自己可以與這些世家子弟往還，
提高社會地位，便惡補詩詞。例如第十八回匡超人要與名士會面，便自己
學習做詩。

> （匡超人）到晚無事，因想起明日西湖上需要做詩，我若不會，不
> 好看相，便在書店裏拿了一本《詩法入門》，點起燈來看。他是絕
> 頂的聰明，看了一夜，早已會了。次日又看了一日一夜，拿起筆來
> 就做，做了出來，覺得比壁上貼的還好些。

這種行為，可以用心理學上，人類的需求層次來解釋，根據馬斯洛的需求
層次，人有七種基本層次，成長需要有三種：分別是自我實現、審美需
要、認知需要。這三種需要越滿足，越產生更強的需要。[3]這些世家子弟，
在傳統科舉環境下，既得不到滿足，只好轉向詩詞方面發展，藉此而成為
「名士」，一些相似情況的士子，或是未能取得功名的讀書人，大家聚集
在一起，形成一股名士風氣，從而滿足自我實現的心理需要。而這種內在
動力，加上圍在世家子弟身邊的人鼓動，取得在科舉制度下失去的榮譽感
的外部動機結合，他們都樂在其中，不會產生動力來應付考試，爭取功
名。

3　丁家永編著：《現代教育心理學》（廣州：廣東高等教育出版社，2004年），頁180。

三　士人的知識觀

　　學習知識，是正確的事。但知識的內容是什麼，原來不是固定的，可以因應不同的社會環境和要求而轉變。以西方社會發展為例，希臘蘇格拉底（Socrates）認為知識可分為兩類，一是超然和純粹的，屬於最佳的知識。另一是實踐方面的，屬於次佳的知識。十九世紀上半葉，社會工業化快速發展，斯賓塞（Spencer）對知識另有看法，提出知識應該按構成人類生活的重要活動來劃分。到了近代，赫斯特（Hirst）對知識的形式提出意見，認為知識即是可分辨的學科：數學、自然科學、人類科學、歷史、宗教、文學和藝術、哲學、宗教。隨著社會觀念不同，知識的內容便跟著改變，如果被視為不屬於知識範圍內的學問，便得不到應有的重視。好像英國傳統不把工藝課程視為知識，職業訓練課程便得不到看重。[4]

　　中國在這方面的看法，變化雖然沒那麼大，但亦是以社會的需求來界定所謂知識。從十三回馬二先生對舉業的分析，可以看出歷代對知識的看法，是有一定的變化和要求。不同的舉業，就是不同的知識內容。

　　第十三回馬二先生說：「舉業二字是從古及今人人必要做的。就如孔子生在春秋時候，那時用『言揚行舉』做官，故孔子只講得個『言寡尤，行寡悔，祿在其中』，這便是孔子的舉業。講到戰國時，以游說做官，所以孟子歷說齊梁，這便是孟子的舉業。到漢朝用『賢良方正』開科，所以公孫弘、董仲舒舉賢良方正，這便是漢人的舉業。到唐朝用詩賦取士，他們若講孔孟的話，就沒有官做了，所以唐人都會做幾句詩，這便是唐人的舉業。到宋朝又好了，都用的是些理學的人做官，所以程、朱就講理學，這便是宋人的舉業。到本朝用文章取上，這是極好的法則，就是夫子在而今，也要念文章、做舉業，斷不講那『言寡尤，行寡悔』的話。何也？就

―――――――――――――――

4　Bob Moon, Patricia Murphy編，陳耀輝等譯：《環境與課程》（香港：香港公開大學出版社，2003年），頁210-221。

日日講究『言寡尤，行寡悔』，那個給你官做？孔子的道也就不行了」。

明、清都是以四書文取士。鄉、會試首場試時文七篇：四書三題，五經每題出四題，士子認習某經即作本經之四題，所以合成七藝。二場考論一篇，判五條，詔、誥、表各一則。三場考經、史、時務策五道。首場四書文與五經文用八股體，稱制藝、時藝，也稱時文。[5] 三場中，以首場最為重要，而首場則以四書文為重。錢大昕說明代「鄉會試雖分三場，實止一場。士子所誦習，主司所鑒別，不過四書文而已」[6]

科舉以八股取士，自必成為讀書人的學習重點對象，至於歷代詩、詞等其他文學，與功名沒有關係，熱衷功名的士子大多無心學習。就是有興趣的，也會給前輩老師喝止，認為這是不合時宜，浪費精力的學習行為。例如第三回周進做了學道，接見童生時所講的一番說話：

> 那童生跪下道：「求大老爺面試」。學道和顏道：「你的文字已在這裏了，又面試些甚麼？」那童生道：「童生詩、詞、歌、賦都會，求大老爺出題面試。」學道變了臉道：「當今天子重文章，足下何須講漢唐？像你做童生的人，只該用心做文章；那些雜覽，學他做甚麼？況且本道奉旨到此衡文，難道是來此同你談雜學的麼？看你這樣務名而不務實，那正務自然荒廢，都是些粗心浮氣的話，看不得了！左右的！趕了出去！」

這番說法，正好表示出他們對知識的觀念。所謂知識，便是從實用角度出發，能夠令改變自己社會地位，為社會人士看重的八股文。除此之外的學問，都是沒用的，沒有學習的價值。例如第三十六回，虞博士到了十七、

---

5 《清史稿》卷106〈選舉志一，學校〉；《欽定大清會典事例》卷331〈禮部・貢舉・命題規制〉。

6 顧炎武著，黃汝成集釋：《日知錄集釋》卷16「三場」條錢大昕注。

八歲，就學詩文。祁太公對他說：「虞相公，你是個寒士，單學這些詩文無益，需要學兩件尋飯吃的本事」。

知識的內容確定之後，接下來，最重要的是如何有效地找尋知識。就明清士人來說，如何做好八股文章，成功考試，便表示找到知識，亦是學習的關鍵。八股文有一定的格式和要求，要做得好，就必須合乎規格。規格的好處，便是評定文章時有一定的依據準則，可以減少主觀色彩，相對較為客觀。但評選的過程中，因為受到時間、學派等種種因素的影響，評者少不免摻有一些個人的喜好成分在內。如果能夠得知考官的大概要求，了解各級考官心中的標準，即是所謂「法則」，準備考試時自可事半功倍。

怎樣才可以知道評選者的喜好，了解他們的主流要求？當時的讀書人，便把考中者的文章選出，讓應考者作為參考。像馬純上先生便是以精選三科鄉會墨程為生，並且藉此受到別人尊重。而更進一步，一些選者又把考中者的文章分成不同類型，作為應考者參考學習。例如第十八回，衛先生與匡超人等會面時，便向匡超人論述所謂文章法則：

> 匡超人道：「文章既是中了，就是有法則了。難道中式之外，又另有個法則？」衛先生道：「長兄，你原來不知。文章是代聖賢立言，有個一定的規矩，比不得那些雜覽，可以隨手亂做的，所以一篇文章，不但看出這本人的富貴福澤，并看出國運的盛衰。洪、永有洪、永的法則，成、弘有成、弘的法則，都是一脈流傳，有個元燈。比如主考中出一榜人來、也有合法的，也有僥倖的，必定要經我們選家批了出來，這篇就是傳文了。若是這一科無可入選，只叫做沒有文章！」

除此之外，考生在臨場應考的時候，還要因應社會環境和主考官的個性背景，猜測主考的要求，在做文章時盡量迎合。這便是第四十九回高翰林所

說的「揣摩」，能夠做到這一點，能考得上的機會便高。他更嘲笑馬二先生只知道精選文章來學習，不知道要活學活用，臨場「揣摩」的功夫，所以結果沒有考中。

> 高翰林道：「老先生，『揣摩』二字，就是這舉業的金針了。小弟鄉試的那三篇拙作，沒有一句話是杜撰，字字都是有來歷的，所以才得僥倖。若是不知道揣摩，就是聖人也是不中的。那馬先生講了半生，講的都是些不中的舉業。他要曉得『揣摩』二字，如今也不知做到甚麼官了！」

除此之外，一些官員的下一代，他們沒興趣投考功名，家庭環境也可以不用依靠功名，仍可以過一些悠閒的生活。當生活無優時，他們終日聚眾宴遊，以名士自居，不屑於有關功名考試的學問，只是沈醉詩詞，成為脫俗雅士。一班人悠然自得，樂於做斗方名士。不過，當生活環境改變，需要面對現實時，他們的態度便有所改變，心底下仍然不能否認八股考試是正規的知識。

　　例如：十三回蘧公孫見兩個表叔半世豪舉，落得一場掃興，因把這做名的心也看淡了，詩話也不印刷送人了。態度也轉變，從前魯小姐跟他講到文章的事，便說是俗事，現在倒過來對文章關心，心裡想與熱衷考功名的朋友往還，可惜各人視他為「名士」，認為目標不同。後來遇上馬二先生，向馬二請教文章法則。從種心態變化，可以看出一些自命名士的傳統讀書人，心底仍然擺脫不了八股文是正統知識的觀念。

四　學習的態度

　　無論求學的目的是什麼，對學習的要求有何分別，大家對學習本身都

十分重視和積極。古代中國社會，並非人人都有機會讀書的。可以有機會學識文字，書寫文章，應付日常生活需要，一定較文盲的農民為優勝。如果有機會應考，取得功名，當然更好，所以大家都很珍惜學習的機會。而好的官吏，也以教化百姓，提升他們的文化水平為重要的任務。例如第四十回，蕭雲仙在平定邊區戰事之後，便請沈先生先教那些略懂文字的兵，再開十個學堂，讓他們教導當地百姓的孩子。而且，為了讓當地人看到讀書的好處，鼓勵學習，蕭雲仙更讓可以做好文章的，可與自己分庭抗禮。

> 蕭雲仙又道：「只得先生一位，教不來。」便將帶來駐防的二三千多兵內，揀那認得字多的兵選了十個，托沈先生每日指授他些書理。開了十個學堂，把百姓家略聰明的孩子都養在學堂裡讀書，讀到兩年多，沈先生就教他做些破題、破承、起講。但凡做的來，蕭雲仙就和他分庭抗禮，以示優待，這些人也知道讀書是體面事了。

在邊區地方，文化條件不高的情況下，這不失是一個好的方法，可以利用較少的人力來提升當地文化水平。

最受一般士人喜愛的，自然是應試學習後取得功名，例如書中的周進與范進，都是很大年紀才得到功名，其間不斷應試。周進六十多歲才考得功名，范進二十歲考得童生，其後考了二十餘次，秀才仍沒有考得上，到五十多歲才得到功名。

讀書人在學習的過程中，由於受到科舉考試的限制，便產生另一種情況，過分集中在應考方面，無關應考的都不看，亦以上文所說的「知識」範圍，使到學問偏而不全，連一些簡單的學問常識都不知道。就以經書注釋為例，只因為考試以朱熹的注釋做依據，其他各家的，士人不但不看，甚至不知道有其他解說的存在。例如第四十九回武正字所說的情況：

> 武正字道：「提起《毛詩》兩字，越發可笑了。近來這些做舉業
> 的，泥定了朱注，越講越不明白。四五年前，天長杜少卿先生纂了
> 一部《詩說》，引了些漢儒的說話，朋友們就都當作新聞……。」

這種情況已成為社會的常態，受到一些士人的非議，認為學習不能這樣偏
向一面。不過，在學習的態度積極而與主流的要求有所不同之下，出現下
列幾種情況。

一、一些有學問修養的人，或者是無心做八股文應考的人，他們漸漸
把功名與考試分開來看，認為獲取功名與本身的學問修養是兩回事，不能
混為一談，甚至兩者存在矛盾，不能兼得。例如第四十九回：

> 遲衡山道：「這都是一偏的話。依小弟看來：講學問的只講學問，
> 不必問功名；講功名的只講功名，不必問學問。若是兩樣都要講，
> 弄到後來，一樣也做不成。」

二、一些人本身文化水平不高，只是略懂文字，個人的能力有限，功
名是考不上的，但仍常常拿著書本來看，以示與普通人有別，而亦因此得
到別人的尊重。例如第二十一回甘露庵的老和尚看見牛浦郎拿著書來看，
覺得他上進，便讓他在庵內看書。牛浦郎家中只是開小香蠟店，做小買
賣，本身應考的條件不高，自認是為了「破俗」提高形象，才找些詩來
吟。事實上，他連唐詩都理解不了，覺得文理深奧，文學水平確是有限。

三、此外，一些不愛受科舉考試拘束，喜歡多方面學習而本身能力亦
高的人，他們追求各種學問，喜愛思考問題，探究問題，對所學提出質
疑，表現出熱衷求學，不重舉業的態度。例如第三十四回杜少卿的疑古，
對一些學者解釋詩經中的《凱風》內容提出異議：

〈凱風〉一篇，說七子之母想再嫁，我心裡不安。古人二十而嫁，養到第七個兒子，又長大了，那母親也該有五十多歲，那有想嫁之理？所謂「不安其室」者，不過因衣服飲食不稱心，在家吵鬧，七子所以自認不是。這話前人不曾說過。

又如第四十七回所提到的虞華軒，「他自小七、八歲上就是個神童。後來經史子集之書，無一樣不曾熟讀，無一樣不講究，無一樣不通徹。到了二十多歲，學問成了，一切兵、農、禮、樂、工、虞、水、火之事，他提了頭就知到尾，文章也是枚、馬，詩賦也是李、杜。」是另一個不受應試拘束的博學之士。他們最推崇的，是具有古賢人如伯夷、陶潛這些不務名利，材德卓越的學者。如第三十六回杜少卿向莊徵君論說虞博士與人不同的地方便是：「這人大是不同，不但無學博氣，尤其無進士氣。他襟懷沖淡，上而伯夷、柳下惠，下而陶靖節一流人物。你會見他便知」。莊徵君聽了，便去回拜，兩人一見如故。虞博士愛莊徵君的恬適，莊徵君愛虞博士的渾雅，兩人結為性命之交。

五　總結

中國傳統讀書人的學習心態，受到社會的影響極大。他們在教育上取得的成果，對個人的社會經濟地位，有很大的關係。以現代教育社會學的功能理論來解釋，接受較高教育的，應接受較好的工作。通過教育來轉移工作相關的技術，訓練人力，可以減少貧窮和失業。[7] 同樣情況，也出現在明清士人的身上。他們努力學習，藉科舉考試提升社會經濟地位，改變家族貧窮的情形。一個農家子弟，通過讀書考功名，由原來從事農家工作，

7　謝高橋：《教育社會學》（臺北：五南圖書出版公司，2004年），頁451-452。

就是不能出任高官，也可轉作受尊重、生活較舒適的文書工作。就如《儒林外史》書中所寫的匡超人、范進等類似人物，在沒有考取功名之前，只是做一些閒散的工作。

現代教育心理學有所謂社會學習論，該派主張人行為表現不單是內在力的驅使，人所學到的行為，也並非單純因行為表現後所受到的外在環境控制。人受環境中其他人的影響，人也影響環境中的其他人。人在學習中單憑觀察所見別人行為帶來的後果，他也會學到何時何地該表現何種行為。[8]社會人士觀察到仕途的好處，一股主流風氣便隨之形成。讀書人對知識的看法與學習的觀念，都是從整體社會出發，受外在的環境因素影響較大。所謂知識，主要是科舉考試的內容；所謂學習，主要是指可以考取功名的方法，一切是以實用效益為著眼點。

不過，在主流的學習觀念，仍然有些人不甘於受著考試名利拘束，要脫離科場壓迫。他們轉到傳統學問中的另一面，沉醉在詩詞文學之中，效法古代的文人雅士，享受暢遊之樂，表面上不理會世俗事務。但最後，他們最理想的事，亦離不開傳統儒家的社會觀，以天下為己任，希望讀書人了解真正的大儒，不再把眼光局限於考試科舉這種俗務上，《儒林外史》書中所提到祭泰伯祠，提到「兵、農、禮、樂」的事，便是例證。

8　張春興：《教育心理學》（臺北：東華書局，1994年），頁190-195。

澳門申報世界文化遺產
與鄉土歷史教育

一　前言

　　澳門由一個中國沿海的小漁村發展成中西經濟、文化交流中心，在華人與葡人相處四百多年的過程中，形成一種融合中西文化特色的本土獨特風情。早在一九九四年首屆「澳門歷史文化國際學術研討會」已有學者提出建立澳門學，建立澳門文獻中心，並主張對澳門歷史作深入和科學的研究和分析[1]，提升澳門歷史的地位和價值。這種獨特文化發展至今，大家除了關注文化本身的意義及價值外，與文化關係密切的旅遊業，就更受重視。在回歸中國之前，學者已指出澳門未來的發展方向，其中一項便是大力推展旅遊業，因此，極力支持政府投入更多的資源和用更大的力度來保護及整理古蹟。[2]

　　隨著中國向聯合國教科文組織申報澳門歷史建築群作為世界文化遺產，以澳門作為歷史文化名城的議題，受到學者的關注。在近年一個「澳門歷史文化名城」學術研討會中，學者通過論證，認同澳門具有歷史文化名城的條件，其中包括一、具有中西文化交流的特色。二、文化資源豐

---

[1]　見黃啟臣：〈澳門歷史研究芻議〉、常紹溫：〈從澳門歷史文化的特點略談建立澳門學問題〉、梅士基德拉：〈建立澳門歷史文獻公共中心〉，《1994澳門歷史文化國際文化國際學術研討會論文集》，澳門文化研究會，1995年。

[2]　魏美昌：〈正確評估和增強澳門的戰略地位〉，梁劍主編：《粵澳關係研究》，廣東高等教育出版社，1994年。

富。三、政府非常重視文物保護。[3]不過,學者多只就澳門文化、考古、語言變化、建築物等方面來發表意見,例如許均銓〈淺論澳門文化遺產的開發與昇華〉、邱立誠〈澳門幾個考古問題的探討〉、張卓夫〈澳門:中外語言與文化溝通的樞紐〉,從教育的角度來提出討論不多。王國強在〈澳門申報世界文化遺產的進程與未來發展〉中,曾提出要注重歷史意識、鄉土意識和文化意識作為未來的發展方向[4],但這方面的討論仍未多見,本文便試從澳門鄉土歷史教育來看澳門申報世界文化遺產的關係。

二 澳門申報世界文化遺產

早在一九五三年,澳門已設有委員會來界定建築文物。到了一九六○年,相關的工作組提出保護和重視歷史和藝術文物的措施。七十年代,文物委員會成立,把文物分類研究和保護,除了炮臺、教堂外,還把馬路、小道和整片領域作為保護對象。一九八二年,澳門文化學會成立,政府公佈了《建築、景色及文化財產保護條例》。一九九二年法令第83／92／M號,對澳門具紀念性、具建築藝術、景觀及文化等財產加強規範,著意保護,作為歷史見證,同時公佈一系列具建築藝術價值的建築物名單。一九九九年澳門特區政府成立後,澳門文化學會改稱文化局,負責執行本地文化政策,其中的文物保護工作由屬下的文化財產廳來實施,對文物保護更益重視。[5]

3　王國強:〈澳門歷史文化名城研討會總結報告〉,王國強主編:《澳門歷史文化名城學術研討會論文集》,澳門社會科學學會,2004年。

4　王國強:〈澳門申報世界文化化遺產的進程與未來發展〉,澳門社會科學會會:《濠鏡》總第18期,2004年12月。

5　黃佩賢:〈澳門的盧廉若公園──兼談澳門歷史建築的保護〉,王國強主編:《澳門歷史文化名城學術研討會論文集》,澳門社會科學學會,2004年。及澳門文物網:http://www.macauheritage.net/

　　澳門文化遺產十分豐富，重要的建築文物體系，可分為五大類型。其一是教堂體系，其二是廟宇體系，其三是炮臺體系，其四是公共及商業建築，其五是各式民居、華宅。澳門的有價值的古蹟，被列入保護名單的有一二六項，並沒有涵蓋全部內容。[6]二〇〇一年，澳門政府籌劃有關向聯合國教科文組織申報世界遺產事宜，定出由十二個建築文物點組成的區域作為申報單位，包括媽閣廟、港務局大樓、聖約瑟修院及教堂、崗頂戲院、民政總署大樓、仁慈堂、鄭家大屋、大三巴牌坊、大三巴哪吒廟、大炮臺、舊地牆遺址、東望洋炮臺。

　　澳門歷史建築群在二〇〇四年被中國確定為翌年申報世界遺產的項目。根據二〇〇五年四月二十六日澳門日報的消息，文化局文化財產廳廳長陳澤成透露，第廿九屆世界遺產委員會將於二〇〇五年七月十至十六日在南非舉行，中國向聯合國教科文組織申報世界文化遺產的澳門歷史建築群，早前獲國際古蹟遺址理事會世遺專家正式通過評估，將在第廿九屆世遺大會審議通過。根據專家建議，澳門歷史建築群由原來分散的十二個建築物概念，調整為通過相鄰的廣場和街道連接成一個以澳門舊城區為核心的歷史街區，即進一步覆蓋媽閣廟前地、亞婆井前地、崗頂前地、議事亭前地、板樟堂前地、耶穌會紀念廣場、白鴿巢前地七個廣場空間，聯同十二個建築物為主題串連超逾二十處的歷史建築。

　　早在二〇〇四年九月，負責世遺評估工作的國際古蹟遺址理事會已派遣地區專家來澳門實地考察，探究澳門歷史建築物的歷史價值、建築風格及對城市影響力等因素。澳門歷史建築群於二〇〇五年二月在巴黎舉行的國際古蹟遺址理事會世遺專家會議上獲正式通過評估，專家同意澳門歷史建築群申報列入世遺名錄。換言之，澳門歷史建築群通過了審核的關鍵期，只待廿九屆世遺大會上審議通過。

6　《澳門雜誌》總第45期，澳門特別行政區政府新聞局，2005年4月。

　　陳澤成廳長強調，澳門歷史建築群申報世遺，關乎澳門未來整體形象
和文化、旅遊、經濟等多方面發展，希望澳門各界多關注文化遺產。而當
局亦加緊修葺文物建築，加大宣傳申報世遺的事，同時關注文物建築對舊
城區旅遊資源開發所起的作用，使全球各地認識澳門小城的文化遺產，對
澳門增加了解。[7]

　　澳門申報世遺，成功在望，中國及澳門政府的努力，不容忽視。而澳
門具備古建築物存在的條件，更是其中的關鍵。學者何啟海指出，澳門古
建築存在的條件，包括：一、澳門具有四百五十年的歷史；二、長期的中
西文化交匯，宗教信仰自由；三、長期處於和平狀態，沒有遭受戰爭破
壞；四、長久以來，各宗教團體、社會熱心人士及政府，重視保護文化遺
產。五、市民發揚愛澳精神，對古蹟文物倍加愛護。[8]這裡的第一至第三
項，屬於外在的社會環境因素，並不是個別地區的人力所能控制。而第
四及五項，則以人的因素為主，只要教育適宜，保護文化遺產的精神便可
以持續下去。而其中與歷史教育關係較深的，便是第五項。如果市民愛護
文物的精神消失，就算是能夠申報世遺成功，時間一久，古物必定失去原
有的生命力和吸引力。只有推行澳門鄉土歷史教育，才可以避免出現這種
情形。

三　澳門鄉土歷史教育

　　在一九七五年之前，澳葡政府對華人的教育基本上採取放任政策[9]。這
政策下，熱心教育的澳門居民只好因應情況，自行設法來辦學，日漸形成

7　見《澳門日報》2005年4月26日。

8　何啟海：〈古建築物的存在條件與特點〉，王國強主編：《澳門歷史文化名城學術研討會論
　　文集》，澳門：澳門社會科學學會，2004年。

9　馮增俊主編：《澳門教育概論》（廣州：廣東教育出版社，1999年），頁74。

一套具有澳門色彩的教育特色。一些澳門的教育界學者，把澳門的教育特色歸納為六項：包括：一、強烈的民族性和有限度的融合。二、拼盤式多元性和靈活性的適應性。三、民間的主動性和社群福利性。四、個別的超前性和普遍的滯後性。五、條件的差異性和良性的競爭性。六、較多的自主性和較少的規範性。[10]在這種特色下，顯然是不需要統一的課程與教材，也吸引不到教科書出版商投資製作具有本地內容的教材。對歷史教育來說，意味著學生缺乏學習本地歷史的課本材料。

　　隨著澳門回歸日近，讓學生多認識本地歷史文化的呼聲日高。一九九九年六月教青局公佈制定的《歷史初中大綱》把澳門歷史列入本地中學課程，安排在初三施行教學。內容分為「早期澳門的歷史」、「澳門文化的特色」、「澳門經濟及社會發展」、「澳門的回歸中國」。澳門成為中國特別行政區後，更多學者在公開場合表示支持。例如：霍啟昌指出：學習澳門史的價值，可以為中國現代化作出貢獻。通過對澳門歷史及發展過程了解，可以創造良好氣氛。認識澳門是中國唯一未關閉過的開放窗口，具有中西文化橋樑的特色，可以協助特區政府發展特有的文化事業。此外，澳門市民由歷史中更可了解政制發展過程，從而養成樂於履行公民責任。[11]

　　雖然訂出課程大綱，但由於缺乏教科書及合適的公開教材，所以實行起來仍然沒有具體內容和一致方法，被教育工作者稱為是一項空無課程。[12]根據學者劉羨冰的調查中，可以知道這課程的施行現況。她在二〇〇三年三月向澳門七十九所中文、英文、中葡學校發出推行澳門史教育的問卷，回收率為百分之六九點六二，大多數學校都希望有效推行澳門地方史教學。正在推行的學校，各自採用不同的形式，有些把內容加入公民科中，

---

10 劉羨冰編著：《澳門教育史》（北京：人民教育出版社，2000年），頁29。

11 霍啟昌：〈澳門史教研的重要價值〉，澳門大學教育學院編：《跨世紀學科教育——中國語文、歷史與地理研討會論文集》（澳門：澳門大學出版社，2000年），頁121-126。

12 林發欽：〈中學澳門鄉土歷史課程設計芻議〉，梁成安主編：《教與學的改革和創新教育研討會論文集》（澳門大學、澳門特別行政區教育暨青年局，2003年），頁30-36。

有些放入中史科，有加入常識科，有加入語文、地理科中，亦有些是利用早會、課外活動時間來推行。一般的課時是八至十四節之間。為了進一步落實推行，她提出具體建議，不獨立設科，不編教科書，只設教材資料庫。教學方式保持各校自主，盡量利用現有資源來進行教學安排。[13]

在歷史教育的發展過程，鄉土歷史的教學已成為其中一個組成部份。以中國大陸的歷史教育為例，訂定課程的學者明白到中國是一個地域遼闊、民族眾多的國家，中國的歷史，是中國境內各地區和各族人民的歷史綜合。學生在學習歷史的過程中，除了要全面了解國家的歷史外，也應具體了解本地的歷史，所以在《全日制中學歷史教學大綱》中規定：「中國歷史在完成教學大綱規定的教學任務之外，各省、市、自治區可以自編地方鄉土教材，補充教學。地方鄉土教材的教學和教學時間，各地根據具體情況自行安排」。在二〇〇一年《全日制義務教育歷史課程標準（實驗稿）》，提出歷史課程的基本理念是：減少艱深的歷史理論和概念，增加貼近學生生活，貼近社會內容，有助學生終身學習。

此外，中國在課程改革的要求下，改變傳統的以學科為中心的課程，設立一門「社會科」，在原有的學科基礎上，把歷史、地理、政治、經濟及社會學等學科內容融合起來，採用單元模式，靈活多變的探究式方法教學。而由於歷史學科非常配合該課程「以提高學生人文素質、鑄造民族精神為宗旨」的要求，所以該課程命名為「歷史與社會」，在初中施行。根據課程標準（一）的安排，教學單元包括「我們在社會中成長」、「我們身邊的經濟、政治、文化」、「我們生活的區域與環境」、「中國歷史與文化」、「世界歷史與文化」、「社會探究技能與方法」[14]。這個設計編排，不

---

13 劉美冰：〈澳門地方史的教與學〉，梁成安主編：《教與學的改革和創新教育研討會論文集》（澳門大學、澳門特別行政區教育暨青年局，2003年），頁11-16。

14 歐陽青尼主編：《全日制義務教育——歷史與社會課程標準（一）（二）教師讀本》（武漢：華中師範大學出版社，2002年），頁1-21。

但與歷史科中加入地方鄉土歷史課程的要求相類似，而且合適學生建構知識的安排，從認識身邊的事物，再發展到社區團體、國家、世界。正是這樣，隨著要學生多認識生活的社區，鄉土史的教學自必要加強。

四　澳門鄉土歷史教育申報世遺

歷史教育與歷史遺址和建築的關係十分緊密，換言之，澳門以歷史建築和遺跡作為申報名城的項目，對本地的歷史教育起了一個正面作用。在澳門的歷史教育發展過程，澳門鄉土歷史的教學日受重視。林發欽總結了一些學者對澳門史教育的意見，可以反映部份歷史科教師的心聲。他指出現在的澳門史教學雖然是空無課程，只有大綱而沒有具體的教學內容，但專家學者都非常關注澳門史的教學發展，認為澳門史的教學是必須的，是要大力推動的。[15]不過，有效能的鄉土歷史教學，單靠一般的教科書是不足夠的，教學的方法應該是靈活多元化，包括查閱歷史文獻、參觀考察、訪問調查等，都是一些常用的方法。而教學材料的來源，除了蒐集歷史文獻、歷史文物、歷史傳說、民間故事外，現存的歷史遺跡和建築，更是不可缺少資料。通過實地考察，對舊址有整體的了解，可以使歷史形象具體化，有助學生掌握整體歷史狀況。[16]

此外，在平常歷史課時，教學方式的改變亦使學生重視本地的歷史遺址與建築。隨著社會變化，無論學生與教師，大家對教授技巧與教學內容的要求都越來越高，傳統單向式教學，向學生「滿堂灌」的情況已不能持續下去。在一個研討會上，教師黃佩琚與謝英作出對中學歷史科的教學反思，正好反映了部份澳門歷史科教師的意見。他們指出單調呆板的教學方

15　林發欽：〈中學澳門鄉土史課程設計芻議〉，梁成安主編：《教與學的改革和創新教育研討會論文集》（澳門大學、澳門特別行政區教育暨青年局，2003年），頁30-36。

16　于友西主編：《中學歷史教學法》（北京：高等教育出版社，1988年），頁146-156。

法，枯燥乏味的教學手段，是歷史科教與學存在的最大問題。他們主張歷史教學要多樣性，一些可行的方法例如編寫歷史劇、寫歷史報告、學生動手做東西來再現歷史、結合時事和歷史、應用多媒體等[17]，可以多加運用。這些方法運用起來，最配合學生生活層面的，最容易取材的，便是本地鄉土歷史的資料，尤其是日常可見的古蹟建築物，對施行第二課堂的教學活動，幫助很大。

　　澳門所具備的中西文化特色，獨有的文化建築群，早已家傳戶曉，而新評定的澳門八景中，與歷史古蹟有關的便佔四景，可見歷史古蹟在旅遊景點的地位十分重要。不過，澳門旅遊在景點的遊覽安排上已出現隱憂，大約可概括成三項，一是缺少大型精品項目，二是科技含量不高，缺乏觀賞者的參與，三是周邊的環境不甚理想，新舊民居雜置在景點附近。現在藉著申報世界遺產的機會，全面整合開發，可以解除隱憂，打造出大型歷史古蹟旅遊精品。[18]

　　澳門文化遺產的開發，並不是個人，而是需要民眾的力量襄助，而鄉土歷史教學的成敗，可說是民眾能否支持持續開發文化遺產，建築文物能否長期保存的關鍵。這次申辦世遺雖然成功，但申辦過程所不可或缺的人文因素，即是市民對遺留下來的文物是否有足夠的認識，有足夠的保持，甚至進一步發展，向遊客宣傳，讓他們多認識文物背後的歷史意義，文化特色，又可以成立專職的委員會，有系統地研究和考核文物。這一切，都要依賴鄉土歷史教育的力量。[19]再者，除了開發與保護外，許均銓提出「增值」的概念，認為要保護好文化遺產，最理想的方法就是讓它增值，

---

17 黃佩琚：〈中學歷史科教學之反思〉，梁成安主編：《教與學的改革和創新教育研討會論文集》，頁37-45。

18 彭順生：〈澳門歷史古蹟旅遊資源整合開發研究〉，澳門大學澳門研究中心編：《澳門研究》第25期，澳門基金會，2004年12月。

19 魏美昌：〈保護澳門文物古蹟的熱潮應深入持續開展下去〉，王國強主編：《澳門歷史文化名城學術研討會論文集》（澳門：澳門社會科學學會，2004年），頁55。

例如將聖誕節變成旅遊節，把澳門的建設局增加澳門味，對遊客再次光臨或向朋友提及澳門時，將會產生很大的新鮮感。這些具體的增值方法，都是離不開人[20]，而人的因素如何發揮，便是看教育的力量成效。

五　總結

澳門的社會經濟，一向以博彩旅遊業作動力，帶動周邊行業經營。隨著時間的轉變，旅客的要求日高，原來的旅遊業的營運方式已欠缺吸引力，需要轉型才可以符合旅客需要。孫九霞提出的「文化生態村」、程惕潔倡議的「新古城」、陳炳強主張的「東方迷城」，便是因應澳門旅遊業的未來發展，提出的一些新方案。[21]這些方案，雖然名目不同，規模各異，但大致是在原有的歷史建築文物、旅遊景點的基礎上加以重新組合編排，再結合澳門鄰近地區的旅遊資源而成。無論如何組合，澳門歷史建築文物，文化特色，是成敗的關鍵。澳門的文物申報世界遺產組織，優化了旅遊產業，為日後旅遊業的進一步發展加強基礎。不過，申報世遺之後，最重要的，便是繼續以往愛護文物的傳統，加強鄉土歷史的教育，歷史建築文物才可以持續結合社會群眾，屹立下去。

在現今社會變化之下，無論中國大陸、臺灣、香港都先後開始了課程改革，澳門歷史科的課程，自必受到改革的浪潮衝擊。這情況下，加強鄉土歷史的教學，強化歷史科的第二課堂活動是勢所必然。過去，曾有個別學校在鄉土歷史上做了不少功夫，例如：培正中學的史地學會出版的《紅

20　許均銓：〈淺論澳門文化遺產的開發與昇華〉，王國強主編：《澳門歷史文化名城學術研討會論文集》（澳門：澳門社會科學學會，2004年），頁33-36。

21　孫九霞：〈澳門文化資源的旅游價值及開發〉，陳炳強、陳松：〈區域旅遊合作與澳門經濟發展的突破口〉，程惕潔、雷凱思：〈如何提高澳門旅遊業的文化層次〉，收入李蒲彌主編：《回歸後的澳門發展與粵澳關係研究》，香港：香港漢典文化出版公司，2003年。

藍史地》，對澳門很多的行業作了歷史檢視；培道學校的老師設計出「澳門鄉土教育」課程，又領導該校歷史學會的學生進行本地歷史調查研究，出版了《澳門街道故事》。現在，隨著澳門申報世遺，正好為歷史科的教學活動提供合適的場地，而這些教學活動，自必受到社會人士的重視與關心，參與的學校亦會日多，提升了學生對歷史科的學習興趣和能力。

　　綜合來說，澳門在過去及將來，歷史文物都是有賴市民的愛護，才可以達到申報世遺的目標，並且發展下去。而申報世遺，亦有助於歷史教育素質的提升，兩者關係密切，良性互動。

澳門教育史研究的回顧

一　前言

　　澳門發展初期，居民文化水平不高，所以有關澳門的歷史記載及研究都在國內。早期的研究，最初是乾隆十六年（1571），印光任、張汝霖合著的《澳門記略》一書，詳細地介紹了澳門的地理、經濟、文化以及葡萄牙人侵佔澳門的經過。接著又有張汝霖的《澳門形勢篇》、《澳蕃篇》、張甄陶的《澳門圖說》、《澳門形勢論》、《制馭澳夷論》、薛韞的《澳門記》、李受彤的《澳門形勢論》、蔡國禎的《澳門公牘錄存》、汪兆鏞的《澳門雜詩》等專著印行，進一步敘述澳門的地理環境、對外貿易、城市經濟、人口發展和葡萄牙人在澳門的活動，以及明清政府設置守澳官、澳門同知、澳門縣丞等官員來管理澳門。

　　二十世紀以來，特別是辛亥革命以後，研究澳門歷史的學者又撰寫了不少論著。不過，在澳門地區出版的，根據黃啟臣和鄧開頌在〈澳門歷史研究概述〉[1]一文所提及的有關澳門的論著中，重要的有黃啟臣的《澳門歷史（遠古-1840年）》（澳門環球出社，1993年）、鄧開頌的《澳門歷史（1840-1949年）》（澳門環球出版社，1993年）。其他地區出版的例如陳沂春的《澳門》（1916）、王仲達的《澳門地圖》（商務印書館1928年版）、黃培坤的《澳門界務爭持考》（廣東圖書館，1931年）、梁嘉彬的《明史佛郎機傳考證》（〈國立中山大學文史研究所月刊〉1934年第1卷第3、4期合

1　黃啟臣、鄧開頌：《中外學者論澳門歷史》（澳門：澳門基金會，1995年），頁2。

刊)、周景廉的《中葡外交史》(商務印書館,1936年)、劉萬章的《澳門考略》、陳正祥的《澳門》(香港中文大學研究院,1970年)、戴裔宣的《明史·佛郎機傳箋記》(中國社會科學出版社,1984年)、費成康《澳門四百年》(上海人民出版社,1988年)、元邦建的《澳門史略》(中流出版社,1988年)、黃鴻釗的《澳門史綱要》(福建人民出版社,1991年),詳盡地介紹了澳門的地理、海外貿易、人口變動、宗教、文化和葡萄牙侵佔澳門的年代、地點等。

按不完全統計,從一九〇九至一九九三年,共發表中文論文一百多篇。其中一九〇九至一九四九年的論文,主要內容是介紹澳門的歷史及劃界問題,闡述葡萄牙人非法租佔澳門的年代及經過,申明澳門是中國的領土,主權一直屬於中國。一九五〇至一九八〇年發表的論文,主要內容是揭露葡萄牙人把澳門變為殖民地的歷史事實,著重闡明自十六世紀以來澳門對外貿易的迅速興起、發展、繁榮以至衰微的過程,對澳門教育的研究,十分缺乏。

隨著澳門在八十年代政治、文化、社會的變化,學者對澳門的歷史發展日益關注。尤其是《中葡聯合聲明》的簽訂以及《澳門特別行政區基本法》的起草和頒佈,引起澳門和外地很多學者以及澳門居民,對澳門的政治、經濟、文化、歷史、社會、教育等提出討論。這時,有關澳門教育史的研究才漸漸多起來。本文概括介紹澳門教育史的中文研究成果,並希望藉此進一步推動這方面的研究。

二 教育通史方面

一般學者對澳門的研究,多是以政治史作為研究方向,專門撰寫教育通史的學者不多。不過,隨著澳門社會文化日受關注,一些較為重要的澳門史著作中,亦開始把澳門教育的發展歷程收錄。其中較為重要的如下:

〔瑞典〕龍思泰著，吳義雄等譯《早期澳門史》，北京：東方出版社，1997年。

第四章人口內，提到公共教育，他所描述的澳門教育情況，主要講教會的修院和聖保祿學院。書中的補篇內第三章，亦提到中國的科舉制度、學校與書院，並簡單描述他在廣州所見的情況。

黃啟臣《澳門通史》，廣州：廣東教育出版社，1999年。

書中第十九章，頁四九六至四○六。近現代澳門的教育文化事業內的第一節教育事業。近代教育分中文學校教育和外文學校教育。中文學校教育由蒙童學館，一八○一年望廈村人趙氏父子開始，直至一九三九年。外文學校教育則由一五六五年教會辦的聖保祿公學開始說起，直至一九四七年，官辦學校收生情況。現代教育主要集中在教育特點描述，他根據培正中學資深老師黃就順所說，從辦學制度多元化、學制多樣化、辦學各自為政及義務教育未普及四個特點來概述現代教育情況。在眾多教育事項之中，他選取從教育行政管理來介紹澳門教育歷史的發展，直至一九九二年澳門理工學院及亞洲國際公開大學成立。

鄧開頌、謝后和《澳門歷史與社會發展》，珠海：珠海出版社，1999年。

對教育的歷史發展，著墨不多，只在第九章內的第二節文化教育的發展，頁二○七至二○八提及教育，內容主要簡述一九九五至一九九七年澳門教育的概況，中小學方面只提供一些數字，包括學校數目和學生人數等，高等教育亦只簡單列出澳門大學、理工學院、澳門旅遊學院的學生數字和課程名稱。

黃鴻釗《澳門簡史》，香港：三聯書店，1999年。

書中敘述澳門歷史發展概況，內容由古化文化發展至過渡時期的澳

門，其中提到當代澳門社會，略述了澳門高等教育及、中小學教育現狀，並同意澳門教育的特點是辦學多元化、學制多元化、沒有統一的教育政策。

鄧開頌、黃鴻釗、吳志良、陸曉敏主編《澳門歷史新說》，石家莊：花山文藝出版社，2000年，頁456-458。

書中第十六章敘述近代以來澳門的宗教與文化教育內的第三節教育，由六世紀澳門教育說到特區政府成立前的教育狀況。內容根據時間先後，從東西雙源沖積的澳門地貌、澳門教育的近代化、抗日期間的澳門教育、新中國成立後的澳門教育、澳門教育的現代化、特區成立前的教育狀況與展望，敘述澳門教育的歷史發展，內容講述天主教、基督教、華人教育、官立教育的發展概略。

因應澳門回歸中國，外界對澳門的認識，已不再局限在政治史方面，有關澳門其他情況的研究，亦受到不少學者或讀者歡迎。這些書本從另一角度，對澳門的社會文化作描述或分析，其中亦涉及澳門教育的發展，重要的研究如下：

魏秀堂《澳門面面觀》，北京：中國建設出版社，1989年。

書中說到教育方面，主要引述當時中華教育會理事長畢漪文女士及東亞大學預科學院黃偉文教授及林達光校長所說，把澳門教育的發展歸納為公小私大、師資缺乏、義務教育，不平等幾項，結論是澳門需要培養人才，推展成人教育。

馮邦彥《葡國撤退前的澳門》，廣州：廣東經濟出版社，1999年。

書中簡單集中描述澳門教育的特點，簡單歸納為多元辦學和多種學制並存、高等教育和成人教育起步遲等幾項，結論是澳門人口素質偏低，教育發展落後。

宋世昌主編《澳門春秋》，北京：中國稅務出版社，1999年。

　　書中對澳門教育的描述較為全面。除了說出澳門教育的一般特點外，特別的地方是從教育制度方面來分析澳門教育的情況。此外，書中對澳門在八十年代的基礎教育、高等教育、成人教育、特殊教育和普通話教育的發展，作出全面而扼要的描述。

王文達《澳門掌故》，澳門：澳門教育出版社，2003年。

　　第十四章澳門教育掌故，包括：最早之塾師趙允菁父子、維新之塾師陳子褒兄弟、澳門第一所學堂——華商學堂、澳門第一所免費義學——鏡湖義塾、澳門平民小學、澳門第一所中學……培基中學、澳門第一所英文學校、崇實學校之始末。

張國雄、岡虎、張運華、戴永潔編《澳門文化源流》，廣州：廣東人民出版社，2005年。

　　書中說到澳門的教育，分別從澳門教育的變遷、回歸前澳門教育的特點及回歸後澳門教育的走向來回顧澳門的教育的發展。

查燦長《轉型、變項與傳播：澳門早期現代化研究（鴉片戰爭至1945年）》，廣州：廣東人民出版社，2006年。

　　敘述澳門文化時，提及澳門中西學校教育的長期並存與多元化，內容不多，只簡單舉出聖保祿小學及聖保祿神學院作為例證。

婁勝華《轉型時期：澳門社團研究》，廣州：廣東人民出版社，2004年。

　　內文描述民間社團時，提及興辦教育的情況。在教育團體方面，中華教育的組織結構、功能及活動，亦有提及。

趙艷珍《珠澳關係史話》，珠海：珠海出版社，2006年。

在第三章提及鴉片戰爭前後的珠澳關係，舉出馬禮遜及容閎為例子，指出澳門是西學東漸的重要橋樑和通道。

鄭天祥、黃就順、張桂霞、鄧漢增著《澳門人口》，澳門：澳門基金會出版，1994年。

書中講到人口素質質人口投資時，回顧澳門的人口文化教育素質，認為澳門的智力投資不足，需要培養更多專業人士，應付過渡期澳門需要的人才。

潘日明神父著，蘇勤譯《殊途同歸──澳門的文化交融》，澳門：澳門文化司署，1992。

書中第十九章的現代教育發展，把澳門由十九世紀至一九八六年的教育發展概況，扼要論述，書中最大的特點是注重統計數字，利用學生及人口的數字來說明教育的變化情形。

能夠以通史形式介紹澳門教育，以澳門教育為研究對象，並且成書出版的，就只有劉羨冰、馮增俊，其中尤以劉羨冰的作品最為重要。而林發欽把近年發表有關澳門教育的文章結集出版，書中包括澳門教育多個範疇，涵蓋面廣，也具參考價值。相關的研究成果如下：

劉羨冰《澳門教育史》，北京：人民教育出版社，1999年。

書中分為七章，第一章簡述澳門教育四百年史略，第二章介紹澳門的高等教育，第三章論述澳門的中等、初等教育，第四章介紹澳門的專科教育，第五章簡述澳門的婦女教育，第六章介紹澳門多元多的教育，第七章

介紹澳門教師隊伍與教育團體。作者在二○○二年出第二版，書中基本章節結構不變，只增加了《澳門高等教育回歸前後的二十年》和《〈基本法〉決定全民教育的新路向》兩文，共兩萬多字。

劉羨冰《世紀留痕──二十世紀澳門教育大事誌》，澳門：劉羨冰出版，2002年。

書中可以分為三部份，一是二十世紀教育大事誌，由一九○○年至二○○○年澳門教育及相關的事都扼要描述，並附有大事誌索引，方便讀者查閱。二是澳門教育文章，包括澳門教育史略及澳門教育特色兩篇文章，全面勾勒出澳門教育概況。三是教育文物及教科書專輯，把部份珍貴的教育文物呈現在讀者面前。

劉羨冰《從教議教》，澳門：澳門出版協會，2005年。

書中收錄作者從教議教的文章一一一篇，部份文章先後收入《世紀留痕──二十世紀澳門教育大事誌》、《澳門教育史》和《雙語精英與文化交流》二部專著，仍有二百多萬字，涵蓋面廣，包括各類澳門教育問題，澳門教育的回顧和前瞻，充分反映出澳門教育的歷史變化，其中有關商訓夜中學的事件尤多。

劉羨冰《學史鑑史》，澳門：澳門出版協會，2005年。

書中收錄文章八十七篇，另附錄十二篇。書中反映出作者對中國歷史、澳門歷史、澳門教育史的看法，書中顯出，作者特別是著力對澳門地方史料的搜集和研究，與及澳門地方史教學的意見。

馮增俊主編《澳門教育概論》，廣州：廣東教育出版社，1999年。

內容分為十四章，介紹了澳門教育發展的社會背景、澳門教育的歷史

演進、澳門基礎教育、澳門幼兒教育、澳門高等教育、澳門師範教育、澳門職業技術教育、澳門學校課程與教材、澳門學校道德與公民教育、澳門青少年教育研究、澳門教育財政研究、澳門教育的交流與合作、邁向新世紀的澳門教育。

林發欽《澳門教育省思》，澳門：澳門歷史教育學會，2007年。

　　書中有關澳門教育部份，分為上、下兩篇，上篇是澳門教育省思，下篇是澳門教育評論，對澳門基礎教育、高等教育及鄉土教育的發展作出檢討批評及建議。

鄭振偉《1940年代澳門教育》，北京：中國社會科學出版，2016年。

　　內容分七章，以不同主題貫通全書，把一九四〇年代的澳門教育呈現出來。七章分別為一九四〇年代中小學概述、廣州淪陷後內地學校的遷澳與發展、義學與失學兒童的教養、政府對私立學校的管理、抗戰時期教師與學生的救濟、中華教育會的文教事業、一九四〇年代國語運動的推展。

　　隨著澳門教育史的研究日多，用論文結集成書的出版的亦相繼增加。如：

單文經、林發欽主編《澳門人文社會科學研究文選——教育篇》，北京：社會科學文獻出版，2009年。

　　內容分為十篇，分別是價值與指標、回顧與展望、比較與借鑑、和諧教育、課程議題、行政與管理、品德與公民教育、終身學習與成人教育、各科教育、教師教育，以澳門人為主，把有關澳門教育的優勢論文收錄在內。

張偉保主編《澳門教育史論文集・第一輯》，北京：中國社會科學出版，
2009年。

　　內容包括七位作者，十二篇論文，都是有關澳門教育史上重要人物如
馬禮遜、鄺秉仁、范禮安、梁披雲、陳道根等事蹟。

三　澳門教育專題方面

　　研究早期澳門教育，多以教會辦學為主要對象。其中最重要的，當然
是一五五七年正式成立的聖保祿大學。對聖保祿大學的研究，則以李向玉
《澳門聖保祿學院研究》[2]最具代表性。書中的內容全面而精要，包括學院
建立的始末，教學管理制度、經費，教師與學生的來源，學院的附屬機構：
藥房和印刷廠，最後，更提及東西文化交流，遠東傳教士搖籃，西學東漸
的基地和對歐洲文化的影響。其次是戚印平《澳門聖保祿學院研究》[3]，從
聖保祿建立、人員組成、組織機制、教學體制及財務方面，剖析聖保祿學
院的內部運作情況。而張偉保《澳門第一所新式學堂——馬禮遜學堂》[4]內
容包括馬禮遜與澳門教育、馬禮遜教育會的創立、工作，馬禮遜學堂的發
展、課程設置等，對馬禮遜學堂全面研究，深具參考價值。

　　其他學者的研究也多，他們從不同的角度來研究聖保祿大學，如：馬
拉特斯塔〈聖保祿學院：宗教與文化的研究院〉[5]從宗教文化角度來分析聖
保祿學院的建立和發展。寇塞羅〈澳門天主之母（或聖保祿）會院教堂〉
（1601-1640）[6]，從宗教層面直到科學和藝術層面來描述聖保祿教堂的正

2　李向玉：《澳門聖保祿學院研究》，《澳門日報》，2001年。

3　戚印平：《澳門聖保祿學院研究》，北京：社會科學文獻出版社，2013年。

4　張偉保：《澳門第一所新式學堂——馬禮遜學堂》，北京：中國社會科學出版社，2012年。

5　澳門文化司：《文化雜誌》，1997年春季（總第30期），頁5-13。

6　澳門文化司：《文化雜誌》1997年春季（總第30期），頁15-24。

面，從而帶出耶穌會傳教採用因地制宜的方法。張春申〈聖保祿大學為我們的啟示〉[7]，文中回顧了聖保祿的發展，並且藉此可以作傳教借鑑，在傳播宗教時加強教育及文化上的交流。黃啟臣〈澳門第一所大學：聖保祿學院〉[8]，文中從聖保祿學院的建立、體制、規模及其在中西跨文化溝通中的重要角色作出探討，文中扼要而明確地敘述聖保祿學院的創辦目標、課程、招生對象和文化傳播等事項。維特克〈著眼於澳門──范禮安及澳門學院的開設〉[9]，文中列出對澳門設立學院，耶穌會內有不同的意見，范禮安對這些反對意見提出申辯，並且以學院的主要四條宗旨，作為申辯理由。迭戈結成〈澳門聖保祿學院與日本教會〉[10]，文中論述聖保祿學院的建立，與日本傳教有很大的關係，與范禮安的日本教省計劃有關。而許國輝、潘麗雯〈高等教育、帝國主義和殖民過渡〉[11]，文中概述了澳門聖保祿大學及東亞大學建立經過，並從功能角色、資金來源、殖民地高等教育政策、使用語言等方面與香港大學和浸會書院的轉變加以比較。李向玉〈澳門聖保祿學院關閉時間之辨析〉[12]分析學者提出學院於一七六二年或一八三五年關閉的兩種說法，認為以一七六二年最為合適。夏泉〈中國第一所教會學校：澳門聖保祿學院研究〉[13]，作者對聖保祿學院的辦學動機、創辦始末體制、經費等問題加以分析之餘，認為「稱澳門聖保祿學院是遠東第一所西式大學是缺乏豐富史料基礎的臆測性結論」。

有關教會在澳門的辦學活動，也有一定的研究成果，如夏泉〈明清之

7　澳門文化司：《文化雜誌》1997年春季（總第30期），頁25-32。

8　澳門文化司：《文化雜誌》1997年春季（總第30期），頁33-42。

9　澳門文化司：《文化雜誌》1997年春季（總第30期），頁43-53。

10　澳門文化司：《文化雜誌》1997年春季（總第30期），頁67-79。

11　貝磊、古鼎儀主編：《香港與澳門的教育與社會》（香港：香港大學比較教育研究中心及臺北：師大書苑，2005年），頁103-119。

12　澳門政府：《行政》第13卷第3期（2000年），頁789-797。

13　澳門大學澳門研究中心編：《澳門研究》第26期（2005年2月），頁159-168。

際天主教教會教育創辦背景研究〉[14]。主要以澳門聖保祿學院、澳門聖若瑟修院為主幹，且以澳門為基地的明清之際天主教教會教育在華的歷史背景，從四個方面論證明清之際，澳門天主教教會的創辦，是當時多種主客因素綜合運作的結果。湯開健、顏小華〈美國長老會傳教士早期澳門活動述略〉[15]提及美國長老會在澳門開辦教育，一八四五年在澳門開辦了一所男子寄宿學校。吳寧〈早期基督新教傳教士師母在澳門的活動述略〉[16]提及傳教士師母以開辦女學來實現自己的傳教理想，其中郭士臘師母在一八三四年創辦的澳門女塾，是開設在中國土地上的第一所西式學校。同樣的研究結果又見郭衛東，〈基督教與近代女子教育〉[17]。而郭衛東〈基督教與中國近代女子盲人教育〉[18]，關注到特殊教育方面的資料，內容說到一八三九年前，澳門女塾已出現以盲女為教學對象，盲女不是正式學生。雖然是附讀性質，不是專門特殊教育。梁潔芬〈教會、政府和教育〉[19]，分析天主教會在澳門辦教育的大概歷史情況，結論是天主教會缺乏一套整體教育政策。夏泉〈澳門聖若瑟修院研究〉[20]，對這所繼聖保祿之後的高等學府的創辦始末、辦學情況和主要貢獻作出分析，認為該修院雖然屢遭停辦，但對十八、十九世紀澳門社會經濟發展起了積極作用。夏泉〈明清之際天主教會澳門創校研究〉[21]，文中主要論述耶穌會對教育的重視及范禮安在中國的傳教策略。夏泉〈晚清澳門教會教育研究〉[22]，分析晚清澳門

---

14 湯開健主編：《澳門歷史研究》第1期（澳門：澳門歷史文化研究會），2003年12月。

15 湯開健主編：《澳門歷史研究》第2期（澳門：澳門歷史文化研究會），2004年12月。

16 湯開健主編：《澳門歷史研究》第3期（澳門歷史文化研究會，2004年12月），頁116。

17 澳門文化司：《文化雜誌》，2003年，頁203。

18 澳門文化司：《文化雜誌》，2005年冬（總第57期），頁77-86。

19 貝磊、古鼎儀主編：《香港與澳門的教育與社會》（香港：香港大學比較教育研究中心及臺北：師大書苑，2005年），頁93-102。

20 澳門大學澳門研究中心編：《澳門研究》第14期（2002年9月），頁204-210。

21 澳門大學澳門研究中心編：《澳門研究》第23期（2004年8月），頁358-367。

22 澳門大學澳門研究中心編：《澳門研究》第17期（2003年6月），頁181-191。

教會教育的興辦與發展，作者並把當時澳門的教會教育歸納為歷史最悠久、女子教會教育較發達及重視平民和世俗教育三個特點。夏泉〈馬禮遜學校考實〉[23]，對該校創立背景、始末及課程等都有詳細的分析。

教育人物方面

與澳門傳統華人教育關係較大，學者較多興趣研究的，一是望廈趙氏家族，另一是在澳門推動新式教育的陳子褒。有關前者的研究不多，主要有林廣志〈清代澳門望廈趙氏家族事跡考述〉[24]，內容提及趙氏在明末崇禎十五年（1644）遷居澳門，在科舉方面成績斐然，總共有二人考上舉人，二人入貢，一人入監學，二人入國學，補充澳門早期華人傳統教育的歷史。有關陳子褒的研究，相對較多。主要有夏泉、徐天舒〈陳子褒與清末民初澳門教育〉[25]，邱捷、顏遠志〈陳子褒的教育思想〉[26]，何文平、顏遠志〈平民教育家陳子褒與澳門〉[27]，由陳子褒鄉試中舉後入萬木草堂，成為康有為的入室弟子，後來逃亡日本，順道考察日本教育，說到他在澳門荷蘭園灌根書塾，成為開辦平民教育的第一人。又分析他的教育思想，敘述他廢除讀經，先後編輯婦孺教材四五十種，開課程改革的先河。又描述他為了配合培養學生愛國愛鄉的思想，開設了小學中國歷史課程，先後編寫了《婦孺中國史問題》、《小學中國歷史歌》、《史記小識》等事。近年，隨著澳門大學教育學院推動教育史的研究，對當代澳門教育工作者的研究才日漸增多，在兩岸四地教育史論壇學術研討會相關的論文，計有：

---

23 澳門大學澳門研究中心編：《澳門研究》第16期（2003年3月），頁118-133。

24 湯開健主編：《澳門歷史研究》第3期（澳門：澳門歷史文化研究會，2004年12月），頁125。

25 澳門大學澳門研究中心編：《澳門研究》第22期，2004年6月。

26 宋柏年、趙永新主編：《中外文化交流與澳門語言文化國際研討會論文集》，澳門：澳門理工學院，2002年。

27 澳門特別行政區政府新聞局：《澳門雜誌》，2004年10月。

鄭潤培〈杜嵐校長的教育思想與事業〉、張偉保〈梁披雲先生的教育思想與事業〉及鄭振偉〈澳門教育人物志：鄺秉仁先生〉，單文經〈穗澳教育先賢陳道根先生傳述稿〉。此外，陳樹榮〈澳門近百年華人女傑倩影〉[28]概括列舉澳門有關教育的女傑，其中有：粵華中學的廖奉基、培道中學的李瑞儀、維德女子學校的曹美瓊，可惜資料較為簡略，內容不多。近年作品中，研究最深的是鄭振偉《鄺秉仁先生與澳門教育》[29]以澳門培正中學鄺秉仁校長做研究切入點，通過校長之教育工作來了解澳門教育發展情況。而鄭潤培《杜嵐校長與澳門教育》[30]則以澳門濠江中學杜嵐校長為研究對象，從而剖析澳門教育的發展及其各種問題。

學科教育方面

對學校主科的歷史回顧不多，較具代表只有楊秀玲〈澳門英語教學：分享、回顧與創新〉[31]，全面檢視澳門英語教學的問題。此外，就以音樂、歷史與地理科較多。音樂方面，主要有戴定澄《音樂教育在澳門》澳門日報，二〇〇五年。書中內容分高等學校音樂教育，普通學校音樂教育，社會音樂教育，澳門聖保祿學院音樂教育啟示，澳門音樂教育與學術研究，全面描述澳門音樂教育的歷史發展。劉靖之〈音樂教育在澳門〉[32]，文中除了簡單回顧澳門音樂節的發展外，並且分析了澳門音樂教育面對的問題及歸納出澳門音樂教育的特點。至於說到澳門在中國音樂史上的地位，李宏君〈澳門是中西音樂藝術交流的橋樑、西洋音樂傳入中國的發源地〉[33]指出聖保祿學院於一五九六年開設的第一個藝術課程，使西洋音樂

---

28 澳門文化司：《文化雜誌》1995年秋（總第34期），頁91-99。

29 鄭振偉：《鄺秉仁先生與澳門教育》，北京：中國社會科學出版社，2009年。

30 鄭潤培：《杜嵐校長與澳門教育》，北京：中國社會科學出版社，2018年。

31 澳門大學澳門研究中心編：《澳門研究》第16期（2003年3月），頁212-228。

32 澳門文化司：《文化雜誌》1996年春（總第2期），頁67-85。

33 澳門理工學院：《中西文化研究》第2期（2002年12月），頁46-51。

在澳門的傳播教學從此正式開始。而中國音樂樂器揚琴，便是由澳門傳入的洋琴改良而成。歷史科方面，以鄭潤培〈澳門歷史教育回顧〉及〈澳門中小學歷史教育現況和發展〉[34]最具代表，兩文的內容，不但回顧澳門歷史教育的整個發展過程，並且展望日後的取向。該文主要從明清時期、中華民國成立後、一九四九至一九七八年的政治環境與歷史教育、澳門教育現代化下的歷史教育幾個階段來分析澳門歷史教育的過往發展，並且從澳門歷史教育的現況、影響澳門歷史教育的主要因素兩方面來分析澳門歷史教育日後可能發展的方向。陳子良〈澳門中學歷史教育的現狀與培正中學歷史科的改革路向〉[35]，文中以培正中學作為個案，簡單概述澳門中學歷史教育的轉變。歐陽國健〈澳門歷史教育的回顧與前瞻〉[36]，文中討論澳門歷史教育今昔時，重點提及澳門缺乏自身歷史教科書及授課時間緊張的問題。由歷史科引發出對鄉土歷史教學的研究，林發欽〈中學澳門鄉土歷史課程設計芻議〉及劉羨冰〈澳門地方史的教與學〉[37]兩文，回顧了澳門鄉土歷史教學的情況，並提出一些日後發展的路徑和可行辦法。地理科方面，主要是黃逸恆〈澳門中學地理課程回顧與前瞻〉[38]，文中的澳門中學地理課程歷史回顧分（1）一八九九年以前，（2）一九〇〇至一九四九年之間，（3）一九五〇至一九九一年間，（4）一九九一年以後四個階段論

---

34 澳門大學澳門研究中心編：《澳門研究》第22期，2006年2月；及《澳門研究》第38期，2007年2月。

35 澳門大學教育學院編：《跨世紀學科教育——中國語文、歷史與地理教學研討會論文集》（2000年），頁167-171。

36 澳門歷史教育學會及澳門地理教育研究會主辦，兩岸四地中學史地課程研討會論文，2007年。

37 梁成安主編：《教與學的改革和創新教育研討會論文集》（澳門大學、澳門特別行政區教育暨青年局，2003年），頁30-36及11-16。

38 澳門歷史教育學會及澳門地理教育研究會主辦，兩岸四地中學史地課程研討會論文，2007年。

述。數學方面，以鄧國俊〈中學數學課程〉[39]為代表，該文從傳統數學課程的共同淵源、港澳中文學校的分水嶺、現代數學運動、對殖民後期挑戰的不同反應及後殖民地創思這幾方面，對澳門的數學課程進行分析，並與香港的發展作出比較。梁錫熾〈澳門數學的回顧及淺談數學教學〉[40]，對澳門數學演變作出概略的歷史回顧。社會科方面，則以黃逸恆〈澳門公立中葡學校社會科課程的歷史分析〉[41]為代表。公民科方面，謝均才〈公民和政治教育〉[42]，文中比較香港和澳門兩地的公民教育之外，還對澳門的公民教育發展分為八十年代中期、過渡期及回歸後三個階段作歷史性審視。體育科則以湯開建〈民國時期澳門近代體育的形成與發展〉[43]為重要，文中把澳門體育發展分為（1）一九一〇至一九二四年澳門近代體育制度的建立，（2）一九二五至一九三六年澳門近代體育的黃金時代，（3）一九三七至一九四九年抗戰時間澳門體育的非常發展及戰後的沉寂，內容豐富，包括當時不少體育組織及學校活動情況。金之道〈十八至二十世紀之間澳門的教育和愛國健身操〉[44]描述澳門體育發展過程的一些特別情況。

課程和制度方面

方炳隆、高德祖〈學校課程改革與學校優質教育〉[45]對澳門的課程發展作出歷史回顧，並且就課程改革的精神及指向、私立學校及官立學校課程的側面、澳門學校課程的背景資料、澳門學校教育的質和問題核心等幾

---

39 貝磊、古鼎儀主編：《香港與澳門的教育與社會》（香港：香港大學比較教育研究中心及臺北：師大書苑，2005年），頁211-222。

40 澳門大學教育學院編：《多元化教育的探討教育研討會論文集》（2002年），頁61-67。

41 兩岸四地教育史論壇學術研討會論文，2007年。

42 貝磊、古鼎儀主編：《香港與澳門的教育與社會》（香港：香港大學比較教育研究中心及臺北：師大書苑，2005年），頁165-187。

43 澳門政府：《行政》第18卷總第68期（2005年），頁491-526。

44 澳門政府：《行政》第16卷總第60期（2003年），頁487-499。

45 澳門大學教育學院教育研究中心：《優質教育：傳統與創新》（1999年），頁28-36。

個角度，對澳門學校優質教育作歷史性分析。羅耀珍〈課程改革〉[46]一文，對香港及澳門的學校的課程、評估模式及教科書作出歷史回顧和比較。謝桂英〈澳門主權回歸與課程發展〉[47]，文中回顧了澳門課程發展的歷程，分為（1）一八四九年之前（2）一八四九至一九七六年（3）一九七六至一九八七年（4）一九八七至一九九九年三個階段進行剖析。馮增俊〈新世紀澳門教育制度的重構與發展〉[48]，文中對澳門教育制度歷史演進，分三個歷史階段進行分析：一是十六世紀澳門教育制度初萌時，二是十九世紀澳門教育制度初成，三是二次大戰後澳門教育制度形成與變革，該文在歷史回顧之後，再對澳門教育作世紀透視和提出重構意見。蘇朝暉〈教育改革十年回顧〉[49]，文中對教育制度、教育行政、教育投入及教育過程作歷史性的概略回顧。蘇朝暉的另一篇文章〈教育改革的脈絡〉[50]除了對教育改革作一般回顧外，最突出的地方是羅列教育制度及其補充法。有關非高等教育制度的研究，最全面而具代表性的，便是鄭祖基、單文經〈1991年以前澳門非高等教育制度的歷史分析〉[51]，該文把歷史發展分為（1）一八八七年以前，（2）一八八七至一九四九年，（3）一九五○至一九九一年三個階段論述。

師資教育方面

賀彩珍〈澳門後過渡期的師範教育改革〉[52]，文中通過對聖若瑟師

---

46 貝磊、古鼎儀主編：《香港與澳門的教育與社會》（香港：香港大學比較教育研究中心及臺北：師大書苑，2005年），頁153-164。

47 陳既詒主編：《澳門回歸祖國後教育發展路向學術研討會論文集》（澳門：澳門教育界慶祝澳門回歸祖國活動委員會，2000年），頁209-217。

48 澳門大學教育學院編：《多元化教育的探討教育研討會論文集》（2002年），頁343-347。

49 吳志良等編：《澳門1999》（澳門：澳門基金會），頁196-203。

50 澳門政府《行政》第18卷總第61期（2003年），頁791-796。

51 兩岸四地教育史論壇學術研討會論文，2007年。

52 澳門大學教育學院教育研究中心：《優質教育：傳統與創新》（1999年），，頁100。

範、澳門大學及華南師範教育的簡單歷史回顧，展望澳門後過渡期的師範教育的改革方向。陳既詒〈澳門師資訓練的回顧與展望〉[53]文中回顧澳門師資訓練情況，並且列舉師資培養統計數字，作為日後發展的方向。李小鵬、過偉瑜〈師資教育〉[54]從歷史角度觀察師資培訓的發展模式，文中並比較香港和澳門在一九八〇年代和一九九〇年代採取不同的策略來培訓師資，澳門以聘用來自中國大陸的教師專才以提升教師隊伍質素。老志鈞〈澳門聖若瑟教區中學的師範課程〉[55]，以本地個案做研究核心，回顧聖若瑟教區中學一九三一年創校後至二〇〇七年的師範課程內容。其他如簡燕萍〈澳門的教師培訓〉[56]，黎意芬〈澳門在職教師培訓的現況與路向探索〉[57]及傅潔玉、陳艷芬、鄺麗君〈教師教育的回顧與前瞻〉[58]，對澳門的教師培訓亦有全面的回顧。

教育的其他層面，涉及教育史內容的研究不多，較為突出的有：黃艾珍、劉麗薇〈學前教育〉[59]一文，回顧了澳門的學前教育狀況，文中把澳門的學前教育分為一九八七年以前的政府政策、一九八七至一九九九年的政府政策和一九九九年後的政府政策來作出分析，並與香港進行比較。鮑勃、李小鵬〈小學與中學學校教育〉[60]一文，回顧了澳門的小學和中學學

---

53 黃漢強編：《澳門教育改革》（澳門：東亞大學澳門研究中心，1991年），頁170-176。

54 貝磊、古鼎儀主編：《香港與澳門的教育與社會》（香港：香港大學比較教育研究中心及臺北：師大書苑，2005年），頁67-81。

55 兩岸四地教育史論壇學術研討會論文，2007年。

56 澳門教育界慶祝澳門回歸祖國活動委員會主編：《教育工作者的使命研討會論文集》（澳門：澳門教育界慶祝澳門回歸祖國活動委員會，1999年），頁218-223。

57 華南師範大學教育系編：《春華秋實集》，廣州：廣東教育出版社，1995年。

58 古鼎儀、馬慶堂編：《澳門教育——抉擇與自由》（澳門：澳門基金會，1994年），頁100-109。

59 貝磊、古鼎儀主編：《香港與澳門的教育與社會》（香港：香港大學比較教育研究中心及臺北：師大書苑，2005年），頁13-30。

60 貝磊、古鼎儀主編：《香港與澳門的教育與社會》（香港大學比較教育研究中心及臺北：師大書苑，2005年），頁31-54。

校教育、澳門學校教育的歷史發展、澳門學校教育的管理、澳門的學校課程安排、澳門的教師幾方面。阮邦球〈澳門小學教育：回顧與展望〉[61]，文中回顧了一八九六至二〇〇三年澳門小學包括學校、學員、留級率、年齡等各方面發展情況。阮邦球〈澳門中學教育：回顧與展望〉[62]文中亦回顧了一八九六至二〇〇三年澳門中學包括學校、學員、留級率、年齡等各方面發展情況。許國輝〈由私營到公營：澳門高等教育的發展〉[63]，文中把澳門高等教育的歷史發展，分為（1）傳教士辦大學時期（1594-1938），（2）中國知識份子辦大學時期（1949-1959），（3）香港商人辦大學時期（1981-1988），（4）澳門政府辦大學時期（1988年至今）四個時期來進行分析。劉羨冰〈澳門高等教育二十年〉[64]回顧一九八一至二〇〇一年澳門高等教育的主要發展，文中對高等教育的特點、發展因素、升學情況及成效等加以分析。梁文慧〈終身學習及成人教育〉[65]，文中把澳門的歷史發展，分四期回顧：初期是二十世紀初至五十年代末期，發展期是六十年代初至七十年代末期、制度化期是八十年代、政府參與時期是九十年代至今。陳繼春〈澳門的延續教育〉[66]，文中簡單回顧了澳門成人教育的發展。阮邦球〈澳門回歸教育的現狀與展望〉[67]，作者簡單回顧一九九六至二〇〇二年澳門回歸教育的概況。蘇肖好〈澳門特殊教育概況及展望〉[68]，文中回顧了一九九五至一九九九年澳門特殊教育包括學校數目、班級、教師學

61 澳門政府：《行政》第18卷總第68期（2005年），頁471-489。

62 澳門政府：《行政》第17卷總第66期（2004年），頁1033-1051。

63 古鼎儀、馬慶堂：《澳門教育——抉擇與自由》（澳門：澳門基金會，1994年），頁46-59。

64 澳門政府：《行政》第15卷總第57期（2002年），頁829-845。

65 貝磊、古鼎儀主編：《香港與澳門的教育與社會》（香港：香港大學比較教育研究中心及臺北：師大書苑，2005年），頁81-89。

66 吳志良等編：《澳門1999》（澳門：澳門基金會，1999年），頁204-223。

67 澳門大學澳門研究中心編：《澳門研究》第23期（2004年8月），頁328-344。

68 澳門大學教育學院編：《多元化教育的探討教育研討會論文集》（2002年），頁315-324。

歷和性別等情況。汪慧梅〈本澳特殊教育的回顧及展望〉[69]，文中對澳門的特殊教育發展，分為早期的發展，即一九八五年以前和近年的躍進，即一九八五年後兩個階段來回顧發展過程。劉羨冰〈澳門免費教育的回顧與前瞻〉[70]一文，回顧澳門過去免費教育的情形，並提出自己的看法。鄧國光〈澳門教育四百年展示的文化風韻〉[71]略述澳門四百年的教育發展，認為澳門與中國、世界的關係息息相關。黎義明〈對澳門地區教育立法的歷史分析〉[72]，該文運用了歷史分析及量化分析，把教育立法的過程分為（1）一九七六年以前，（2）一九七六至一九八七年間，（3）一九八八至一九九九年來進行分析。較為特別的是王國強〈澳門圖書館教育發展回顧〉[73]，回顧了澳門圖書館教育發展及人才培訓情況。

四　總結

澳門歷史的研究和受到的支持重視，多是因為澳門回歸引發出的。由於起因是主權問題，所以學者的注意力多集中在此，研究的成果都偏向政治史。到了近年，澳門教育史的研究才漸漸多起來。不過，從上述的研究成果看來，雖然其中不乏一些高素質的成果，但從數量和質量方面，仍然可以有很大的提升空間。

綜合上文所述，澳門教育史的研究有幾處不足的地方：（1）教育通史：以教育做專題，採用編年式的研究，只有劉羨冰及馮增俊兩本，其他的都是依附在澳門通史內，成為澳門通史的一部份，缺乏深入而全面的報導。（2）教育人物及校史：除了早期陳子褒，近年的教育工作者杜嵐、梁

---

69 古鼎儀、馬慶堂：《澳門教育——抉擇與自由》（澳門：澳門基金會，1994年），頁124-138。
70 《澳門教育、歷史與文化論文集》，廣州：學術研究雜誌社，1995年。
71 《澳門教育、歷史與文化論文集》，廣州：學術研究雜誌社，1995年。
72 兩岸四地教育史論壇學術研討會論文，2007年。
73 澳門大學澳門研究中心編：《澳門研究》第16期（2003年3月），頁176-188。

披雲、鄺秉仁、陳道根四位外，尚有一批在澳門教育史上具有影響力的人物如林家駿、廖奉基、畢漪文等，尚缺乏相關研究。校史方面，澳門華人開辦的學校中，一些對澳門的教育具有影響，而又具歷史意義的，如一些工會團體創立的學校，研究缺乏。(3) 學科史的研究：除歷史科的研究較多之外，其他學科史的研究不足，重要的科目如中文及英文科的學科史研究就最為明顯。(4) 教育斷代史的研究：教育史的研究，一是集中在早期聖保祿時期，一是集中在近年教育事情，兩者之間的斷代教育史例如抗戰時期，研究不足，可以有開拓研究的空間。(6) 教育制度史研究：相較其他地方，澳門的教育制度具有多元性及獨立性，有本身獨特的地方，但對於這種特殊的制度演變，竟然缺乏相關而重要的研究剖析。(7) 其他：如本地的教育思想，教育經費方面、人口變化與教育發展等問題，詳盡的歷史變化研究，仍然缺乏。整體而言，在現有教育史的基礎上作進一步開展，只要檔案資料開發合適，人才配合，日後自當有更大的成果出現。

後記

　　自二〇〇一年任職澳門大學教育學院，研究方向開始由中國近代經濟史轉向澳門教育史。其間，因負責教育學院副修歷史教學課程的關係，對澳門的歷史教育情況增加了認識，加上要向歷史科老師提供教學意見，又協助澳門教育暨青年局對中學歷史科進行評鑑工作，所以對澳門歷史教育的了解加深，並先後以澳門教育史及歷史教育為題材，發表研究文章。

　　本書的內容分為澳門教育史及歷史教育兩大部分，再劃分成四個章節，分別是澳門教育史篇、經濟與教育篇、歷史教育篇和雜論，共十四篇文章。主要是把以往的研究文章結集，通過整合潤飾，按主題把內容重複的地方刪減，並補充了一些新資料，從而出版成書。

鄭潤培

寫於澳門大學教育學院二〇二〇年十二月

新亞文商學術叢刊 1707002

澳門教育史與歷史教育

作　　者	鄭潤培
責任編輯	呂玉姍
特約校對	林秋芬

發 行 人	林慶彰
總 經 理	梁錦興
總 編 輯	張晏瑞
編 輯 所	萬卷樓圖書股份有限公司
	臺北市羅斯福路二段 41 號 6 樓之 3
	電話 (02)23216565
	傳真 (02)23218698

發　　行	萬卷樓圖書股份有限公司
	臺北市羅斯福路二段 41 號 6 樓之 3
	電話 (02)23216565
	傳真 (02)23218698
	電郵 SERVICE@WANJUAN.COM.TW
香港經銷	香港聯合書刊物流有限公司
	電話 (852)21502100
	傳真 (852)23560735

ISBN 978-986-478-435-6
2021 年 3 月初版
定價：新臺幣 460 元

如何購買本書：

1. 劃撥購書，請透過以下郵政劃撥帳號：
   帳號：15624015
   戶名：萬卷樓圖書股份有限公司
2. 轉帳購書，請透過以下帳戶
   合作金庫銀行　古亭分行
   戶名：萬卷樓圖書股份有限公司
   帳號：0877717092596
3. 網路購書，請透過萬卷樓網站
   網址　WWW.WANJUAN.COM.TW

大量購書，請直接聯繫我們，將有專人為您服務。客服：(02)23216565 分機 610

如有缺頁、破損或裝訂錯誤，請寄回更換

國家圖書館出版品預行編目資料

澳門教育史與歷史教育/鄭潤培著. -- 初版. --
臺北市：萬卷樓圖書股份有限公司, 2021.03
　面；　　公分. -- (新亞文商學術叢刊；
1707002)
ISBN 978-986-478-435-6(平裝)

1.教育史　2.歷史教育　3.澳門特別行政區

520.9239　　　　　　　　　　109021316